小说
戏剧
翻译
书信

林徽因集

增订本

梁从诫
— 编 —

中国大百科全书出版社

图书在版编目（CIP）数据

林徽因集.小说　戏剧　翻译　书信/林徽因著；
梁从诫编.—增订本.—北京：中国大百科全书出版社，
2023.10

ISBN 978-7-5202-1394-3

I.①林… II.①林…②梁… III.①林徽因（1904-1955）—文集
②中国文学—现代文学—作品综合集③戏剧艺术—中国—文集④翻译—文集 IV.① Z427

中国国家版本馆 CIP 数据核字 (2023) 第 131385 号

出 版 人：刘祚臣
策 划 人：王一珂　曾　辉
责任编辑：王一珂
营销编辑：王　廓　易希瑶
责任发行：绳　蕴
责任印制：魏　婷
装帧设计：今亮後聲 HOPESOUND 2580590616@qq.com・张今亮　王秋萍
出版发行：中国大百科全书出版社
地　　址：北京阜成门北大街17号　邮政编码 100037
电　　话：010-88390969
网　　址：http://www.ecph.com.cn
印　　刷：北京天工印刷有限公司
开　　本：889 毫米 ×1194 毫米　1/32
印　　张：15.75
字　　数：351 千字
印　　次：2023 年 10 月第 1 版　2023 年 10 月第 1 次印刷
书　　号：ISBN 978-7-5202-1394-3
定　　价：356.00 元（《林徽因集》全套）

本书如有印装质量问题，可与出版社联系调换。

《林徽因像》
手工钢版雕刻：李学军

一九三二年,林徽因、梁思成与费慰梅在北平

一九三二年，林徽因与费正清在北平

一九三二年，林徽因与梁思成在北平

一九三二年,林徽因在北平

一九三二年，林徽因怀抱女儿梁再冰（中）与费慰梅（左）在北平

一九三五年七月，林徽因与女儿梁再冰（左）、儿子梁从诫在北戴河

一九三五年,林徽因在北平北总布胡同三号家中

一九三六年四月,林徽因、金岳霖与美国建筑学家克拉伦·斯坦因在北平

一九三六年四月,林徽因与美国女演员爱琳·麦克马洪在颐和园谐趣园

一九三六年，林徽因在北平北总布胡同三号家中

一九三六年,林徽因在北平北总布胡同三号家中

一九三六年,林徽因与梁思庄在故宫

一九三六年,林徽因与儿子梁从诫在故宫

一九三六年，林徽因与梁思庄携孩子们游览故宫，在太和殿前合影。左起：梁柏有、林徽因、梁再冰、吴荔明、梁从诫、梁思庄

🌱 一九三六年，林徽因与女儿梁再冰（中）、外甥女吴荔明在北平

一九三六年，林徽因与梁思庄（右）、吴荔明（中）游园

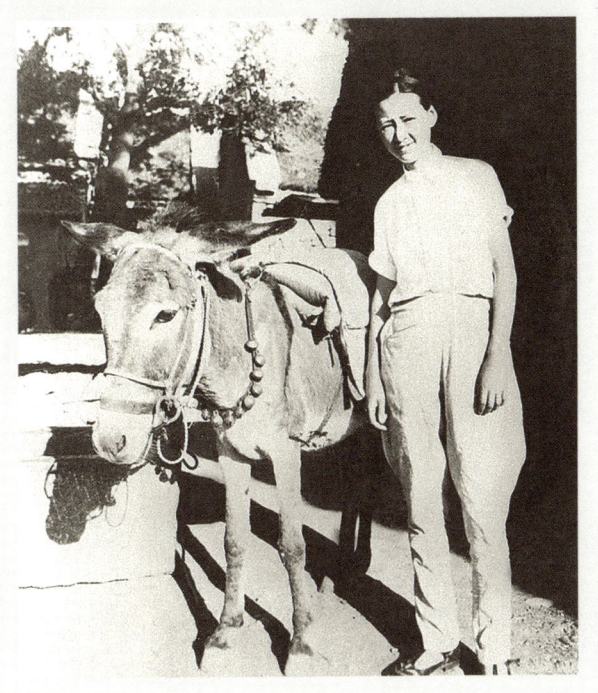

一九三六年，林徽因在香山

一九三六年,林徽因在香山

一九三六年，林徽因与三弟林恒等在香山

一九三六年,林徽因与母亲何雪媛、三弟林恒、女儿梁再冰、儿子梁从诫等在香山

一九三六年,林徽因陪孩子们在香山骑毛驴。左起:林徽因、梁从诫、吴荔明、周嘉平、×××、叶彤、梁再冰

一九三六年，林徽因在北平北总布胡同三号院中踏雪

一九三六年，林徽因与女儿梁再冰、儿子梁从诫在北平北总布胡同三号院中踏雪

一九三六年，林徽因与女儿梁再冰、儿子梁从诫雪中游园

一九三六年,林徽因与女儿梁再冰、儿子梁从诫雪中游园

一九三六年,林徽因与女儿梁再冰、儿子梁从诫雪中游园

一九三六年，林徽因与女儿梁再冰、儿子梁从诫雪中游园

一九三六年，林徽因与女儿梁再冰、儿子梁从诫在北平北总布胡同三号家中

二十世纪三十年代中期，林徽因在北平北总布胡同三号家中对佛

二十世纪三十年代中期,林徽因在北平北总布胡同三号家中

二十世纪三十年代中期,林徽因与女儿梁再冰、儿子梁从诫在北平北总布胡同三号家中

二十世纪三十年代中期，林徽因与孩子们在北平郊区

二十世纪三十年代中期,林徽因在乡间小道上

一九三八年初,林徽因在昆明巡津街九号

一九三八年初，林徽因与汪同、梁从诫、金岳霖（左一）、王彪夫人（左二）、空军军官黄栋权（中）、何梅生（右一）及同学在昆明巡津街九号

一九三八年，林徽因与亲友在昆明西山杨家村一处农家院落中。前排左起：林徽因、梁再冰、梁从诫、梁思成、周如枚、王蒂澂、周如雁；后排左起：周培源、陈意、陈岱孙、金岳霖

一九三八年，林徽因与亲友在昆明西山华亭寺。左起：周培源、梁思成、陈岱孙、林徽因、梁再冰、金岳霖、吴有训、梁从诫

一九三八年，林徽因与友人在昆明西山华亭寺。右起：陈岱孙、吴有训、金岳霖、林徽因

一九三九年，林徽因与王蒂澂（左）、陈意（右）在昆明西山

一九三九年，林徽因与女儿梁再冰、儿子梁从诫在昆明郊区

二十世纪三十年代的林徽因

一九四一年，女儿梁再冰、儿子梁从诫陪伴在卧病李庄的林徽因身旁

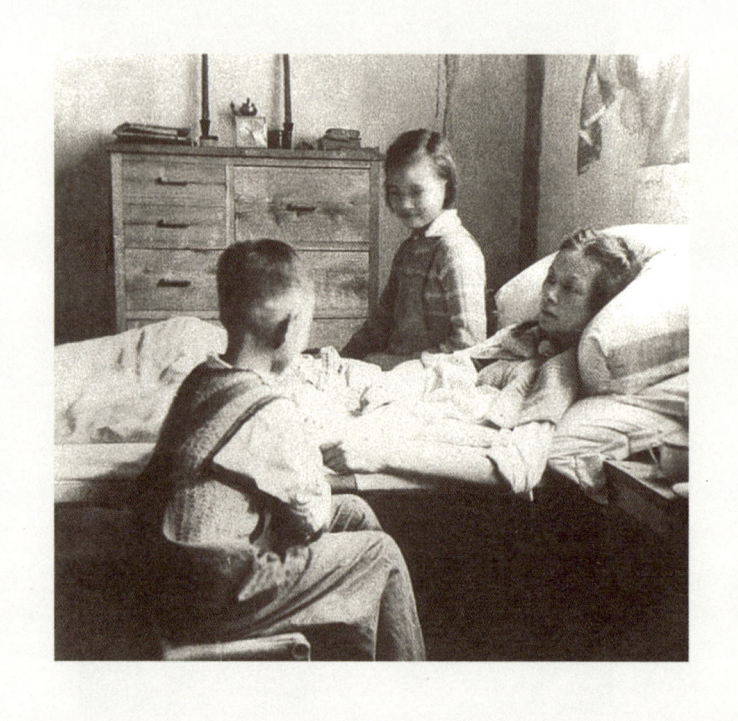

一九四二年，林徽因与亲友们在李庄家中。右起：梁思成、刘叙仪、林宣、梁从诫、林徽因、梁再冰、刘叙彤

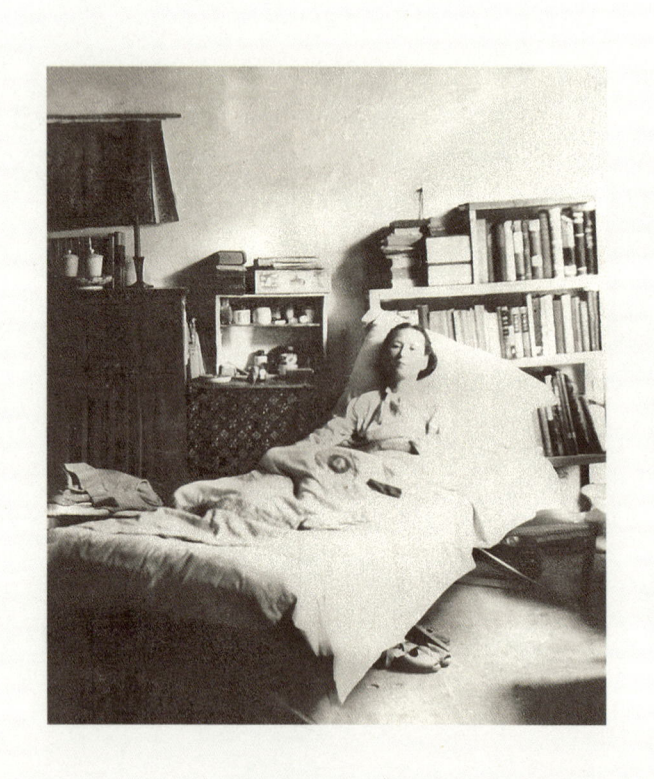

一九四三年，林徽因在四川李庄家中的病榻上

一九四五年抗战胜利后,林徽因与老友沈从文(左一)、金岳霖(右一)等在昆明

一九四五年抗战胜利后,林徽因与老友张奚若(后左一)、金岳霖(后左三)等在昆明

一九四六年，林徽因在昆明

一九四六年，林徽因在昆明美国领事馆美国留学生俱乐部创办典礼上

一九四七年夏，林徽因与梁思成、沈从文（后左一）、张兆和（后左二）、杨振声（前右一）、杨景任（前右二）在颐和园霁清轩

一九四七年，林徽因与女儿梁再冰在颐和园景福阁

一九四七年，林徽因与女儿梁再冰在颐和园景福阁

一九四九年三月，林徽因与母亲何雪媛（后左一）、梁思成（后左二）、张文英（后左三）、沈铭谦（后左四）、金岳霖（后左五）、女儿梁再冰（前左一）、张文朴（前左三）在北平

一九四九年三月，林徽因与梁思成送女儿梁再冰参军南下前

二十世纪五十年代初的林徽因与梁思成

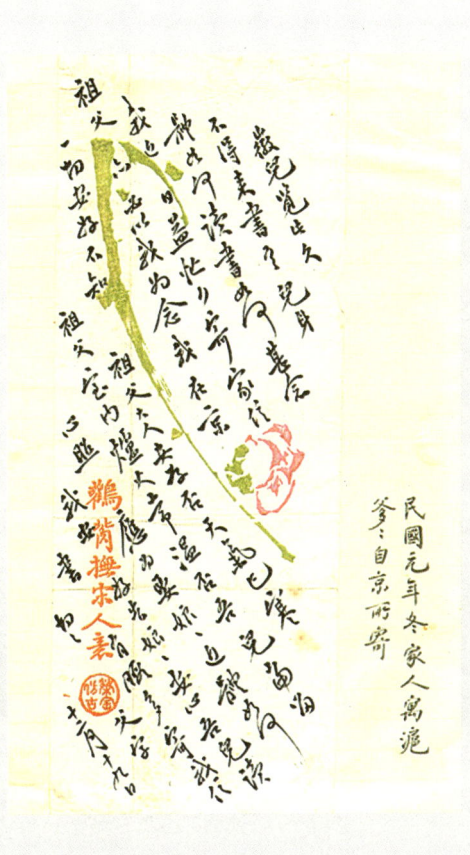

一九一二年十二月十九日，林长民致林徽因书信手迹。旁批楷书系林徽因手迹

一九一八年四月十六日，林长民致林徽因书信手迹。
旁批楷书系林徽因手迹

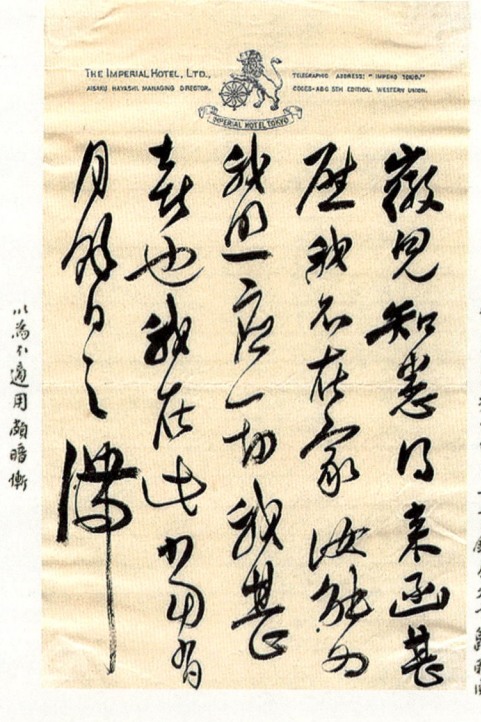

适之先生：

也许你很诧异这封唐突的来信，但是千万请你原谅。你到美的消息传到一个精神无事的旬原初，这不过是個很自然的影響。

我这些年多的思想北京和畏近几箇的遭遇给我许多烦恼和苦痛，我想

一九二七年二月六日，林徽因致胡适书信手迹
（中国社会科学院近代史研究所藏）

一九三二年一月一日，林徽因致胡适书信手迹（中国社会科学院近代史研究所藏）

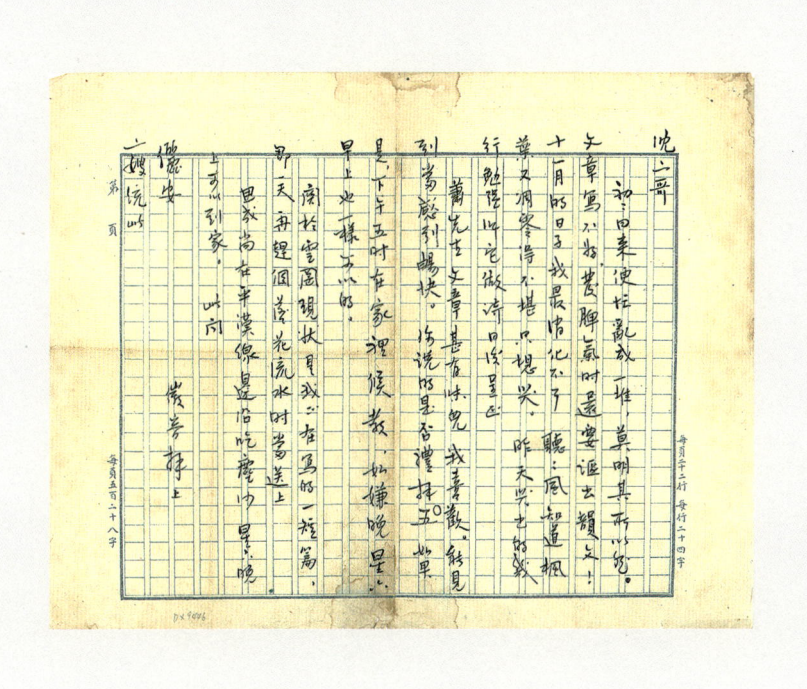

沈二哥：

初二回来便忙乱成一堆，莫明其妙的
文章写不好，发脾气时还要诞去题文！
十一月的日子或最糟的不了，听二风道梗
叶又凋零得不堪只想哭。昨天共七的致
行勉强可以做得可以呈上
萧先生文章甚有味儿或寄散，请见
到当懋刚嫚挟，传说的是否适抹五如茱
是下午五时在家里候教，如陈晓星，
早上也一样大以的。
南长雪园现状见我二在写的一程篇，
哪天再理清落花流水时当送上。
思成尚在平汉线是恰吃盧沟
上方以到家。此问
儹安 此问

徽音拜上

二姨说……

第二页

Dear Wilma & John —

I feel that I ought to tell you that there was a mysterious present in the form of two pots of flowers sent to me from an unknown who signed his or her card in such a way that was most flattering to me. But however pleasant this present may be to me I cannot thank this person in any way. Is it not a shame?

I thought you will be interested to know —

Phyllis —

一九三五年春，林徽因致费正清、费慰梅书信手迹

Oct 1935
W's trip to Hai-Shan
Sheng Mi Shih
T'ang

Les Shan de Shih

If you insist on adventure of course!
The picture above finds you bravely at it —
don't you think I have good foresight?
You will find a sun & a temple & some
trees & you will have a donkey boy who
admires your blue "Koo-Kua" & looks
at you cock-eye-dly & you will have
such a donkey going over such roads
that you will think of your red-handled
bicycle, your husband & your nice court-
yard and Peking, the part that is
not hilly & decidedly east —

However, I wish you the
best of luck the kind of outfit you put
on can give you, namely your blue Koo-Kua

This note is a vast
improvement over   Phyllis
your exotic one.

一九三五年十月，林徽因致费慰梅书信手迹

一九三五年十一月下旬，林徽因致沈从文书信手迹

May 7th '36   (both sides) 1

Wilma, Wilma, Wilma (I have to address the envelope to John
                      because it is more proper for Baillie.)
     I have been in the yelling mood ever since
your last delightful letter, now that another
one has come I must answer you right away.
There has been along some time I did n't (or could n't)
write to you people because of a "gap" caused
by your sending letters each not via siberia
and took over fifty days to come (except one
which came a little sooner but it must be one
that was written later.) So everything got
terribly upsetting. We loved the "type-written
reports" of whereabouts or whatabouts, but
emotionally they are a bit unsatisfactory.
     You sound worried about my ways of life,
    running around helping people in
general, lots of worry & no excercise etc.
Well, sometimes nothing can be done, it is
almost fatal I should slave & waste
myself on trash always, till — I mean unless
circumstance itself take mercy on me &
change. So far the circumstance is none too
good for Phyllis the individual, though very
smooth for the same person in all the capacity
as a family member. The weather is glorious
everybody has room repapered re furnished
decorated to reassume life in better shape
let me give you a picture to show how it is.

一九三六年五月七日，林徽因致费慰梅书信手迹

一九三六年夏，林徽因致梁思庄书信手迹

独行

我像个园灵魂失落在街道，
踩着十月的天上十月的脸，
我向雾里黑影上涂热情，
悄的我看一圈光静的月圆。

我也曾人流着涌过，来回
黑影中冲波浪，翻起眼光，
数着桥工桐行龙样头尾，
我像手牵着寞船自己划桨。

我像哭，像自语，我望落之拖歉
自己难谷同情，一把心紧似琴弦，
我说哦，哦你琴我知道，一曲子
未唱，幻境歌唱终不来到上面！

(古之)

廿之，十月廿九

思一，谢，好来画石冷，立谢：那年诗时要画。一次蹬大的光催一文腊似手，坚去为气图景致的难卷，印象的论斩此寻些下百意思得好，作三别混，京信未见到，回来坚念幼的儿，今参音话远你看。另有一苦运剑案看郎州素稿晚烟漫语你栝果。二嫂。

一九三六年十月二十九日，林徽因致梁思懿书信手迹

宿も葉子

红。的葉子又到了秋天
我縱知道自己想念
我卻畫不出心裡的方向——
我疑心你已走了模樣！

黃。的葉子像火燒着，
我聽到隔壁有人搭話笑，
我拾起這偶來的別人的故事，
報错仍保存在自己眼淚裡。

（詩）

Dear Tse — perhaps you will like this little thing: The yellow & red in your campus, & the of old sights & some jolly girls & boys passing were inspiration for this. The first stanza you can leave to your imagination but if you insist specialists, specialists would! The "他" there can be from 不及之 or you, when in the middle. Read also in "poem sense" a 多好. The just this night will remain a pleasant memory.

Huei-In.

一九三六年十月二十九日，林徽因致周念慈书信手迹宝宝：

妈妈不知道要怎样告诉你许多的事，现在我分开来一件一件的讲给你听。

第一，我从六月廿六日离开太原到五台山去，家里给我的信就全没有法子转到，而你同金伯伯弟弟所写的信就说你没有见到信，一直到家才由太原转来，我同爹爹也接不到信，连报纸也没有法子看见一张，所以日本同中国开的事情也就不知道！

(坐车同骑骡子)

第三，我们路上走得随慢，工作又忙，所以到了才真知道一些外面的新闻，有报、电报的地方到北平的火车已经不通。真不知道多着急。

第四，好在平绥没有断，我同爹爹就慌慌张张绕到大同由平绥路回北平，现在我拿张地图你看看，你就可以明白了。

请看第二版 笔尖

太原 五台山 代县 雁门关 大同
注意万里长城
张家口等地方
平汉铁路 你就可以明白一切
平绥铁路

一九三七年七月，林徽因致梁再冰书信手迹

Nov. 1940

Dears Wilma & John — I wrote you a long long letter in early September, it was typed out & mailed. Then a short note introducing a certain Mr Bien who wrote a short story & wanted your help. I am in a persistent mood to write in these days but I am always busy in a sense you would not quite know from what you have known of our lives before and so always have to postponed the writing, it is terribly sad. here are such a lot — things worth telling here not about ourselves but about all sorts of friend who had all sorts of work & novel living conditions, now this war is made near three years old — you can hardly imagine what that means —

My heart is still so fond & bound up with you in your American home that sometimes it is hard to bear our separations over such long period of time. The end of this terrific war seem still a bit far off even we apply as much of wish-hope as we can in to any news we can gather from the papers. Japs are near exhaustion, but not near enough to please us. I am not a person to look back much, but even I am now very homesick, and we are going to Sze-chuan! and there be another 2 or 3 years apart!! Time seem to drag so.

Bmoing are getting very bad, but don't worry, we are alright we have much more chance to be safe than to be hurt really. he just number or alert as the case turned out to be, bombers machinegunning & pursuit planes are all like quick snaps one can set one's teeth against compressed lips & let it pass over right over head or pass away they are all the same, a sick sensation in

一九四〇年十一月，林徽因致费慰梅、费正清书信手迹

一九四二年十月五日，林徽因致傅斯年书信手迹

一九四四年五月二十三日，林徽因致陈岱孙书信手迹

一九四四年九月二日，林徽因致陈岱孙书信手迹

卅七年东北平围城时寄清华园家中张三姐

三小姐：收到你的信，並且已知我们这次请二哥来
的确也是你所赞同的，主为能照〔顾〕这里的气氛与
堆裏完全一样，生活极为安定愉快。老郑还替她老人
堆裏完全一样，生活极为安定愉快。一群老朋友们处
照样的打气口吻，而且人：都是老视的，像着先生的
工作。二哥到此，可以减少太卽〔郑〕精神上的压迫
他住在老金家裏。早起八时来就同老金一起进城
吃饭，饭後聊天半小时。他们又回去，老金们监等伏案
中午又来，饭後吃饭又聊半小时，各回去睡午觉。下午四时
别到继朋友家闲坐。吃：茶或是（罗玉）夫去心。六时又到
我家，饭後聊到九时左右绕教。晚上我们三哥未来的
时候，二哥来时我入睡为胜利。这是我们这裏三哥来的
时候，二哥未城外，梅为胜利。此外在睡前还虫〔喝〕一杯
晶（？）茶，由老金陪曦畔〔聊〕卷纸一根的一上下抵造了。
奶奶，两以三哥的睡眠之游〔游〕的上下抵造了。
岁岁海平
二哥来后路神也雄梁后，毕竟觉得平
俏但心陪到金本会闲朗。第六支人文跟俏快
但搋说仍晚指头友，听以我又换了一种坐眠药
（每晚代蒂（轻给二哥）且主张陪睡
改名金三粒
朱妈

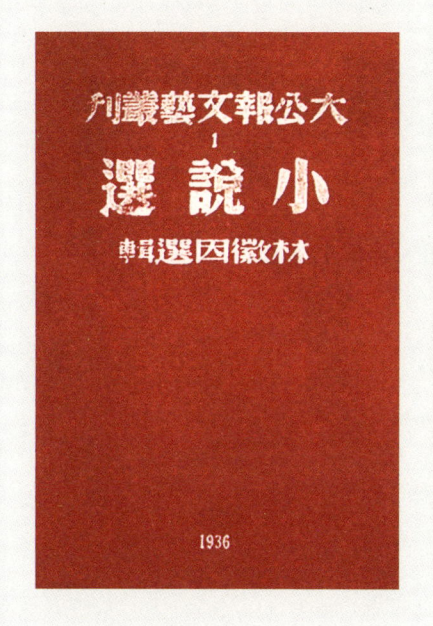

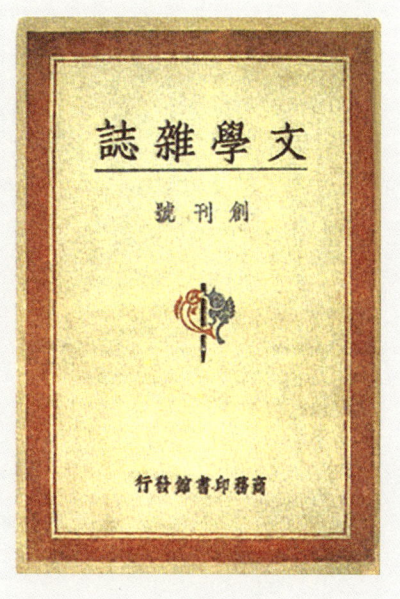

左 《大公报文艺丛刊1 小说选》(林徽因选辑,一九三六年八月上海大公报馆初版)

右 《文学杂志》创刊号(一九三七年五月一日,刊有林徽因戏剧《梅真同他们》第一幕)

左 《林徽因文集·文学卷》(梁从诫编,一九九九年百花文艺出版社初版)

右 《林徽因文集·建筑卷》(梁从诫编,一九九九年百花文艺出版社初版)

代序

建筑家的眼睛
诗人的心灵

梁从诫

原载于一九八三年《读书》杂志第二期,本集将其收入,作为代序。

一座低低的石墓,默默地隐在北京八宝山革命烈士陵园一个僻静的角落里。墓碑上的姓名,在那连死者都不能不呻吟的年月中被人毁去了,只留下一方已经黯淡缺损,但总算幸存下来了的汉白玉,上面镌刻着一簇有着浓厚的民族韵味、丰满而又秀丽的花圈。偶来的凭吊者很少会知道,这花圈原是为天安门前人民英雄纪念碑设计的,是那碑座上雕饰的一个刻样。一九五五年,它被移放到这座墓前,作为一篇无言的墓志,纪念着它的创作者,墓的主人——女建筑学家和诗人林徽因。*林徽因墓今已修复。

林徽因(早年写作徽音)一九〇四年生于福建闽侯一个官僚知识分子家庭。童年时全家迁居北京。当还是一位少女的时候,她在文学和艺术方面的敏感和能力就引起了人们的注意。一九二〇年,林徽因随父亲去英国。一年后回国时,这个中国女中学生典雅的英语和对英国文学的修养曾使她的英国教师们称赞不已,而她那热情的性格和长于审美的气质也吸引了不少比她年长的新文学界朋友。在英国期间，由于一位同窗英国姑娘的影响，她开始对建筑艺术发生兴趣。

二十年代初，林徽因结识了著名的维新派政论家、学者梁启超先生的长子，当时的清华学生梁思成。在这两个年轻的艺术爱好者之间，很快就建立起了亲密的友情。不久，他们先后来到美国，就读于宾州大学，并共同决定要以建筑学为终生事业。由于当时这所大学的建筑系不收女生，林徽因只得入该校美术学院，但选修的主要却是建筑系的课程。一九二七年，她以学士学位毕业于美术学院；同年，梁思成获得建筑系硕士学位。此后，她又转入著名的耶鲁大学戏剧学院，在 G.P. 贝克教授的工作室中学习舞台美术设计，成为我国第一位在国外学习舞美的学生。一九二八年，这一对新婚的同行回到了祖国。

虽然人们常常把林徽因说成是一位诗人、文学家，但实际上，从整个一生来说，文学创作并不是她的主要事业。三十年代，在梁思成作为一个年轻、热情的建筑学家所进行的对中国古代建筑的开创性的科学研究活动中，林徽因始终是他最密切、最得力的合作者之一。她不仅陪同梁思成多次参加了对河北、山西等地古代建筑的野外调查旅行，而且还同梁思成合作或单独撰写了调查报告多篇，发表在专门的学术刊物——《中国营造学社汇刊》上。它们至今仍被这个行业的专家们认为具有很高的学术价值；而她为我国古代建筑技术的重要工具书《清式营造则例》所写的"绪论"，可以说已成为这个领域中所有研究者必读的文献了。

然而，严肃而又十分专门的科学研究工作并没有限制林徽因文学家的气质。相反，这两个方面在她身上总是自然结合、相得益彰的。她所写的学术报告独具一格，不仅有着严谨的科学性和技术性内容，而且总是以奔放的热情，把她对祖国古代匠师在建筑技术和艺术方面精湛的创造的敬佩和赞美，用诗一般的语言表达出来，使这些报告的许多段落读起来竟像是充满了诗情画意的散文作品。

也是在三十年代，林徽因在学术研究活动之外，开始发表一些文学作品，包括中、短篇小说，剧本，散文和诗。数量虽然不多，却引起了读者相当的反响。

虽然出身于旧式的上层家庭并生活于优裕的环境，但可贵的是，林徽因确实表现出某种突破自身局限的倾向。她早期的几篇文学作品，如小说《九十九度中》，散文《窗子以外》《吉公》和未完成的多幕剧《梅真同他们》等，从一个侧面分明地反映出当时中国社会的阶级分野以及由此而来的各个领域中的矛盾和斗争。尽管她所表现的主题和人物同当时真正严酷的社会现实和矛盾的焦点还有着很大的距离，但从中却可以看出她对自己"窗子"以外的生活的探索和追求。她的感情也是分明的：一切同情都在被压迫、被损害的弱者的一边，而对那些权势者，不论是"旧派"的还是"洋派"的，即或是以"文化人"面目出现的也罢，都投之以直率的敌意和鄙薄。她个人的生活背景，使她对后者的揭露和批判，虽然还谈不上有革命的含义，却表现了一种特有的深刻性和说服力。而且，也许正因为她不是出自对某种政治伦理的概念化的追求，反而使她所表达的爱和憎显得格外真诚而自然。这一切，使她的这一部分作品完全不能同被有些人讥为"客厅文学"的那类东西相提并论。

同样难得的是，以林徽因那样的社会处境，却能够相当清醒地意识到自己同广大劳动人民之间的隔膜，孕育着一种要走向人民的愿望。多次在华北农村地区进行的古建筑野外调查，使她有机会亲眼看到当时那些偏僻农村中困苦的生活，多少体会到劳动者的艰辛、质朴和憨厚。她对他们充满了同情，但又发觉自己同他们之间有着一道她在当时还不能理解也无法逾越的无形的墙，于是写下了以这种矛盾心情为基调的散文《窗子以外》。

林徽因曾以诗闻名于当时的文学界。但她的诗却和上面谈到的其它作品有所不同。如果说，她通过自己的小说、剧本和散文，是有意识地要对当时她所观察到的社会现实有所反映的话，那么，她的早期诗作，除少数几首曾表露了对民族命运所怀的忧患感和深沉的爱国心之外，更多地却是以个人情绪的起伏和波澜为主题的，探索着生活和爱的哲理；是一种恬静生活中内向的精神发掘，因而其社会意义不如前一类作品那样显著，题材也显得比较狭窄。她的诗之所以受到一些读者的赞赏，主要是因为诗中所流露的情感的真挚、细密和纯净，以及在表现形式上和手法上的清新和完美。她在诗中所用的语言，明快而隽永，常能准确、生动地捕捉和描绘出瞬息即逝的意境的幻动和思绪的微妙变化，并有着鲜明的韵律性。特别是在她自己朗读的时候，常常像是一首首隐去了曲谱的动听的歌。她的诗，又长于用写景的手法来抒情。尤其具有特色的是，她对中国古代建筑的了解、热爱和她在美术方面的修养，常常使她的作品中出现对建筑形象和色彩的描绘，或以之作为文学上的比喻。例如，在她的诗《深笑》中，人们就可以读到这样的句子：

是谁笑成这百层塔高耸,
让不知名鸟雀来盘旋?是谁
笑成这万千个风铃的转动,
从每一层琉璃的檐边
　摇上
云天?

在写于抗日战争初期的《昆明即景》中,她曾把当地民居底楼高八尺、二层高七尺的典型制式也纳入了自己的诗句:

那上七下八临街的矮楼,
　半藏着,半挺着,立在街头,
瓦覆着它,窗开一条缝,
夕阳染红它,如写下古远的梦。
…………

这一切,使她的诗别具一格,在我国白话诗的园地里,走了一条旁人没有走过的路。

同他们那个时代的大多数留学生一样,林徽因虽然在国外留学多年,却有着强烈的民族感情。她和梁思成在美国攻读建筑学期间,读到的是欧洲建筑史:古希腊、罗马建筑的遗迹、西欧哥特式、罗柯柯式的宫宇、教堂,几乎每一处拱门、每一根石柱,都有着详尽的记载和分析;而中国建筑,那无数古朴的寺庙、辉煌的宫殿,在西方建筑界眼中,却像是不存在一样。对中国古建筑稍微认真一点的论述，甚至要到日本学者的著作中去寻找！这种情况，正是激励他们立志用现代科学技术的观念来系统研究中国古代建筑的一个基本的推动力。然而，当这项事业刚刚开始不久，日本侵略者的铁蹄就踏遍了我国华北的大片土地，他们的研究工作被迫中断了。一九三七年七月，当日寇的炮火在卢沟桥畔响起的时候，林徽因正和梁思成在山西五台山地区进行野外调查。当他们由于在深山里发现了国内最古老的一座木结构建筑——建于唐代的佛光寺大殿而欣喜万分的时候，却传来了战争爆发的可怕消息。由于正太铁路已不通，他们历尽艰辛才辗转回到日军已兵临城下的北平。这时，林徽因曾用大而整齐的字体给正随亲戚在外地过暑假的八岁的女儿写信说：".如果日本人要来占北平，我们都愿意打仗……我觉得现在我们做中国人应该要顶勇敢，什么都不怕，什么都顶有决心方好。"

此后不久，林徽因、梁思成便全家离开了已经沦陷的北平，跋涉数千里，迁到了昆明。在途经长沙时，日寇的飞机曾把他们的住处炸成一片瓦砾，全家人仅以身免。一九四一年冬，他们又从昆明迁到了四川宜宾附近一个偏远的江村。

八年抗战，艰难的生活、飞腾的物价、日寇的空袭、不断的"逃难"、越来越差的生活条件，使林徽因肺病复发。从一九四一年起，她就经常发烧卧床，从此再没有享受过健康人的欢乐。然而这一切，都没有能遏止住她在精神上的创造活动。这个时期，她基本上已经无暇从事认真的文学创作了。在这方面，除了若干诗稿之外，已没有什么重要的作品。但是，战时"大后方"知识分子艰苦的生活、同社会现实更多的接触和更深的了解、对战局的忧虑以及个人的病痛，已使林徽因的精神面貌发生了重大的变化。反映在她的诗稿中，三十年代那种安逸、婉约的格调已不多见，而开始发出某种悲怆、沉郁，甚至是苦涩的音响；诗中也不再限于捉摸个人心绪的沉浮变幻，而渐渐出现了更多尖锐的社会乃至政治主题。为哀悼在与日寇空战中捐躯的弟弟而写的诗稿《哭三弟恒》和鞭笞恶劣的社会风气对年轻知识分子心灵的侵蚀的长诗《刺耳的悲歌》（已佚），表现了她创作思想的这种转变。

这个时期，学术上的研究和创作活动在林徽因的生活中有着更加重要的地位。她在疾病的折磨下，在那穷乡僻壤几乎不蔽风雨的几间农舍里，常常是伴着如豆的菜籽油灯光，用了几年时间，帮助梁思成反复修改并最后完成了《中国建筑史》这部重要著作的初稿和用英文撰写的《中国建筑史图录》稿，初步实现了他们早在学生时代就已怀有的学术宿愿。除了她身边的亲人和最接近的合作者之外，也许没有人会知道，林徽因为了这两部著作曾贡献了多少心血，在自己的健康方面，又做出了多大的牺牲。

一九四六年夏，梁思成应聘到清华大学主持建筑系的创建工作，林徽因终于回到了她在八年战乱中所日夜思念的北平。然而，她却无可奈何地发现，曾经成为她创作基调的那种战前闲逸的生活，同她自己的青春和健康一道，都已成为往日的回忆而不能再现了。这时，她同中国人民大革命的洪流仍是隔膜的，但对于旧政权的腐败和帝国主义的压迫，却已有了切身的感受。多年忧患的生活和长期卧病，曾使她产生过相当灰暗的情绪，并写了一些调子低沉的短诗。然而，也就是在这个时期，她一再谢绝了外国朋友的邀请，不肯到美国去长期疗养，而宁愿留国内，同自己的同胞共命运。解放前夕,她曾在朋友们面前激动地表示过:深信一个有爱国心的中国知识分子,是不会也不该选择这样的时机离开祖国的。也许多少有点偏激吧,她对于不信奉这个原则的人,始终是不能理解也不肯原谅的。

一九四九年初,林徽因所住的清华园已经解放了,而解放大军对北平的包围正紧。林徽因和梁思成一样,不仅为城内亲友、百姓的安危而日夜担心,而且一想到这座举世无双的文化古都,城内那无数辉煌的古代宫殿庙宇,可能即将毁于攻城的战火时,就忧心如焚,几乎夜不能寐了。就在这时,一天,突然有两位解放军来到家中求见,在大吃一惊的梁思成面前摊开了一幅大比例的北平军用地图,请他用红笔圈出一切重要的文物古迹的位置,以便在大军万一被迫攻城时尽一切可能予以保护……这生平第一次同解放军的直接接触,使这一对以中国古建筑为第二生命的夫妻激动得热泪盈眶,而几乎在一夜之间,就消除了他们对共产党的一切疑虑,从此便把自己的命运同新中国凝在了一起。

解放以后,林徽因的病势虽更加沉重,但她却焕发出前所未有的生命力,以极大的热忱,忘我地投入到人民共和国的经济、文化建设事业。她被聘为清华大学建筑系教授;北京市人民政府任命她为北京市都市计划委员会委员;不久,又被选为北京市第一届人民代表大会代表。她以惊人的毅力,忍受着病痛的折磨,认真地参加了首都的城市规划工作,和清华大学建筑系的同志们一道,提出了很有远见的总体规划草案;她还以极大的科学勇气和对人民、对历史负责的精神,抵制了当时来自各方面,包括来自"外国专家"的许多武断的、错误的意见,力主保存北京古城面貌,反对拆毁城墙、城楼和某些重要古建筑物，提出了修建"城上公园"的新颖设想；她十分关心供普通劳动者居住的小型住宅的合理设计问题，为建筑系研究生开了专题课，亲自做出了多种设计方案；她热心于北京传统手工艺的复兴，应工艺美术界一些同志的邀请，扶病来到当时濒临停业的景泰蓝、烧瓷等工艺工场调查研究，熟悉生产程序，为这些工艺品设计了一批具有民族风格而又便于制作的新式图案并亲自参与试制，同时还热情地为工艺美术学院培养研究生。她还热心于文化普及工作，在百忙中曾为《新观察》等刊物写了一系列介绍我国古建筑的通俗性文章。常常为此在病榻上就着一块小画板写作到深夜。

建国后不久，林徽因和清华大学建筑系的几位教师一道，接受了为中华人民共和国设计国徽图案的光荣任务。连续几个月，她把自己的全部热情都倾入了这件工作，呕心沥血，一次次地参与修改设计，又一次次带病亲自和同事们一起把图纸送到中南海，请周总理等领导同志审查、提意见，直到方案最后确定。在讨论国徽图案的全国政协一届二次会议上，林徽因被特邀列席。当她亲眼看到在毛主席的提议下，全体代表以起立方式一致通过了她所参与设计的五星照耀下的天安门国徽图案时，禁不住流下了激动的热泪。而这时，她已经病弱到几乎不能从座椅上站起来了。

这以后，林徽因又参加了天安门人民英雄纪念碑的设计和修建工作，并承担了为碑座设计饰纹和花圈浮雕图案的任务。她凭自己对中国古代雕刻纹饰方面的深刻了解和工艺美术方面的素养，十分出色地完成了这一创作。同时，她也耗尽了自己的最后一分精力，以致没有能亲眼看到这座历史性建筑物的落成。

熟悉林徽因的人还不会忘记，在从事上述这些工作的同时，她又是一个多么热心于培养、引导青年的人。常常一连几个小时为他们讲课，同他们交换意见、谈话，全然不顾自己已是一个多么衰弱的病人。为了启发后学者，她不仅贡献着自己的学识，也贡献了那仅有的一点健康。

一九五五年四月，林徽因教授终因久病医治无效而与世长辞了，终年只有五十一岁。虽然她参加人民的革命工作只有短短的五年时间，但由于她所做出的重要贡献，人民给了她以很高的荣誉，遗体被安葬在八宝山革命烈士公墓中。

作为一个文学、艺术家，林徽因是勇于探索和创新的。由于她对中国和西方传统文化、艺术的广博知识和深厚的修养，她总是孜孜不倦地探求怎样吸取其中最优秀的成分以表现现代的、民族的题材与风格。她的作品，无论是文学方面的，还是建筑或造型艺术方面的，都明显地表现出她在这种探索中所做出的可贵努力。民族的形式已成为她在艺术风格上的一个鲜明特色。她发表过的文学作品虽然不多，但它们在一个时期中，对于我国白话散文和诗歌，在形式、韵律、风格和技巧方面是有一定影响的。可惜的是，现在所能收集到的，仅是她早期作品中的一小部分，而在她思想和艺术上更为成熟时期的许多诗稿、文稿，却再也没有可能同读者见面了。在那灾难性的十年中，它们也遭到了和她墓碑上的名字相同的噩运，毁失殆尽了。

林徽因的一生，也可以说是不幸的。这样一位具有多方面才能、被誉为"一代才女"的女性，在旧社会，潜力却从来没有得到过真正充分的发挥；而她最好的年华，又大半被消磨在动乱的生活和疾病之中了。直到解放后,她的知识和才干才第一次真正找到了施展的天地。时代的需要、对新中国的挚爱,在她身上激发出了令人感佩的创造热情。然而,她心中那曾经是炽烈的生命之火,却过早地燃到了尽头,"蜡炬成灰",无可奈何地熄灭了。这使一切熟悉她、爱慕她的人都不能不感到深深的惋惜和悲哀。

尽管如此,在半个多世纪以来中国白话文学发展的道路上,林徽因毕竟还是留下了自己那明晰、轻盈的足迹;在中国建筑史的研究工作中,她也以开创者之一的身份,做出了重要的贡献。特别是解放以后,她在建筑教育和美术创作中播出的种子和洒下的心血已开花结果,有的更已凝于历史的丰碑,获得了与人民共和国共存的殊荣。对于死者来说,这也应是具有深意的安慰了。

目录

小说

002　窘
020　九十九度中
041　钟绿
　　　——模影零篇之一
053　吉公
　　　——模影零篇之二
064　文珍
　　　——模影零篇之三
073　绣绣
　　　——模影零篇之四

戏剧

086　梅真同他们
　　　[四幕剧]

翻译

164　夜莺与玫瑰
　　　——奥司克魏尔德神话

书信

174　致胡适·一九二七年二月六日
175　致胡适·一九二七年三月十五日
178　致胡适·一九三一年十一月三日
179　致胡适·一九三一年十一月
180　致胡适·一九三二年一月一日
185　致胡适·一九三二年一月一日

188　致胡适·一九三二年春

191　致胡适·一九三二年六月十四日

193　致沈从文·一九三三年十一月中旬

194　致沈从文·一九三五年十一月下旬

195　致沈从文·一九三六年二月二十七日

199　致沈从文·一九三七年十月

202　致沈从文·一九三七年十一月九日至十日

205　致沈从文·一九三七年十二月九日

207　致沈从文·一九三八年春

210　致张兆和·一九四八年末

212　附：张兆和致林徽因、梁思成·一九四九年二月二日

213　致朱光潜·一九三七年

214　致陈岱孙·一九四三年十一月四日

219　致陈岱孙·一九四四年五月二十三日

221　致陈岱孙·一九四四年八月五日

224　致陈岱孙·一九四四年九月二日

226　致陈岱孙·一九四四年十一月二日

227　致费慰梅、费正清·一九三五年春

229　致费慰梅、费正清·一九三五年八月

232　致费慰梅·一九三五年九月七日

234　致费慰梅·一九三五年十月

237　致费慰梅、费正清·一九三五年十一月至十二月间

239　致费慰梅、费正清·一九三六年一月四日

242　致费慰梅、费正清·一九三六年一月二十九日

245　致费慰梅·一九三六年五月七日

253　致费慰梅·一九三六年五月二十九日

255　致费慰梅·一九三六年六月三日

257　致费慰梅·一九三七年九月十九日

259　附：梁再冰致费慰梅·一九三七年九月十九日

260　致费慰梅·一九三七年十一月二十四日

265　致费慰梅、费正清·一九三八年三月二日

269　致费慰梅、费正清·一九三九年四月十四日

272　致费慰梅、费正清·一九四〇年九月二十日

281　致费慰梅、费正清·一九四〇年十一月

286　致费慰梅、费正清·一九四一年八月十一日

291　致费正清·一九四三年六月十八日

294　致费正清·一九四六年一月

296　致费慰梅·一九四六年二月二十八日

303　致费慰梅·一九四六年七月九日

305　致费正清·一九四七年二月一日

307　致费慰梅·一九四七年十月四日

311　致费慰梅·一九四七年十一月十日

314　致费慰梅·一九四七年十二月二十日

316　致费慰梅、费正清·一九四八年十一月八日至十二月八日

323　致傅斯年·一九四二年五月十三日

324　致傅斯年·一九四二年十月五日

326　附：傅斯年致朱家骅·一九四二年四月十八日

328　致金岳霖·一九四三年十一月下旬

329　致梁思庄·一九三六年夏

331　致梁思懿·一九三六年十月二十九日

333　致周念慈·一九三六年十月二十九日

335　致梁再冰·一九三七年七月

339 致梁再冰·一九四一年六月
340 致梁思成·一九五三年三月十二日
342 致梁思成·一九五三年三月十七日
344 附：林长民致林徽因·一九一二年十二月十九日
345 附：林长民致林徽因·一九一三年（约）
346 附：林长民致林徽因·一九一三年五月二十九日
347 附：林长民致林徽因·一九一三年七月十三日
348 附：林长民致林徽因·一九一六年四月八日
349 附：林长民致林徽因·一九一六年四月十九日
350 附：林长民致林徽因·一九一六年五月五日
351 附：林长民致林徽因·一九一七年八月八日
352 附：林长民致林徽因·一九一七年八月八日
353 附：林长民致林徽因·一九一七年八月十五日
354 附：林长民致林徽因·一九一七年八月十五日
355 附：林长民致林徽因·一九一八年四月十六日
356 附：林长民致林徽因·一九一八年四月
357 附：林长民致林徽因·一九一八年五月十九日
358 附：林长民致林徽因·一九二〇年三月三日
359 附：林长民致林徽因·一九二一年八月二十四日
360 附：林长民致林徽因·一九二一年八月二十五日
361 附：林长民致林徽因·一九二一年八月三十一日
362 附：徐志摩致林徽因·一九三一年七月七日

370 倏忽人间四月天·梁从诫
402 跋·方晶
405 增订说明

鼓勵你讀書的嬤嬤很不幸沒念過書，可是数你認得了你將來的字嗎？吾愛讀書的你老來記著閱這段美麗温馨相愛的往事，否則……最低限度，找一定不會有一個女婿的

給的嬤嬤在病中
曾于六月裡

小说
剧
戏 译
翻 信
书

初刊于一九三一年九月《新月》第三卷第九期，署名"林徽音女士"。

窘

暑假中真是无聊到极点，维杉几乎急着学校开课，他自然不是特别好教书的，——平日他还很讨厌教授的生活——不过暑假里无聊到没有办法，他不得不想到做事是可以解闷的。拿做事当作消遣也许是堕落，中年人特有的堕落。"但是，"维杉狠命的划一下火柴，"中年了又怎样？"他又点上他的烟卷连抽了几口。朋友到暑假里，好不容易找，都跑了，回南的不少，几个年轻的，不用说，更是忙得可以。当然脱不了为女性着忙，有的远赶到北戴河去。只剩下少朗和老晋几个永远不动的金刚，那又是因为他们有很好的房子有太太有孩子，真正过老牌子的中年生活，谁都不像他维杉的四不像的落魄！

维杉已经坐在少朗的书房里有一点多钟了，说着闲话，虽然他吃烟的时候比说话的多。难得少朗还是一味的活泼，他们中间隔着十年倒是一件不很显著的事，虽则少朗早就做过他的四十岁整寿，他的大孩子去年已进了大学。这也是旧式家庭的好处，维杉呆呆的靠在矮榻上想，眼睛望着竹帘外大院子。一缸莲花和几盆很大的石榴树，夹竹桃，叫他对着北京这特有的味道赏玩。他喜欢北京，尤其是北京的房子院子。有人说北京房子傻透了，尽是一律的四合头，这说话的够多没有意思，他那里懂得那均衡即对称的庄严？北京派的摆花也是别有味道,连下人对盆花也是特别的珍惜,你看那一个大宅子的马号院里,或是门房前边,没有几盆花在砖头叠的座子上整齐的放着?想到马号维杉有些不自在了,他可以想象到他的洋车在日影底下停着,车夫坐在脚板上歪着脑袋睡觉,无条件的在等候他的主人,而他的主人……

无聊真是到了极点。他想立起身来走,却又看着毒火般的太阳胆怯。他听到少朗在书桌前面说:"昨天我亲戚家送来几个好西瓜,今天该冰得可以了。你吃点吧?"

他想回答说:"不,我还有点事,就要走了。"却不知不觉的立起身来说:"少朗,这夏天我真感觉沉闷,无聊!委实说这暑假好不容易过。"

少朗递过来一盒烟,自己把烟斗衔到嘴里,一手在桌上抓摸洋火。他对维杉看了一眼,似笑非笑的皱了一皱眉头——少朗的眉头是永远有文章的。维杉不觉又有一点不自在,他的事情,虽然是好几年前的事情,少朗知道得最清楚的——也许太清楚了。

"你不吃西瓜么?"维杉想拿话岔开。

少朗不响,吃了两口烟,一边站起来按电铃,一边轻轻的说:"难道你还没有忘掉?"

"笑话!"维杉急了,"谁的记性抵得住时间?"

少朗的眉头又皱了一皱,他信不信维杉的话很难说。他嘱咐进来的陈升到东院和太太要西瓜,他又说:"索性请少爷们和小姐出来一块儿吃。"少朗对于家庭是绝对的旧派,和朋友们一处时很少请太太出来的。

"孩子们放暑假,出去旅行后,都回来了,你还没有看见吧?"

从玻璃窗，维杉望到外边。从石榴和夹竹桃中间跳着走来两个身材很高，活泼泼的青年和一个穿着白色短裙的女孩子。

"少朗，那是你的孩子长得这么大了？"

"不，那个高的是孙家的孩子，比我的大两岁，他们是好朋友，这暑假他就住在我们家里。你还记得孙石年不？这就是他的孩子，好聪明的！"

"少朗，你们要都让你们的孩子这样的长大，我，我觉得简直老了！"

竹帘子一响，旋风般的，三个活龙似的孩子已经站在维杉跟前。维杉和小孩子们周旋，还是维杉有些不自在，他很别扭的拿着长辈的样子问了几句话。起先孩子们还很规矩，过后他们只是乱笑。那又有什么办法？天真烂漫的青年知道什么？

少朗的女儿，维杉三年前看见过一次，那时候她只是十三四岁光景，张着一双大眼睛，转着黑眼珠，玩他的照相机。这次她比较腼腆的站在一边，拿起一把刀替他们切西瓜。维杉注意到她那只放在西瓜上边的手。她在喊"小篁哥"。她说："你要切，我可以给你这一半。"小嘴抿着微笑。她又说："可要看谁切得别致，要式样好！"她更笑得利［厉］害一点。

维杉看她比从前虽然高了许多，脸样却还是差不多那么圆满，除却一个小尖的下颏。笑的时候她的确比不笑的时候大人气一点，这也许是她那排小牙很有点少女的丰神的缘故。她的眼睛还是完全的孩子气，闪亮，闪亮的，说不出还是灵敏，还是秀媚。维杉呆呆的想：一个女孩子在成人的边沿真像一个绯红的刚成熟的桃子。

孙家的孩子毫不客气的过来催她说："你那里懂得切西瓜，让我来吧！"

"对了，芝妹，让他吧，你切不好的！"他［她］哥哥也催着她。

"爹爹，他们又打伙着来麻烦我。"她柔和的唤她爹。

"真丢脸，现时的女孩子还要爹爹保护么？"他们父子俩对看着笑了一笑，他拉着他的女儿过来坐下问维杉说："你看她还是进国内的大学好，还是送出洋进外国的大学好？"

"什么？这么小就预备进大学？"

"还有两年，"芝先答应出来，"其实只是一年半，因为我年假里便可以完，要是爹让我出洋，我春天就走都可以的，爹爹说是不是？"她望着她的爹。

"小鸟长大了翅膀，就想飞！"

"不，爹，那是大鸟把他们推出巢去学飞！"他们父子俩又交换了一个微笑。这次她爹轻轻的抚着她的手背，她把脸凑在她爹的肩边。

两个孩子在小桌子上切了一会〈儿〉西瓜，小孙顶着盘子走到芝前边屈下一膝，顽皮的笑着说："这西夏进贡的瓜，请公主娘娘尝一块！"

她笑了起来，拈了一块又向她爹说："爹看他们够多皮？"

"万岁爷，您的御口也尝一块！"

"沅，不先请客人，岂有此理！"少朗拿出父亲样子来。

"这位外邦的贵客，失敬了！"沅递了一块过来给维杉，又张罗着碟子。

维杉又觉着不自在——不自然！说老了他不算老，也实在不老。可是年轻？他也不能算是年轻，尤其是遇着这群小伙子。真是没有办法！他不知为什么觉得窘极了。

此后他们说些什么他不记得，他自己只是和少朗谈了一些小孩子在国外进大学的问题。他好像比较赞成国外大学，虽然他也提出了一大堆缺点和弊病。他嫌国内学生的生活太枯干，不健康，太窄，太老……

"自然，"他说，"成人以后看外国比较有尺寸，不过我们并不是送好些小学生出去，替国家做检查员的。我们只要我们的孩子得着我们自己给不了他们的东西。既然承认我们有给不了他们的一些东西，还不是〔如〕早些送他们出去自由的享用他们年轻人应得的权利——活泼的生活。奇怪，真的连这一点子我们常常都给不了他们，不要讲别的了。"

"我们"和"他们"！维杉好像在他们中间划出一条界线，分明的分成两组，把他自己分在前辈的一边。他羡慕有许多人只是一味的老神〔成〕，或是年轻，他虽然分了界线却仍觉得四不像——窘，对了，真窘！芝看着他，好像在吸收他的议论，他又不自在到万分，拿起帽子告诉少朗他一定得走了。"有一点事情要赶着做。"他又听到少朗说什么"真可惜；不然倒可以一同吃晚饭的"。他觉着自己好笑，嘴里却说："不行，少朗，我真的有事非走不可了。"一边慢慢的踱出院子来。两个孩子推着挽着芝跟了出来送客。到维杉迈上了洋车后他回头看大门口那三个活龙般年轻的孩子站在门槛上笑，尤其是她，略歪着头笑，露着那一排小牙。

又过了两三天的下午，维杉又到少朗那里闲聊，那时已经差不多七点多钟，太阳已经下去了好一会〈儿〉，只留下满天的斑斑的红霞。他刚到门口已经听到院子里的笑声。他跨进西院的月门，只看到小孙和芝在争着拉天篷。

"你没有劲〈儿〉，"小孙说，"我帮你的忙。"他将他的手罩在芝的上边，两人一同狠命的拉。听到维杉的声音，小孙放开手，芝也停住了绳子不拉，只是笑。

维杉一时感着一阵高兴，他望［往］前走了几步对芝说："来，让我也拉一下。"他刚到芝的旁边，忽然吱哑一声，雨一般的水点从他们头上喷洒下来，冰凉的水点骤浇到背上，吓了他们一跳。芝撒开手，天篷绳子从她手心溜了出去！原来小沅站在水缸边玩抽水机筒玩，第一下便射到他们的头上。这下子大家都笑，笑得利［厉］害。芝站着不住的摇她发上的水。维杉踌躇了一下，从袋里掏出他的大手绢轻轻的替她揩发上的水。她两颊绯红了却没有躲走，低着头尽看她擦破的掌心。维杉看到她肩上湿了一小片，晕红的肉色从湿的软白纱里透露出来，他停住手不敢也拿手绢擦；只问她的手怎样了，破了没有。她背过手去说："没有什么！"就溜的跑了。

少朗看他进了书房，放下他的烟斗站起来，他说维杉来得正好，他约了几个人吃晚饭。叔谦已经在屋内，还有老晋，维杉知道他们免不了要打牌的，他笑说："拿我来凑脚，我不来。"

"那倒用不着你，一会儿梦清和小刘都要来的，我们还多了人呢。"少朗得意的吃一口烟，叠起他的稿子。

"他只该和小孩子们耍去。"叔谦微微一笑，他刚才在窗口或者看到了他们拉天篷的情景。维杉不好意思了。可是又自觉得不好意思得毫无道理，他不是拿出老叔的牌子么？可是不相干，他还是不自在。

"少朗的大少爷皮着呢，浇了老叔一头的水！"他笑着告诉老晋。

"可不许你把人家的孩子带坏了。"老晋也带点取笑他的意思。

维杉恼了,恼什么他不知道,说不出所以然。他不高兴起来,他想走,他懊悔他来的,可是他又不能就走。他闷闷的坐下,那种说不出的窘又侵上心来。他接连抽了好几根烟,也不知都说了一些什么话。

晚饭时候孩子们和太太并没有加入,少朗的老派头。老晋和少朗的太太很熟,饭后同了维杉来到东院看她。她们已吃过饭,大家围住圆桌坐着玩。少朗太太虽然已经是中年的妇人,却是样子非常的年轻,又很清雅。她坐在孩子旁边倒像是姊弟。小孙在用肥皂刻一付〔副〕象棋——他爹是学过雕刻的——芝低着头用尺画棋盘的方格,一只手按住尺,支着细长的手指,右手整齐的用钢笔描。在低垂着的细发底下,维杉看到她抿紧的小嘴,和那微尖的下颏。

"杉叔别走,等我们做完了棋盘和棋子,同杉叔下一盘棋,好不好?"沅问他。"平下,谁也不让谁。"他更高兴着说。

"那倒好,我们辛苦做好了棋盘棋子,你请客!"芝一边说她的哥哥,一边又看一看小孙。

"所以他要学政治。"小孙笑着说。好利〔厉〕害的小嘴!维杉不觉看他一眼,小孙一头微鬈的黑发让手抓得蓬蓬的。两个伶俐的眼珠老带些顽皮的笑。瘦削的脸却很健硕白皙。他的两只手真有性格,并且是意外的灵动,维杉就喜欢观察人家的手。他看小孙的〈手〉抓紧了一把小刀,敏捷的在刻他的棋子,旁边放着两碟颜色,每刻完了一个棋子,他在字上从容的描入绿色或是红色。维杉觉着他很可爱,便放一只手在他肩上说:"真是一个小美术家!"

刚说完，维杉看见芝在对面很高兴的微微一笑。

少朗太太问老晋家里的孩子怎样了，又殷勤的搬出果子来大家吃。她说她本来早要去看晋嫂的，只是暑假中孩子们在家她走不开。

"你看，"她指着小孩子们说，"这一大桌子，我整天的忙着替他们当差。"

"好，我们帮忙的倒不算了。"芝抬起头来笑，又露着那排小牙。"晋叔，今天你们吃的饺子还是孙家篁哥帮着包的呢！"

"是么？"老晋看一看她，又看了小孙，"怪不得，我说那味道怪顽皮的！"

"那红烧鸡里的酱油还是'公主娘'御手亲自下的呢。"小孙嚷着说。

"是么？"老晋看一看维杉，"怪不得你杉叔跪接着那块鸡，差点没有磕头！"

维杉又有点不痛快，也不是真恼，也不是急，只是觉得窘极了。"你这晋叔的学位，"他说，"就是这张嘴换来的。听说他和晋婶婶结婚的那一天演说了五个钟头，等到新娘子和傧相站在台上委实站不直了，他才对客人一鞠躬说：'今天只有这几句极简单的话来谢谢大家来宾的好意！'"

小孩们和少朗太太全听笑了，少朗太太说："够了，够了，这些孩子还不够皮的，您［你］们两位还要教他们？"

芝笑得仰不起头来，小孙瞟她一眼，哼一声说："这才叫做女孩子。"她脸胀红了瞪着小孙看。

棋盘，棋子全画好了。老晋要回去打牌，孩子们拉着维杉不

放,他只得留下,老晋笑了出去。维杉只装没有看见。小孙和芝站起来到门边脸盆里争着洗手,维杉听到芝说:

"好痛,刚才绳子擦破了手心。"

小孙说:"你别用胰子就好了。来,我看看。"他拿着她的手仔细看了半天。他们两人拉着一块手巾一同擦手,又吃吃咕咕的说笑。

维杉觉得无心下棋,却不得不下。他们三个人战他一个。起先他懒洋洋的没有注意,过一刻他真有些应接不暇了。不知为什么他却觉着他不该输的,他不愿意输!说起真好笑,可是他的确感着要占胜,孩子不孩子他不管!芝的眼睛镇住看他的棋,好像和弱者表同情似的,他真急。他野蛮起来了,他居然进攻对方的弱点了,他调用他很有点神气的马了,他走卒了,棋势紧张起来,两边将帅都不能安居在当中了。孩子们的车守住他大帅的脑门顶上,吃力的当然是维杉的棋!没有办法。三个活龙似的孩子,六个玲珑的眼睛,维杉又有什么法子!他输了输了,不过大帅还真死得英雄,对方的危势也只差一两子便要命的!但是事实上他仍然是输了。下完了以后,他觉得热,出了些汗,他又拿出手绢来刚要揩他的脑门,忽然他呆呆的看着芝的细松的头发。

"还不快给杉叔倒茶。"少朗太太喊她的女儿。

芝转身到茶桌上倒了一杯,两只手捧着,端过来。维杉不知为什么又觉得窘极了。

孩子们约他清早里逛北海,目的当然是摇船。他去了,虽然好几次他想设法推辞不去的。他穿他的白啴呢裤子葛布上衣,拿了他草帽微觉得可笑,他近来永远的觉得自己好笑,这种横生的幽默,他自己也不了解的。他一径走到北海的门口还想着要回头的。站岗的巡警向他看了一眼,奇怪,有时你走路时忽然望到巡警的冷静的眼光,真会使你怔一下,你要自问你都做了些什么事,准知道没有一件是违法的么?他买到票走进去,猛抬头看到那桥前的牌楼。牌楼,白石桥,垂柳,都在注视他。——他不痛快极了,挺起腰来健步到旁边小路上,表示不耐烦。不耐烦的脸本来与他最相宜的,他一失掉了"不耐烦"的神情,他便好像丢掉了好朋友,心里便不自在。懂得吧?他绕到后边,隔岸看一看白塔,它是自在得很,永远带些不耐烦的脸站着,——还是坐着?——它不懂得什么年轻,老。这一些无聊的日月,它只是站着不动,脚底下自有湖水,亭榭,松柏,杨柳,人,——老的小的——忙着他们更换的纠纷!

他奇怪他自己为什么到北海来,不,他也不是懊悔,清早里松荫底下发着凉香,谁懊悔到这里来?他感着像青草般在接受露水的滋润,他居然感着舒快。奢侈的金黄色的太阳横着射过他的辉焰,湖水像锦,莲花莲叶并着肩挨挤成一片,像在争着朝觐这早上的云天!这富足,这绮丽的天然,谁敢不耐烦?维杉到五龙亭边坐下掏出他的烟卷,低着头想要仔细的,细想一些事,去年的,或许前年的,好多年的事,——今早他又像回到许多年前去——可是他总想不出一个所以然来。"本来是,又何必想?要活着就别想!这又是谁说过的话……"

忽然他看到芝一个人向他这边走来。她穿着葱绿的衣裳,裙子很短,随着她跳跃的脚步飘动,手里玩着一把未开的小纸伞。头发在阳光里,微带些红铜色,那倒是很特别的。她看到维杉笑了一笑,轻轻的跑了几步凑上来,喘着说:"他们拿船去了。可是一个不够,我们还要雇一只。"维杉丢下烟,不知不觉得拉着她的手说:"好,我们去雇一只,找他们去。"

她笑着让他拉着她的手。他们一起走了一些路,才找着租船的人。维杉看她赤着两只健秀的腿,只穿一双统子极短的袜子,和一双白布的运动鞋;微红的肉色和葱绿的衣裳叫他想起他心爱的一张新派作家的画。他想他可惜不会画,不然,他一定知道怎样的画她。——微红的头发,小尖下颏,绿的衣服,红色的腿,两只手,他知道,一定知道怎样的配置。他想象到这张画挂在展览会里,他想象到这张画登在月报上,他笑了。

她走路好像是有弹性的奔腾。龙,小龙!她走得极快,他几乎要追着她。他们雇好船跳下去,船人一竹篙把船撑离了岸,他脱下衣裳卷起衫袖,他好高兴!她说她要先摇,他不肯,他点上烟含在嘴里叫她坐在对面。她忽然又腼腆起来,低着头装着看莲花半响没有说话。他的心像被蜂蜇了一下,又觉得一阵窘,懊悔他出来。他想说话,却找不出一句话说,他尽摇着船也不知过了多少时候她才抬起头来问他说:

"杉叔,美国到底好不好?"

"那得看你自己。"他觉得他自己的声音粗暴,他后悔他这样尖刻的回答她诚恳的话。他更窘了。

她并没有不高兴,她说:"我总想出去了再说。反正不喜欢我就走。"

这一句话本来很平淡,维杉却觉得这孩子爽快得可爱,他夸她说:

"好孩子，这样有决断才好。对了，别错认学位做学问就好了，你预备学什么呢？"

她脸红了半天说："我还没有决定呢……爹要我先进普通文科再说……我本来是要想学……"她不敢说下去。

"你要学什么坏本领，值得这么胆怯！"

她的脸更红了，同时也大笑起来，在水面上听到女孩子的笑声，真有说不出的滋味，维杉对着她看，心里又好像高兴起来。

"不能宣布么？"他又逗着追问。

"我想，我想学美术——画……我知道学画不该到美国去的，并且……你还得有天才，不过……"

"你用不着学美术的，更不必学画。"维杉禁不住这样说笑。

"为什么？"她眼睛睁得很大。

"因为，"维杉这回觉得有点不好意思了，他低声说："因为你的本身便是美术，你此刻便是一张画。"他不好意思极了，为什么人不能够对着太年轻的女孩子说这种恭维的话？你一说出口，便要感着你自己的蠢，你一定要后悔的。她此刻的眼睛看着维杉，叫他又感着窘到极点了。她的嘴角微微的斜上去，不是笑，好像是鄙薄他这种的恭维她。——没法子，话已经说出来了，你还能收回去？！窘，谁叫他自己找事！

两个孩子已经将船拢来，到他们一处，高兴的嚷着要赛船。小孙立在船上，高高的细长身子穿着白色的衣裳在荷叶丛前边格外明显。他两只手叉在脑后，眼睛看着天，嘴里吹唱一些调子。他又伸只手到叶丛里摘下一朵荷花。

"接，快接！"他轻轻掷到芝的面前，"怎么了，大清早里睡着了？"

她只是看着小孙笑。

"怎样，你要在那一边，快拣定了，我们便要赛船了。"维杉很老实的问芝，她没有回答。她哥哥替她决定了，说，"别换了，就这样吧。"

赛船开始了，荷叶太密，有时两个船几乎碰上，在这种时候芝便笑得高兴极了。维杉摇船是老手，可是北海的水有地方很浅，有时不容易发展，可是他不愿意再在孩子们面前丢丑，他决定要胜过他们，所以他很加小心和力量。芝看到后面船渐渐要赶上时她便催他赶快，他也愈努力了。

太阳积渐热起来，维杉们的船已经比沉的远了很多，他们承认输了，预备回去，芝说杉叔一定乏了，该让她摇回去，他答应了她。

他将船板取开躺在船底，仰着看天。芝将她的伞借他遮着太阳，自己把荷叶包在头上摇船。维杉躺着看云，看荷花梗，看水，看岸上的亭子，把一只手丢在水里让柔润的水浪洗着。他让芝慢慢的摇他回去，有时候他张开眼看她，有时候他简直闭上眼睛，他不知道他是快活还是苦痛。

少朗的孩子是老实人，浑厚得很却不笨，听说在学校里功课是极好的。走出北海时，他跟维杉一排走路，和他说了好些话。他说他愿意在大学里毕业了才出去进研究院的。他说，可是他爹想后年送妹妹出去进大学；那样子他要是同走，大学里还差一年，很可惜；如果不走，妹妹又不肯白白的等他一年。当然他说小孙比他先一年完，正好可以和妹妹同走。不过他们三个老是在一起惯了，如果他们两人走了，他一个人留在国内一定要感着闷极了。他说，"炒鸡子"这事简直是"糟糕一麻丝"。

他又讲小孙怎样的聪明,运动也好,撑杆跳的式样"简直是太好",还有游水他也好。"不用说,他简直什么都干!"他又说小孙本来在足球队里的,可是这次和天津比赛时,他不肯练。"你猜为什么?"他向维杉,"都是因为学校盖个喷水〈池〉,他整天守着石工看他们刻鱼!"

"他预备也学雕刻么?他爹我认得,从前也学过雕刻的。"维杉问他。

"那我不知道,小孙的文学好,他写了许多很好的诗,——爹爹也说很好。"沉加上这一句证明小孙的诗的好是可靠的。"不过,他乱得很,稿子不是撕了便是丢了的。"他又说他怎样有时替他检〔捡〕起抄了寄给《校刊》。总而言之沉是小孙的"英雄崇拜者"。

沉说到他的妹妹,他说他妹妹很聪明,她不像寻常的女孩那么"讨厌",这里他脸红了,他说,"别扭得讨厌,杉叔知道吧?"他又说他班上有两个女学生,对于这个他表示非常的不高兴。

维杉听到这一大篇谈话,知道简单点讲,他维杉自己,和他们中间至少有一道沟——并不是什么了不得的间隔——只是一个年龄的深沟,桥是搭得过去的,不过深沟仍然是深沟,你搭多少条桥,沟是仍然不会消灭的。他问沉几岁,沉说"整整的快十九了",他妹妹虽然是十七,"其实只满十六年"。维杉不知为什么又感着一阵不舒服,他回头看小孙和芝并肩走着,高兴的说笑。"十六,十七。"维杉嘴里哼哼着。究竟说三十四不算什么老,可是那就已经是十七的一倍了。谁又愿意比人家岁数大出一倍,老实说!

维杉到家时并不想吃饭,只是连抽了几根烟。

过了一星期，维杉到少朗家里来。门房里陈升走出来说："老爷到对过张家借打电话去，过会子才能回来。家里电话坏了两天，电话局还不派人来修理。"陈升是个打电话专家，有多少曲折的传话，经过他的嘴，就能一字不漏的溜进电话筒。那也是一种艺术。他的方法听着很简单，运用起来的玄妙你就想不到。那一次维杉走到少朗家里不听到陈升在过厅里向着电话："喂，喂，吓，我说，我说呀！"维杉向陈升一笑，他真不能替陈升想象到没有电话时的烦闷。

"好，陈升，我自己到书房里等他，不用你了。"维杉一个人踱过那静悄悄的西院，金鱼缸，莲花，石榴，他爱这院子，还有隔墙的枣树，海棠。他掀开竹帘走进书房。迎着他眼的是一排丰满的书架，壁上挂的朱拓的黄批，和屋子当中的一大盆白玉兰，幽香充满了整间屋子。维杉很羡慕少朗的生活。夏天里，你走进一个搭着天篷的一个清凉大院子，静雅的三间又大又宽的北屋，屋里满是琳琅的书籍，几件难得的古董，再加上两三盆珍罕的好花，你就不能不艳羡那主人的清福！

维杉走到套间小书斋里，想写两封信，他忽然看到芝一个人伏在书桌上。他奇怪极了，轻轻的走上前去。

"怎么了？不舒服么，还是睡着了？"

"吓我一跳！我以为是哥哥回来了……"芝不好意思极了。维杉看到她哭红了的眼睛。

维杉起先不敢问，心里感得不过意，后来他伸一只手轻抚着她的头说："好孩子，怎么了？"

她的眼泪更扑簌簌的掉到裙子上，她拈了一块——真是不到四寸见方——淡黄的手绢拚命的擦眼睛。维杉想，她叫你想到方成熟

的桃或是杏,绯红的,饱饱的一颗天真,听人想摘下来赏玩,却不敢真真的拿来吃。维杉不觉得没了主意。他逗她说:

"准是嬷打了!"

她拿手绢蒙着脸偷偷的笑了。

"怎么又笑了?准是你打了嬷了!"

这回她伏在桌上索性吃吃〔嗤嗤〕的笑起来。维杉糊涂了。他想把她的小肩膀搂住,吻她的粉嫩的脖颈,但他又不敢。他站着发了一会〈儿〉呆。他看到椅子上放着她的小纸伞,他走过去坐下开着小伞说玩。

她仰起身来,又擦了半天眼睛,才红着脸过来拿她的伞,他不给。

"刚从那里回来,芝?"他问她。

"车站。"

"谁走了?"

"一个同学,她是我最好的朋友,可是她……她明年不回来了!"她好像仍是很伤心。

他看着她没有说话。

"杉叔,您可以不可以给她写两封介绍信,她就快到美国去了。"

"到美国那一个城?"

"反正要先到纽约的。"

"她也同你这么大么?"

"还大两岁多。……杉叔您一定得替我写,她真是好,她是我最好的朋友了。……杉叔,您不是有许多朋友吗,你一定得写。"

"好,我一定写。"

"爹说杉叔有许多……许多女朋友。"

"你爹这样说了么？"维杉不知为什么很生气。他问了芝她朋友的名字，他说他明天替她写那介绍信。他拿出烟来很不高兴的抽。这回芝拿到她的伞却又不走。她坐下在他脚边一张小凳上。

"杉叔，我要走了的时候您也替我介绍几个人。"

他看着芝倒翻上来的眼睛，他笑了，但是他又接着叹了一口气。

他说："还早着呢，等你真要走的时候，你再提醒我一声。"

"可是，杉叔，我不是说女朋友，我的意思是：也许杉叔认得几个真正的美术家或是文学家。"她又拿着手绢玩了一会〈儿〉低着头说："篁哥，孙家的篁哥，他亦要去的，真的，杉叔，他很有点天才。可是他想不定学什么。他爹爹说他岁数太小，不让他到巴黎学雕刻，要他先到哈佛学文学，所以我们也许可以一同走……我亦劝哥哥同去，他可舍不得这里的大学。"这里她话愈说得快了，她差不多喘不过气来，"我们自然不单到美国，我们以后一定转到欧洲，法国，意大利，对了，篁哥连做梦都是做到意大利去，还有英国……"

维杉心里说："对了，出去，出去，将来，将来，年轻！荒唐的年轻！他们只想出去飞！飞！叫你怎不觉得自己落伍，老，无聊，无聊！"他说不出的难过，说老，他还没有老，但是年轻？！他看着烟卷没话说，芝看着他不说话也不敢再开口。

"好，明年去时再提醒我一声，不，还是后年吧？……那时我〈也〉许已经不在这里了。"

"杉叔，到那里去？"

"没有一定的方向，也许过几年到法国来看你……那时也许你已经嫁了……"

芝急了,她说:"没有的话,早着呢!"

维杉忽然做了一件很古怪的事,他俯下身去吻了芝的头发。他又伸过手拉着芝的小手。

少朗推帘子进来,他们两人站起来,赶快走到外间来。芝手里还拿着那把纸伞。少朗起先没有说话,过一会〈儿〉,他皱了一皱他那有文章的眉头问说:"你什么时候来的?"

"刚来。"维杉这样从容的回答他,心里却觉着非常之窘。

"别忘了介绍信,杉叔。"芝叮咛了一句又走了。

"什么介绍信?"少朗问。

"她要我替她同学写几封介绍信。"

"你还在和碧谛通信么?还有雷茵娜?"少朗仍是皱着眉头。

"很少……"维杉又觉窘到极点了。

星期三那天下午到天津的晚车里,旭窗遇到维杉在头等房间里靠着抽烟,问他到那里去,维杉说回南。旭窗叫脚行将自己的皮包也放在这间房子里说:

"大暑天,怎么倒不在北京?"

"我在北京,"维杉说,"感得!感得窘极了。"他看一看他拿出来拭汗的手绢,"窘极了!"

"窘极了?"旭窗此时看到卖报的过来,他问他要《大公报》看,便也没有再问下去维杉为什么在北京感着"窘极了"。

香山　六月

初刊于一九三四年五月《学文》第一卷第一期；署名林徽音。

九十九度中

　　三个人肩上各挑着黄色，有"美丰楼"字号大圆笸的，用着六个满是泥泞凝结的布鞋，走完一条被太阳晒得滚烫的马路之后，转弯进了一个胡同里去。

　　"劳驾，借光——三十四号甲在那一头？"在酸梅汤的摊子前面，让过一辆正在飞奔的家车——钢丝轮子亮得晃眼的——又向蹲在墙角影子底下的老头儿，问清了张宅方向后，这三个流汗的挑夫便又努力的往前走。那六只泥泞布履的脚，无条件的，继续着他们机械式的展动。

　　在那轻快的一瞥中，坐在洋车上的卢二爷看到黄笸上饭庄的字号，完全明白里面装的是丰盛的筵席，自然的，他估计到他自己午饭的问题。家里饭乏味，菜蔬缺乏个性，太太的脸难看，你简直就不能对她提到那厨子问题。这几天天太热，太热，并且今天已经二十二，什么事她都能够牵扯到薪水问题上，孩子们再一吵，谁能够在家里吃中饭！

　　"美丰楼饭庄"，黄笸上黑字写得很笨大，方才第三个挑夫挑得特别吃劲，摇摇摆摆的使那黄笸左右的晃……

　　美丰楼的菜不能算坏，义永居的汤面实在也不错……于是义永居的汤面?还是市场万花斋的点心?东城或西城?找谁同去聊天?逸九新从南边来的住在那里?或许老孟知道,何不到和记理发馆借个电话?卢二爷估计着,犹豫着,随着洋车的起落。他又好像已经决定了在和记借电话,听到伙计们的招呼,"……二爷您好早?……用电话,这边您哪!……"

伸出手臂,他睨一眼金表上所指示的时间,细小的两针分停在两个钟点上,但是分明的都在挣扎着到达十二点上边。在这时间中,车夫感觉到主人在车上翻动不安,便更抓稳了车把,弯下一点背,勇猛的狂跑。二爷心里仍然疑问着面或点心;东城或西城;车已赶过前面的几辆。一个女人骑着自行车,由他左侧冲过去,快镜似的一瞥鲜艳的颜色,脚与腿,腰与背,侧脸、眼和头发,全映进老卢的眼里,那又是谁说过的……老卢就是爱看女人!女人谁又不爱?难道你在街上真闭上眼不瞧那过路的漂亮的!

"到市场,快点。"老卢吩咐他车夫奔驰的终点,于是主人和车夫戴着两顶价格极不相同的草帽,便同在一个太阳底下,向东安市场奔去。

很多好看的碟子和鲜果点心,全都在大厨房院里,从黄色层篓中检点出来。立着监视的有饭庄的"二掌柜"和张宅的"大师傅";两人都因为胖的缘故,手里都有把大蒲扇。大师傅举着扇,扑一下进来凑热闹的大黄狗。

"这东西最讨嫌不过!"这句话大师傅一半拿来骂狗,一半也是来权作和掌柜的寒暄。

"可不是?他×的,这东西真可恶。"二掌柜好脾气的用粗话也骂起狗。

狗无聊的转过头到垃圾堆边闻嗅隔夜的肉骨。

奶妈抱着孙少爷进来,七少奶每月用六元现洋雇她,抱孙少爷到厨房,门房,大门口,街上一些地方喂奶连游玩的。今天的厨房又是这样的不同;饭庄的"头把刀"带着几个伙计在灶边手忙脚乱的抄〔炒〕菜切肉丝,奶妈觉得孙少爷是更不能不来看:果然看到了生人,看到狗,看到厨房桌上全是好看的干果,鲜果,糕饼,点心,孙少爷格外高兴,在奶妈怀里跳,手指着要吃。奶妈随手赶开了几只苍蝇,拣一块山楂糕放到孩子口里,一面和伙计们打招呼。

忽然看到陈升走到院子里找赵奶奶,奶妈对他挤了挤眼,含笑的问,"什么事值得这么忙?"同时她打开衣襟露出前胸喂孩子奶吃。

"外边挑担子的要酒钱。"陈升没有平时的温和,或许是太忙了的缘故。老太太这次做寿,比上个月四少奶小孙少爷的满月酒的确忙多了。

此刻那三个粗蠢的挑夫蹲在外院槐树荫下,用黧黑的毛巾擦他们的脑袋,等候着他们这满身淋汗的代价。一个探首到里院偷偷看院内华丽的景象。

里院和厨房所呈的纷乱固然完全不同,但是它们纷乱的主要原因则是同样的,为着六十九年前的今天。六十九年前的今天,江南一个富家里又添了一个绸缎金银裹托着的小生命。经过六十九个像今年这样流汗天气的夏天,又产生过另十一个同样需要绸缎金银的生命以后,那个生命乃被称为长寿而又有福气的妇人。这个妇人,今早由两个老妈扶着,坐在床前,拢一下斑白稀疏的鬓发,对着半碗火腿稀饭摇头：

"赵妈，我那里吃得下这许多？你把锅里的拿去给七少奶的云乖乖吃罢……"

七十年的穿插，已经卷在历史的章页里，在今天的院里能呈露出多少，谁也不敢说。事实是今天，将有很多打扮得极体面的男女来庆祝，庆祝能够维持这样长久寿命的女人，并且为这一庆祝，饭庄里已将许多生物的寿命裁削了，拿它们的肌肉来补充这庆祝者的肠胃。

前两天这院子就为了这事改变了模样，簇新的喜棚支出瓦檐丈余尺高。两旁红喜字玻璃方窗，由胡同的东头，和顺车厂的院里是可以看得很清楚的。前晚上六点左右，小三和环子，两个洋车夫的儿子，倒土筐的时候看到了，就告诉他们孃，"张家喜棚都搭好了，是那一个孙少爷娶新娘子？"他们孃为这事，还拿了鞋样到陈大嫂家说个话儿，正看到她在包饺子，笑嘻嘻的得意得很，说老太太做整寿，——多好福气——她当家的跟了张老太爷多少年。昨天张家三少奶还叫她进去，说到日子要她去帮个忙儿。

喜棚底下圆桌面就有七八张，方凳更是成叠的堆在一边；几个夫役持着鸡毛帚，忙了半早上才排好五桌。小孩子又多，什么孙少爷，侄孙少爷，姑太太们带来的那几位都够淘气的。李贵这边排好几张，那边少爷们又扯走了排火车玩。天热得利[厉]害，苍蝇是免不了多，点心干果都不敢先往桌子上摆。冰化得也快，篓子底下冰水化了满地！汽水瓶子挤满了厢房的廊上，五少奶看见了只嚷不行，全要冰起来。

全要冰起来！真是的，今天的食品全摆起来够像个菜市，四个冰箱也腾不出一点空隙。这新买来的冰又放在那里好？李贵手里捧着两个绿瓦盆，私下里咕噜着为这筵席所发生的难题。

赵妈走到外院传话，听到陈升很不高兴的在问三个挑夫要多少酒钱。

"瞅着给罢。"一个说。

"怪热天多赏点吧。"又一个抿了抿干燥的口唇，想到方才胡同口的酸梅汤摊子，嘴里觉着渴。

就是这嘴里渴得难受，杨三把卢二爷拉到东安市场西门口，心想方才在那个"喜什么堂"门首，明明看到王康坐在洋车脚蹬上睡午觉。王康上月底欠了杨三十四吊钱，到现在仍不肯还；只顾着躲他。今天债主遇到赊债的赌鬼，心头起了各种的计算——杨三到饿的时候，脾气常常要比平时坏一点。天本来就太热，太阳简直是冒火，谁又受得了！方才二爷坐在车上，尽管用劲踩铃，金鱼胡同走道的学生们又多，你撞我闯的，挤得真可以的。杨三擦了汗一手抓住车把，拉了空车转回头去找王康要账。

"要不着八吊要六吊；再要不着，要他×的几个混蛋嘴巴！"杨三脖干儿上太阳烫得像火烧。"四吊多钱我买点羊肉，吃一顿好的。葱花烙饼也不坏——谁又说大热天不能喝酒？喝点又怕什么——睡得更香。卢二爷到市场吃饭，进去少不了好几个钟头……"

喜燕堂门口挂着彩，几个乐队里人穿着红色制服，坐在门口喝茶——他们把大铜鼓搁在一旁，铜喇叭夹在两膝中间。杨三知道这又是那一家办喜事。反正一礼拜短不了有两天好日子，就在这喜燕堂，那一个礼拜没有一辆花马车，里面拽出花溜溜的新娘？今天的花车还停在一旁……

"王康,可不是他!"杨三看到王康在小挑子的担里买香瓜吃。

"有钱的娶媳妇,和咱们没有钱的娶媳妇,还不是一样?花多少钱娶了她,她也短不了要这个那个的——这年头!好媳妇,好!你瞧怎么着?更惹不起!管你要钱,气你喝酒!再有了孩子,又得顾他们吃,顾他们穿。……"

王康说话就是要"逗个乐儿",人家不敢说的话他敢说。一群车夫听到他的话,各各高兴的凑点尾声。李荣手里捧着大饼,用着他最现成的粗话引着那几个年轻的笑。李荣从前是拉过家车的——可惜东家回南,把事情就搁下来了——他认得字,会看报,他会用新名词来发议论,"文明结婚可不同了,这年头是最讲'自由''平等'的了。"底下再引用了小报上检〔捡〕来离婚的新闻打哈哈。

杨三没有娶过媳妇,他想娶,可是"老家儿"早过去了,没有给他定下亲,外面瞎姘的他没敢要。前两天,棚铺的掌柜娘要同他做媒;提起了一个姑娘说是什么都不错,这几天不知道怎么又没有讯儿了。今天洋车夫们说笑的话,杨三听了感着不痛快。看看王康的脸在太阳里笑得皱成一团,更使他气起来。

王康仍然笑着说话,没有看到杨三,手里咬剩的半个香瓜里面,黄黄的一把瓜子像不整齐的牙齿向着上面。

"老康!这些日子都到那里去了?我这儿还等着钱吃饭呢!"杨三乘着一股劲发作。

听到声,王康怔了向后看,"呵,这打那儿说得呢?"他开始赖账了,"你要吃饭,你打你×的自己腰包里掏!要不然,你出个份子,进去那里边,"他手指着喜燕堂,"吃个现成的席去。"王康的嘴说得滑了，禁不住这样嘲笑着杨三。

周围的人也都跟着笑起来。

本来准备着对付赖账的巴掌，立刻打到王康的老脸上了。必须的扭打，由蓝布幕的小摊边开始，一直扩张到停洋车的地方。来往汽车的喇叭，像被打的狗，呜呜叫号。好几辆正在街心奔驰的洋车都停住了，流汗车夫连喊着"靠里！"，"瞧车！"脾气暴的人顺口就是："他×的，这大热天，单挑这么个地方！！"

巡警离开了岗位；小孩子们围上来；喝茶的军乐队人员全站起来看；女人们吓得直喊，"了不得，前面出事了罢！"

杨三提高嗓子直嚷着问王康："十四吊钱，是你——是你拿走了不是？——"

呼喊的声浪由扭打的两人出发，膨胀，膨胀到周围各种人的口里："你听我说……""把他们拉开……""这样挡着路……瞧腿要紧。"嘈杂声中还有人叉着手远远的喊，"打得好呀，好拳头！"

喜燕堂正厅里挂着金喜字红幛，几对喜联，新娘正在服从号令，连连的深深的鞠躬。外边的喧吵使周围客人的头同时向外面转，似乎打听外面喧吵的原故。新娘本来就是一阵阵的心跳，此刻更加失掉了均衡；一下子撞上，一下子沉下，手里抱着的鲜花随着只是打颤。雷响深入她耳朵里，心房里……

"新郎新妇——三鞠躬"——"……三鞠躬。"阿淑在迷惘里弯腰伸直，伸直弯腰。昨晚上她哭，她妈也哭，将一串经验上得来的教训，拿出来赠给她——什么对老人要忍耐点，对小的要和气，什么事都要让着点——好像生活就是靠容忍和让步支持着！

她焦心的不是在公婆妯娌间的委曲求全。这几年对婚姻问题谁都讨论得热闹,她就不懂那些讨论的道理遇到实际时怎么就不发生关系。她这结婚的实际,并没有因为她多留心报纸上,新文学上,所讨论的婚姻问题,家庭问题,恋爱问题,而减少了问题。

"二十五岁了……"有人问到阿淑的岁数时,她妈总是发愁似的轻轻的回答那问她的人,底下说不清是叹息是啰嗦。

在这旧式家庭里,阿淑算是已经超出应该结婚的年龄很多了,她知道。父母那急着要她出嫁的神情使她太难堪!他们天天在替她选择合适的人家——其实那里是选择!反对她尽管反对,那只是消极的无奈何的抵抗,她自己明知道是绝对没有机会选择,乃至于接触比较合适,理想的人物!她挣扎了三年,三年的时间不算短,在她父亲看去那是不可信的长久……

"余家又托人来提了,你和阿淑商量商量吧,我这身体眼见得更糟,这潮湿天……"父亲的话常常说得很响,故意要她听得见。有时在饭桌上脾气或许更坏一点,"这六十块钱,养活这一大家子!养儿养女都不够,还要捐什么钱?干脆饿死!"有时更直接更难堪,"这又是谁的新裤子?阿淑,你别学时髦穿了到处走,那是找不着婆婆家的——外面瞎认识什么朋友我可不答应,我们不是那种人家!"……懦弱的母亲低着头装作缝衣,"妈劝你将就点……爹身体近来不好,……女儿不能在娘家一辈子的……这家子不算坏;差事不错,前妻没有孩子不能算填房。……"

理论和实际似乎永不发生关系;理论说婚姻得怎样又怎样,今天阿淑都记不得那许多了。实际呢,只要她点一次头,让一个陌生的,异姓的,异性的人坐在她家里,乃至于她旁边,吃一顿饭的手续,父亲和母亲这两三年——竟许已是五六年——来的难题便突然的，在他们是觉得极文明的解决了。

对于阿淑这订婚的疑惧，常使她父亲像小孩子似的自己安慰自己：阿淑这门亲事真是运气呀，说时总希望阿淑听见这话。不知怎样，阿淑听到这话总很可怜父亲，想装出高兴样子来安慰他。母亲更可怜；自从阿淑定〔订〕婚以来总似乎对她抱歉，常常哑着嗓子说，"看我做母亲的这份心上面。"

看做母亲的那份心上面！那天她初次见到那陌生的，异姓的，异性的人，那个庸俗的典型触碎她那一点脆弱的爱美的希望，她怔住了。能去寻死，为婚姻失望而自杀么？可以大胆告诉父亲，这婚约是不可能的么？能逃脱这家庭的苛刑（在爱的招牌下的）去冒险，去漂落么？

她没有勇气说什么，她哭了一会〈儿〉，妈也流了眼泪，后来妈说："阿淑你这几天瘦了，别哭了，做娘的也只是一份心。……"现在一鞠躬，一鞠躬的和幸福作别，事情已经太晚得没有办法了。

吵闹的声浪愈加明显了一阵，伴娘为新娘戴上戒指，又由赞礼的喊了一些命令。

迷离中阿淑开始幻想那外面吵闹的原因：洋车夫打电车吧，汽车轧伤了人吧，学生又请愿，当局派军警弹压吧……但是阿淑想怎么我还如是焦急，现在我该像死人一样了，生活的波澜该沾不上我了，像已经临刑的人。但临刑也好，被迫结婚也好，在电影里到了这种无可奈何的时候总有一个意料不到快慰人心的解脱，不合法，特赦，恋人骑着马星夜奔波的赶到……但谁是她的恋人？除却九哥！学政治法律，讲究新思想的九哥，得着他表妹阿淑结婚的消息不知怎样？他恨由父母把持的婚姻……但谁知道他关心么？他们多少年不来往了，虽然在山东住的时候，他们曾经邻居，两小无猜的整天在一起玩。幻想是不中用的，九哥先就不在北平，两年前他回来过一次，她记得自己遇到九哥扶着一位漂亮的女同学在书店前边，她躲过了九哥的视线，惭愧自己一身不入时的装束，她不愿和九哥的女友作个太难堪的比较。

感到手酸，心酸，浑身打战［颤］，阿淑由一堆人拥簇着退到里面房间休息。女客们在新娘前后彼此寒暄照呼，彼此注意大家的装扮。有几个很不客气在批评新娘子，显然认为不满意。"新娘太单薄点。"一个摺着十几层下颏的胖女人，摇着扇和旁边的六姨说话。阿淑觉到她自己真可以立刻碰得粉碎；这位胖太太像一座石臼，六姨则像一根铁杵横在前面，阿淑两手发抖拉紧了一块丝巾，听老妈在她头上不住的搬弄那几朵绒花。

随着花露水香味进屋子来的，是锡娇和丽丽，六姨的两个女儿，她们的装扮已经招了许多羡慕的眼光。有电影明星细眉的锡娇抓把瓜子嗑着，猩红的嘴唇里露出雪白的牙齿。她暗中扯了她妹妹的衣襟，嘴向一个客人的侧面努了一下。丽丽立刻笑红了脸，拿出一条丝绸手绢蒙住嘴挤出人堆到廊上走，望着已经在席上的男客们。有几个已经提起筷子高高兴兴的在选择肥美的鸡肉，一面讲着笑话，顿时都为着丽丽的笑声，转过脸来，镇住眼看她。丽丽扭一下腰，又摆了一下，软的长衫轻轻展开，露出裹着肉色丝袜的长腿走过又［另］一边去。

年轻的茶房穿着蓝布大褂，肩搭一块桌布，由厨房里出来，两只手拿四碟冷荤，几乎撞住丽丽。闻到花露香味，茶房忘却顾忌的斜过眼看。昨晚他上菜的时候，那唱戏的云娟坐在首席曾对着他笑，两只水钻耳坠，打秋千似的左右晃。他最忘不了云娟旁座的张四爷，抓住她如玉的手臂劝干杯的情形。笑眯眯的带醉的眼，云娟明明是向着正端着大碗三鲜汤的他笑。他记得放平了大碗，心还怦怦的跳。直到晚上他睡不着，躺在院里板凳上乘凉，随口唱几声"孤王……酒醉……"才算松动了些。今天又是这么一个笑嘻嘻的小姐，穿着这一身软，茶房垂下头去拿酒壶，心底似乎恨谁是〔似〕的一股气。

"逸九，你喝一杯什么？"老卢做东这样问。

"我来一杯香桃冰其凌吧。"

"你去拣几块好点心，老孟。"主人又照〔招〕呼那一个客。午饭问题算是如此解决了。为着天热，又为着起得太晚，老卢看到点心铺前面挂的"卫生冰其凌，咖啡，牛乳，各样点心"这种动人的招牌，便决意里面去消磨时光。约到逸九和老孟来聊天，老卢显然很满意了。

三个人之中，逸九最年少，最摩登。在中学时代就是一口英文，屋子里挂着不是"梨娜"就是"琴妮"的相片，从电影杂志里细心剪下来的，圆一张，方一张，满壁动人的娇憨。——他到上海去了两年，跳舞更是出色了，老卢端详着自己的脚，打算找逸九带他到舞场拜老师去。

"那个电影好，今天下午？"老孟抓一张报纸看。

邻座上两个情人模样男女，对面坐着呆看。男人有很温和的脸，抽着烟没有说话；女人的侧相则颇有动人的轮廓，睫毛长长的活动着，脸上时时浮微笑。她的青纱长衫罩着丰润的肩臂，带着神秘性的淡雅。两人无声的吃着冰其凌，似乎对于一切完全的满足。

老卢、老孟谈着时局，老卢既是机关人员，时常免不了说"我又有个特别的消息，这样看来里面还有原因"，于是一层一层的作更详细原因的检讨，深深的浸入政治波澜里面。

逸九看着女人的睫毛，和浮起的笑涡，想到好几年前同在假山后捉迷藏的琼两条发辫，一个垂前，一个垂后的跳跃。琼已经死了这六七年，谁也没有再提起过她。今天这青长衫的女人，单单叫他心底涌起琼的影子。不可思议的，淡淡的，记忆描着活泼的琼。在极旧式的家庭里淘气，二舅舅提根旱烟管，厉声的出来停止她各种的嬉戏。但是琼只是敛住声音低低的笑。雨下大了，院中满是水，又是琼胆子大，把裤腿卷过膝盖，赤着脚，到水里装摸鱼。不小心她滑倒了，还是逸九去把她抱回来。和琼差不多大小的还有阿淑，住在对门，他们时常在一起玩，逸九忽然记起瘦小，不爱说话的阿淑来。

"听说阿淑快要结婚了，嬷嘱咐到表姨家问候，不知道阿淑要嫁给谁！"他似乎怕到表姨家。这几年的生疏叫他为难，前年他们遇见一次，装束不入时的阿淑倒有种特有的美，一种灵性……奇怪今天这青长衫女人为什么叫他想起这许多……

"逸九，你有相当的聪明，手腕，你又能巴结女人，你也应该来试试，我介绍你见老王。"

倦了的逸九忽了〔然〕感到苦闷。

老卢手弹着桌边表示不高兴，"老孟你少说话，逸九这位大少爷说不定他倒愿意去演电影呢！"种种都有一点落伍的老卢嘲笑着翻翻年少的朋友出气。

青纱长衫的女人和她朋友吃完了，站了起来。男的手托着女人的臂腕，无声的绕过他们三人的茶桌前面，走出门去。老卢逸九注意到女人有秀美的腿，稳健的步履。两人的融洽，在不言不语中流露出来。

"他们是甜心！"

"愿有情人都成眷属。"

"这女人算好看不？"

三个人同时说出口来，各各有所感触。

午后的热，由窗口外嘘进来，三个朋友吃下许多清凉的东西，更不知做什么好。

"电影园［院］去，咱们去研究一回什么'人生问题''社会问题'吧？"逸九望着桌上的空杯，催促着卢孟两个走。心里仍然浮着琼的影子。活泼，美丽，健硕，全幻灭在死的幕后，时间一样的向前，计量着死的实在。像今天这样，偶尔的回忆就算是证实琼有过活泼生命的惟一的证据。

东安市场门口洋车像放大的蚂蚁一串，头尾衔接着放在街沿。杨三已不在他寻常停车的地方。

"区里去，好，区里去！咱们到区里说个理去！"就是这样，王康和杨三到底结束了殴打，被两个巡警弹压下来。

刘太太打着油纸伞，端正的坐在洋车上，想金裁缝太不小心了，今天这件绸衫下摆仍然不合式，领也太小，紧得透不了气，想不到今天这样热，早知道还不如穿纱的去。裁缝赶做的活总要出点毛病。实甫现在脾气更坏一点，老嫌女人们麻烦。每次有个应酬你总要听他说一顿的。今天张老太太做整寿，又不比得寻常的场面可以随便……

对面来了浅蓝色衣服的年轻小姐，极时髦的装束使刘太太睁大了眼注意了。

"刘太太那里去？"蓝衣小姐笑了笑，远远照［招］呼她一声过去了。

"人家的衣服怎么如此合适！"刘太太不耐烦的举着花纸伞。

"呜呜——呜呜……"汽车的喇叭响得震耳。

"打住。"洋车夫紧抓车把，缩住车身前冲的趋势。汽车过去后，由刘太太车旁走出一个巡警，带着两个粗人；一根白绳由一个的臂膀系到另一个的臂上。巡警执着绳端，板着脸走着。一个粗人显然是车夫；手里仍然拉着空车，嘴里咕噜着。很讲究的车身，各件白铜都擦得放亮，后面铜牌上还镌着"卢"字。这又是谁家的车夫，闹出事让巡警拉走。刘太太恨恨的一想车夫们爱肇事的可恶，反正他们到区里去少不了东家设法把他们保出来的……

"靠里！……靠里！"威风的刘家车夫是不耐烦挤在别人车后的——老爷是局长，太太此刻出去阔绰的应酬，洋车又是新打的，两盏灯发出银光……哗啦一下，靠手板在另一个车边擦一下，车已猛冲到前头走了。刘太太的花油纸伞在日光中摇摇荡荡的迎着风，顺着街心溜向北去。

胡同口酸梅汤摊边刚走开了三个挑夫。酸凉的一杯水，短时间的给他们愉快，六只泥泞的脚仍然踏着滚烫的马路行去。卖酸梅汤的老头儿手里正在数着几十枚铜元，一把小鸡毛帚夹在腋下。他翻上两颗黯淡的眼珠，看看过去的花纸伞，知道这是到张家去的客人。他想今天为着张家做寿，客人多，他们的车夫少不得来摊上喝点凉的解渴。

"两吊……三吊！……"他动着他的手指，把一叠铜元收入摊边美人牌香烟的纸盒中。不知道今天这冰够不够使用的，他翻开几重荷叶，和一块灰黑色的破布，仍然用着他黯淡的眼珠向磁缸里的冰块端详了一回。"天不热，喝的人少，天热了，冰又化的太快！"事情那一件不有为难的地方，他叹口气再翻眼看看过去的汽车。汽车轧起一阵尘土，笼罩着老人和他的摊子。

寒暑表中的水银从早起上升，一直过了九十五度*此类表述指华氏度，下同。的黑线上。喜篷［棚］底下比较阴［荫］凉的一片地面上曾聚过各色各色的人物。丁大夫也是其间一个。

丁大夫是张老太太内侄孙，德国学医刚回来不久，麻俐［利］，漂亮，现在社会上已经有了声望，和他同席的都借藉着他是医生的缘故，拿〈北〉平市卫生问题作谈料，什么虎［鼠］疫，伤寒，预防针，微菌，全在吞咽八宝东瓜，瓦块鱼，锅贴鸡，炒虾仁中间讨论过。

"贵医院有预防针，是好极了。我们过几天要来麻烦请教了。"说话的以为如果微菌听到他有打预防针的决心也皆气馁了。

"欢迎，欢迎。"

厨房送上一碗凉菜。丁大夫踌躇之后决意放弃吃这碗菜的权利。

小孩们都抢了盘子边上放的小冰块，含到嘴里嚼着玩，其他客喜欢这凉菜的也就不少。天实在热！

张家几位少奶奶装扮得非常得体，头上都戴朵红花，表示对旧礼教习尚仍然相当遵守的。在院子中盘旋着做主人，各人心里都明白自己今天的体面。好几个星期前就顾虑到的今天，她们所理想到的今天各种成功，已然顺序的，在眼前实现。虽然为着这重要的今天，各人都轮流着觉得受过委屈；生过气；用过心思和手腕；将就过许多不如意的细节。

老太太战〔颤〕巍巍的喘息着，继续维持着她的寿命。杂乱模糊的回忆在脑子里浮沉。兰兰七岁的那年……送阿旭到上海医病的那年真热……生四宝的时候在湖南，于是生育，病痛，兵乱，行旅，婚娶，没秩序，没规则的纷纷在她记忆下掀动。

"我给老太太拜寿，您给回一声吧。"

这又是谁的声音？这样大！老太太睁开打瞌睡的眼，看一个浓装的妇人对她鞠躬问好。刘太太——谁又是刘太太，真是的！今天客人太多了，好吃劲。老太太扶着赵妈站起来还礼。

"别客气了，外边坐吧。"二少奶伴着客人出去。

谁又是这刘太太……谁？……老太太模模糊糊的又做了一些猜想，望着门槛又堕入各种的回忆里去。

坐在门槛上的小丫头寿儿，看着院里石榴花出神。她巴不得酒席可以快点开完，底下人们可以吃中饭，她肚子里实在饿得慌。一早眼睛所接触的，大部分几乎全是可口的食品，但是她仍然是饿着肚子，坐在老太太门槛上等候呼唤。她极想再到前院去看看热闹，但为想到上次被打的情形，只得竭力忍耐。在饥饿中，有一桩事她仍然没有忘掉她的高兴。因为老太太的整寿大少奶给她一付〔副〕银镯。虽然为着捶背而酸乏的手臂懒得转动，她仍不时得意的举起手来，晃摇着她的新镯子。

午后的太阳斜到东廊上,后院子暂时沉睡在静寂中。幼兰在书房里和羽哭着闹脾气:

"你们都欺侮我,上次赛球我就没有去看。为什么要去?反正人家也不欢迎我,……慧石不肯说,可是我知道你和阿玲在一起玩得上劲。"抽噎的声音微微的由廊上传来。

"等会客人进来了不好看……别哭……你听我说……绝对没有怎〔这〕么回事的。咱们是亲表谁不知道我们亲热,你是我的兰,永远,永远的是我的最爱最爱的……你信我……"

"你在哄骗我,我……我永远不会再信你的了……"

"你又来伤我,你心狠……"

声音微下去,也和缓了许多,又过了一些时候,才有轻轻的笑语声。小丫头仍然饿得慌,仍然坐在门槛上没有敢动,她听着小外孙小姐和羽孙少爷老是吵嘴,哭哭啼啼的,她不懂。一会儿他们又笑着一块儿由书房里出来。

"我到婆婆的里间洗个脸去。寿儿你给我打盆洗脸水去。"

寿儿得着打水的命令,高兴的站起来。什么事也比坐着等老太太睡醒都好一点。

"别忘了晚饭等我一桌吃。"羽说完大步的跑出去。

后院顿时又堕入闷热的静寂里;柳条的影子画上粉墙,太阳的红比得胭脂。墙外天蓝蓝的没有一片云,像戏台上的布景。隐隐的送来小贩子叫卖的声音——卖西瓜的——卖凉席的,一阵一阵。

挑夫提起力气喊他孩子找他媳妇。天快要黑下来,媳妇还坐在门口纳鞋底子;赶着那一点天亮再做完一只。一个月她当家的要穿两双鞋子,有时还不够的,方才当家的回家来说不舒服,睡倒在炕上,这半天也没有醒。她放下鞋底又走到旁边一家小铺里买点生姜,说几句话儿。

断续着呻吟,挑夫开始感到苦痛,不该喝那冰凉东西,早知道这大暑天,还不如喝口热茶!迷惘中他看到茶碗,茶缸,施茶的人家,碗,碟,果子杂乱的绕着大圆篓,他又像看到张家的厨房。不到一刻他肚子里像纠麻绳一般痛,发狂的呕吐使他沉入严重的症候里和死搏斗。

挑夫媳妇失了主意,喊孩子出去到药铺求点药。那边时常夏天是施暑药的。……

邻居积渐知道挑夫家里出了事,看过报纸的说许是霍乱,要扎针的。张秃子认得大街东头的西医丁家,他披上小褂子,一边扣钮子,一边跑。丁大夫的门牌挂得高高的,新漆大门两扇紧闭着。张秃子找着电铃死命的按,又在门缝里张望了好一会,才有人出来开门。什么事?什么事?门房望着张秃子生气,张秃子看着丁宅的门房说:"劳驾——劳驾您大爷,我们'街坊'李挑子中了暑,托我来行点药。"

"丁大夫和管药房先生'出份子去了',没有在家,这里也没有旁人,这事谁又懂得?!"门房吞吞吐吐的说,"还是到对门益年堂打听吧。"大门已经差不多关上。

张秃子又跑了,跑到益年堂,听说一个孩子拿了暑药已经走了。张秃子是信教的,他相信外国医院的药,他又跑到那边医院里打听,等了半天,说那里不是施医院,并且也不收传染病的,医生晚上也都回家了,助手没有得上边话不能随便走开的。

"最好快报告区里，找卫生局里人。"管事的告诉他，但是卫生局又在那里……

到张秃子失望的走回自己院子里的时候，天已经黑了下来，他听见李大嫂的哭声知道事情不行了。院里磁罐子里还放出浓馥的药味。他顿一下脚，"咱们这命苦的……"他已在想如何去捐募点钱，收殓他朋友的尸体。叫孝子挨家去磕头吧！

天黑了下来张宅跨院里更热闹，水月灯底下围着许多孩子，看变戏法的由袍子里捧出一大缸金鱼，一盘子"王母蟠桃"献到老太太面前。孩子们都凑上去验看金鱼的真假。老太太高兴的笑。

大爷熟识捧场过的名伶自动的要送戏，正院前边搭着戏台，当差的忙着拦阻外面杂人往里挤，大爷由上海回来，两年中还是第一次——这次碍着母亲整寿的面，不回来太难为情。这几天行市不稳定，工人们听说很活动，本来就不放心走开，并且厂里的老赵靠不住，大爷最记挂。……

看到院里戏台上正开场，又看廊上的灯，听听厢房各处传来的牌声，风扇声，开汽水声，大爷知道一切都圆满的进行，明天事完了，他就可以走了。

"伯伯上那儿去？"游廊对面走出一个清秀的女孩。他怔住了看，慧石——是他兄弟的女儿，已经长的这么大了？大爷伤感着，看他早死兄弟的遗腹女儿；她长得实在像她爸爸……实在像她爸爸……

"慧石，是你。长得这样俊，伯伯快认不得了。"

慧石只是笑，笑。大伯伯还会说笑话，她觉得太料想不到的事，同时她像被电击一样，触到伯伯眼里蕴住的怜爱，一股心酸抓紧了她的嗓子。

她仍只是笑。

"那一年毕业?"大伯伯问她。

"明年。"

"毕业了到伯伯那里住。"

"好极了。"

"喜欢上海不?"

她摇摇头:"没有北京[平]好。可是可以找事做,倒不错。"

伯伯走了,容易伤感的慧石急忙回到卧室里,想哭一哭,但眼睛湿了几回,也就不哭了,又在镜子前抹点粉笑了笑;她喜欢伯伯对她那和蔼态度。嬷常常不满伯伯和伯母的,常说些不高兴他们的话,但她自己却总觉得喜欢这伯伯的。

也许是骨肉关系有种不可思议的亲热,也许是因为感激知己的心,慧石知道她更喜欢她这伯伯了。

厢房里电话铃响。

"丁宅呀,找丁大夫说话?等一等。"

丁大夫的手气不坏,刚和了一牌三翻,他得意的站起来接电话:"知道了知道了,回头就去叫他派车到张宅来接。什么?要暑药的?发痧中暑?叫他到平济医院去吧。"

"天实在热,今天,中暑的一定不少。"五少奶坐在牌桌上抽烟,等丁大夫打电话回来。"下午两点的时候刚刚九十九度啦!"她睁大了眼表示严重。

"往年没有这么热,九十九度的天气在北平真可以的了。"一个客人摇了摇檀香扇,急着想做庄。

咯突一声，丁大夫将电话挂上。

报馆到这时候积渐热闹，排字工人流着汗在机器房里忙着。编辑坐到公事桌上面批阅新闻。本市新闻由各区里送到；编辑略略将张宅名伶送戏一节细细看了看，想到方才同太太在市场吃冰其凌后，遇到街上的打架，又看看那段厮打的新闻，于是很自然的写着"西四牌楼三条胡同卢宅车夫杨三……"新闻里将杨三王康的争斗形容得非常动听，一直到了"扭区成讼"。

再看一些零碎，他不禁注意到挑夫霍乱数小时毙命一节，感到白天去吃冰其凌是件不聪明的事。

杨三在热臭的拘留所里发愁，想着主人应该得到他出事的消息了，怎么还没有设法来保他出去。王康则在又一间房子里喂臭虫，苟且的睡觉。

"……那儿呀，我卢宅呀，请王先生说话，……"老卢为着洋车被扣已经打了好几个电话了，在晚饭桌他听着太太的埋怨……那杨三真是太没有样子，准是又喝醉了，三天两回闹事。

"……对啦，找王先生有要紧事，出去饭局了么，回头请他给卢宅来个电话！别忘了！"

这大热晚上难道闷在家里听太太埋怨？杨三又没有回来，还得出去雇车，老卢不耐烦的躺在床上看报，一手抓起一把蒲扇赶开蚊子。

> 初刊于一九三五年六月十六日《大公报》「文艺副刊」第一百五十六期,署名林徽因。本集据作者一九三六年发表于《大公报文艺丛刊小说选》中的修改稿刊印。

钟　绿

——模影零篇之一

　　钟绿是我记忆中第一个美人,因为一个人一生见不到几个真正负得起"美人"这称呼的人物,所以我对于钟绿的记忆,珍惜得如同他人私藏一张名画轻易不拿出来给人看,我也就轻易的不和人家讲她。除非是一时什么高兴,使我大胆的,兴奋的,告诉一个朋友,我如何如何的曾经一次看到真正的美人。

　　很小的时候,我常听到一些红颜薄命的故事,老早就印下这种迷信,好像美人一生总是不幸的居多。尤其是,最初叫我知道世界上有所谓美人的,就是一个身世极凄凉的年轻女子。她是我家亲戚,家中传统的认为一个最美的人。虽然她已死了多少年,说起她来,大家总还带着那种感慨,也只有一个美人死后能使人起的那样感慨。说起她,大家总都有一些美感的回忆。我婶娘常记起的是祖母出殡那天,这人穿着白衫来送殡。因为她是个已出嫁过的女子——其实她那时已孀居一年多——照我们乡例头上缠着白头帕。试想一个静好如花的脸;一个长长窈窕的身材;一身的缟素;借着人家伤痛的丧礼来哭她自己可怜的身世,怎不是一幅绝妙的图画!婶娘说起她时,却还不忘掉提到她的走路如何的有种特有丰神,哭时又如何的辛酸凄惋动人。我那时因为过小，记不起送殡那天看到这素服美人，事后为此不知惆怅了多少回。每当大家晚上闲坐谈到这个人儿时，总害了我竭尽想象力，冥想到了夜深。

也许就是因为关于她，我实在记得不太清楚，仅凭一家人时时的传说，所以这个亲戚美人之为美人，也从未曾在我心里疑问过。过了一些年月，积渐的，我没有小时候那般理想，事事都有一把怀疑，沙似的挟在里面。我总爱说：绝代佳人，世界上不时总应该有一两个，但是我自己亲眼却没有看见过就是了。这句话直到我遇见了钟绿之后才算是取消了，换了一句：我觉得侥幸，一生中没有疑问的，真正的，见到一个美人。

我到美国××城进入××大学时，钟绿已是离开那学校的旧学生，不过在校里不到一个月的工夫，我就常听到钟绿这名字。老学生中间，每一提到校里旧事，总要联想到她。无疑的，她是他们中间最受崇拜的人物。

关于钟绿的体面和她的为人及家世也有不少的神话。一个同学告诉我，钟绿家里本来如何的富有，又一个告诉我，她的父亲是个如何漂亮的军官，那一年死去的，又一个告诉我，钟绿多么好看，癖［脾］气又如何和人家不同。因为着恋爱，又有人告诉我，她和母亲决绝了，自己独立出来艰苦的半工半读，多处流落，却总是那么傲慢，潇洒，穿着得那么漂亮动人。有人还说钟绿母亲是希腊人，是个音乐家，也长得非常好看，她常住在法国及意大利，所以钟绿能通好几国文字。常常的，更有人和我讲了为着恋爱钟绿，几乎到发狂的许多青年的故事。总而言之，关于钟绿的事我实在听得多了，不过当时我听着也只觉到平常，并不十分起劲。

故事中仅有两桩，我却记得非常清楚，深入印象，此后不自觉的便对于钟绿动了好奇心。

一桩是同系中最标致的女同学讲的。她说那一年学校开个盛大艺术的古装表演，中间要用八个女子穿中世纪的尼姑服装。她是监制部的总管，每件衣裳由图案部发出，全由她找人比着裁剪，做好后再找人试服。有一晚，她出去晚饭回来稍迟，到了制衣室门口遇见一个制衣部里人告诉她说，许多衣裳做好正找人试着时，可巧电灯坏了，大家正在到处找来洋蜡点上。

"你猜，"她接着说："我推开门时看到了什么？……"

她喘口气望着大家笑（听故事的人那时已不止我一个），"你想，你想一间屋子里，高高低低的点了好几根蜡烛；各处射着影子；当中一张桌子上面，默默的，立着那么一个钟绿——美到令人不敢相信的中世纪小尼姑，眼微微的垂下，手中高高擎起一支点亮的长烛。简单静穆，直像一张宗教画！拉着门环，我半天肃然，说不出一句话来！……等到人家笑声震醒我时，我已经记下这个一辈子忘不了的印象。"

自从听了这桩故事之后，钟绿在我心里便也开始有了根据，每次再听到钟绿的名字时，我脑子里便浮起一张图画。隐隐约约的，看到那个古代年轻的尼姑，微微的垂下眼，擎着一支蜡走过。

第二次，我又得到一个对钟绿依稀想象的背影，是由于一个男同学讲的故事里来的。这个脸色清癯的同学平常不爱说话，是个忧郁深思的少年——听说那个为着恋爱钟绿，到南非洲去旅行不再回来的同学，就是他的同房好朋友。有一天雨下得很大，我与他同在画室里工作，天已经积渐的黑下来，虽然还不到点灯的时候，我收

拾好东西坐在窗下看雨,忽然听他说:

"真奇怪,一到下大雨,我总想起钟绿!"

"为什么呢?"我倒有点好奇了。

"因为前年有一次大雨,"他也走到窗边,坐下来望着窗外,"比今天这雨大多了,"他自言自语的眯上眼睛,"天黑得可怕,许多人全在楼上画图,只有我和勃森站在楼下前门口檐底下抽烟。街上一个人没有,树让雨打得像囚犯一样,低头摇曳。一种说不出来的黯淡和寂寞笼罩着整条没生意的街道,和街道旁边不作声的一切。忽然间,我听到背后门环响,门开了,一个人由我身边溜过,一直下了台阶冲入大雨中走去!……那是钟绿……

"我认得是钟绿的背影,那样修长灵活,虽然她用了一块折成三角形的绸巾蒙在她头上,一只手在项下抓紧了那绸巾的前面两角,像个俄国村姑的打扮。勃森说钟绿疯了,我也忍不住要喊她回来。'钟绿你回来,听我说!'我好像求她那样恳切,听到声,她居然在雨里回过头来望一望,看见是我,她仰着脸微微一笑,露出一排贝壳似的牙齿。"朋友说时回过头对我笑了一笑,"你真想不到世上真有她那样美的人!不管谁说什么,我总忘不了在那狂风暴雨中,她那样扭头一笑,村姑似的包着三角的头巾。"

这张图画有力的穿过我的意识,我望望雨又望望黑影笼罩的画室。朋友叉着手,正经的又说:

"我就喜欢钟绿的一种纯朴,城市中的味道在她身上总那样的不沾着她本身的天真!那一天,我那个热情的同房朋友在楼窗上也发见了钟绿在雨里,像顽皮的村姑,没有笼头的野马。便用劲的喊。钟绿听到,俯下身子一闪,立刻就跑了。上边劈空的雷电,四围纷披的狂雨，一会儿工夫她就消失在那冰［水］雾迷漫之中了……"

"奇怪，"他叹口气，"我总老记着这桩事，钟绿在大风雨里似乎是个很自然的回忆。"

听完这段插话之后，我的想象中就又加了另一个隐约的钟绿。

半年过去了，这半年中这个清癯的朋友和我比较的熟起，时常轻声的来告诉我关于钟绿的消息。她是辗转的由一个城到另一个城，经验不断的跟在她脚边，命运好似总不和她合作，许多事情都不畅意。

秋天的时候，有一天我这朋友拿来两封钟绿的来信给我看，笔迹秀劲流丽如见其人，我留下信细读觉到它很有意思。那时我正初次的在夏假中觅工，几次在市城熙熙攘攘中长了见识，更是非常的同情于这流浪的钟绿。

"所谓工业艺术你可曾领教过？"她信里发出嘲笑，"你从前常常苦心教我调颜色，一根一根的描出理想的线条，做什么，你知道么？……我想你决不能猜到，两三星期以来，我和十几个本来都很活泼的女孩子，低下头都画一些什么，……你闭上眼睛，喘口气，让我告诉你！墙上的花纸，好朋友！你能相信么？一束一束的粉红玫瑰花由我们手中散下来，整朵的，半朵的——因为有人开了工厂专为制造这种的美丽！……

"不，不，为什么我要脸红？现在我们都是工业战争的斗士——（多美丽的战争！）——并且你知道，各人有各人不同的报酬；花纸厂的主人今年新买了两个别墅，我们前夜把晚饭减掉一点居然去听音乐了，多谢那一束一束的玫瑰花！……"

幽默的，幽默的她写下去那样顽皮的牢骚。又一封：

"……好了，这已经是秋天，谢谢上帝，人工的玫瑰也会凋零的。这回任何一束什么花，我也决意不再制造了，那种逼迫人家眼睛堕落的差事，需要我所没有的勇敢，我失败了，不知道在心里那一部分也受点伤。……

"我到乡村里来了，这回是散布智识给村里朴实的人！××书局派我来揽买卖，儿童的书，常识大全，我简直带着'智识'的样本到处走。那可爱的老太太却问我要最新烹调的书，工作到很瘦的妇人要城市生活的小说看——你知道那种穿着晚服去恋爱的城市浪漫！

"我夜里总找回一些矛盾的微笑回到屋里。乡间的老太太都是理想的母亲，我生平没有吃过更多的牛奶，睡过更软的鸭绒被，原来手里提着锄头的农人，都是这样母亲的温柔给培养出来的力量。我爱他们那简单的情绪和生活，好像日和夜，太阳和影子，农作和食睡，夫和妇，儿子和母亲，幸福和辛苦那样均匀的放在天秤的两头。……

"这农村的妩媚，溪流树荫全合了我的意，你更想不到我屋后有个什么宝贝？一口井，老老实实旧式的一口井，早晚我都出去替老太太打水。真的，这样才是日子，虽然山边没有橄榄树，晚上也缺个织布的机杼，不然什么都回到我理想的已往里去。……

"到井边去汲水，你懂得那滋味么？天呀，我的衣裙让风吹得松散，红叶在我头上飞旋，这是秋天，不瞎说，我到井边去汲水去。回来时你看着我把水罐子扛在肩上回来！"

看完信，我心里又来了一个古典的钟绿。

约略是三月的时候，我的朋友手里拿本书，到我桌边来，问我看过没有这本新出版的书，我由抽屉中也扯出一本叫他看。他笑了，说："你知道这个作者就是钟绿的情人。"

我高兴的谢了他，我说："现在我可明白了。"我又翻出书中几行给他看，他看了一遍，放下书默诵了一回，说：

"他是对的，他是对的，这个人实在很可爱，他们完全是了解的。"

此后又过了半个月光景。天气渐渐的暖起来，我晚上在屋子里读书老是开着窗子，窗前一片草地隔着对面远处城市的灯光车马。有个晚上，很夜深了，我觉到冷，刚刚把窗子关上，却听到窗外有人叫我，接着有人拿沙子抛到玻璃上。我赶忙起来一看，原来草地上立着那个清癯的朋友，旁边有个女人立在我的门前。朋友说："你能不能下来？我们有桩事托你。"

我蹑着脚下楼，开了门，在黑影模糊中听我朋友说："钟绿，钟绿她来到这里，太晚没有地方住，我想，或许你可以设法，明天一早她就要走的。"他又低声向我说："我知道你一定愿意认识她。"

这事真是来得非常突兀，听到了那么熟识，却又是那么神话的钟绿，竟然意外的立在我的前边，长长的身影穿着外衣，低低的半顶帽遮着半个脸，我什么也看不清楚。我伸手和她握手，告诉她在校里常听到她。她笑声的答应我说，希望她能使我失望，远不如朋友所讲的她那么坏！

在黑夜里，她的声音像银铃样，轻轻的摇着，末后宽柔温好，带点回响。她又转身谢谢那个朋友，率真的揽住他的肩膀说："百罗，你永远是那么可爱的一个人。"

她随了我上楼梯，我只觉到奇怪，钟绿在我心里始终成个古典人物，她的实际的存在，在此时反觉得荒诞不可信。

我那时是个穷学生,和一个同学住一间不甚大的屋子,却巧同房的那几天回家去了。我还记得那晚上我在她的书桌上,开了她那盏非常得意的浅黄色灯,还用了我们两人共用的大红浴衣铺在旁边大椅上,预备看书时盖在腿上当毯子享用。屋子的布置本来极简单,我们曾用尽苦心把它收拾得还有几分趣味:衣橱的前面我们用一大幅黑色带金线的旧锦挂上,上面悬着一付[副]我朋友自己刻的金色美人面具,旁边靠墙放两架睡榻,罩着深黄的床幔和一些靠垫,两榻中间隔着一个薄纱的东方式屏风。窗前一边一张书桌,各人有个书架,几件心爱的小古董。

整个房子的神气还很舒适,颜色也带点古黯神秘。钟绿进房来,我就请她坐在我们惟一的大椅上,她把帽子外衣脱下,顺手把大红浴衣披在身上说:"真能让你我独占这房里唯一的宝座么?"不知为什么,听到这话,我怔了一下,望着灯下披着红衣的她。看她里面本来穿的是一件古铜色衣裳,腰里一根很宽的铜质软带,一边臂上似乎套着两三付[副]细窄的铜镯子,在那红色浴衣掩映之中,黑色古锦之前,我只觉到她由脸至踵有种神韵,一种名贵的气息和光彩,超出寻常所谓美貌或是漂亮。她的脸稍带椭圆,眉目清扬,有点儿南欧曼达娜的味道;眼睛深棕色,虽然甚大,却微微有点羞涩。她的头脸,耳,鼻,口唇,前颈,和两只手,则都像雕刻过的型体!每一面和他一面交接得那样清晰,又那样柔和,让光和影在上面活动着。

我的小铜壶里本来烧着茶,我便倒出一杯递给她。这回她却怔了说:"真想不到这个时候有人给我茶喝,我这回真的走到中国了。"我笑了说:"百罗告诉我你喜欢到井里汲水,好,我就喜欢泡茶。各人有她传统的嗜好,不容易改掉。"就在那时候,她的两唇微微的一抿，像朵花，由含苞到开放，毫无痕迹的轻轻的张开，露出那一排贝壳般的牙齿，我默默的在心里说，我这一生总可以说真正的见过一个称得起美人的人物了。

"你知道，"我说，"学校里谁都喜欢说起你，你在我心里简直是个神话人物，不，简直是古典人物；今天你的来，到现在我还信不过这事的实在性！"

她说："一生里事大半都好像做梦。这两年来我飘泊惯了，今天和明天的事多半是不相连续的多；本来现实本身就是一串不一定能连续而连续起来的荒诞。什么事我现在都能相信得过，尤其是此刻，夜这么晚，我把一个从来未曾遇见过的人的清静打断了，坐在她屋里，喝她几千里以外寄来的茶！"

那天晚上，她在我屋子里不止喝了我的茶，并且在我的书架上搬弄了我的书，我的许多相片，问了我一大堆的话，告诉我她有个朋友喜欢中国的诗——我知道那就是那青年作家，她的情人，可是我没有问她。她就在我屋子中间小小灯光下愉悦的活动着，一会儿立在洛阳造像的墨拓前默了一会〈儿〉，停一刻又走过，用手指柔和的，顺着那金色面具的轮廓上抹下来。她搬弄我桌上的唐陶俑和图章，又问我壁上铜剑的铭文，纯净的型和线似乎都在引逗起她的兴趣。

一会儿她倦了，无意中伸个懒腰，慢慢的将身上束的腰带解下，自然的，活泼的，一件一件将自己的衣服脱下，裸露出她雕刻般惊人的美丽。我看着她耐性的，细致的，解除臂上的铜镯，又用刷子刷她细柔的头发，来回的走到浴室里洗面又走出来。她的美当然不用讲；我惊讶的是她所有举动，全个体态，都是那样的有个性，奏着韵律。我心里想，自然舞蹈班中几个美体的同学，和我们人体画班中最得意的两个模特,明蒂和苏茜,她们的美实不过是些浅显的柔和及妍丽而已,同钟绿真无法比较得来。我忍不住兴趣的直爽的笑对钟绿说:

"钟绿,你长得实在太美了,你自己知道么?"

她忽然转过来看了我一眼,好癖[脾]气的笑起来,坐到我床上。

"你知道你是个很古怪的小孩子么?"她伸手抚着我的头后(那时我的头是低着的,似乎倒有点难为情起来),"老实告诉你,当百罗告诉我,要我住在一个中国姑娘的房里时,我倒有些害怕,我想着不知道我们要谈多少孔夫子的道德,东方的政治;我怕我的行为或许会触犯你们谨严的佛教!"

这次她说完,却是我打个呵欠,倒在床上好笑。

她说:"你在这里原来住得还真自由。"

我问她是否指此刻我们不拘束的行动讲。我说那是因为时候到底是半夜了,房东太太在梦里也无从干涉,其实她才是个极宗教的信徒,我平日极平常的画稿,拿回家来还曾经惊着她的腼腆。男朋友从来只到过我楼梯底下的,就是在楼梯边上坐着,到了十点半,她也一定咳嗽的。

钟绿笑了说:"你的意思是从孔子庙到自由神中间并无多大距离!"

那时我睡在床上和她谈天,屋子里仅点一盏小灯。她披上睡衣,替我开了窗,才回到床上抱着膝盖抽烟。在一小闪光底下,她努着嘴喷出一个一个的烟圈,我又疑心我在做梦。

"我顶希望有一天到中国来,"她说,手里搬弄床前我的夹旗袍,"我还没有看见东方的莲花是什么样子。我顶爱坐帆船了。"

我说,"我和你约好了,过几年你来,挑个山茶花开遍了时节,我给你披上一件长袍,我一定请你坐我家乡里最浪漫的帆船。"

"如果是个月夜,我还可以替你调一曲希腊的弦琴。"

"也许那时候你更愿意死在你的爱人怀里!如果你的他也来。"我逗着她。

她忽然很正经的却用最柔和的声音说:"我希望有这福气。"

就这样说笑着,我朦胧的睡去。

到天亮时,我觉得有人推我,睁开了眼,看她已经穿好了衣裳,收拾好皮包,俯身下来和我作别。

"再见了,好朋友,"她又淘气的抚着我的头,"就算你做个梦吧。现在你信不信昨夜答应过人,要请她坐帆船?"

可不就像一个梦,我眯着两只眼,问她为何起得这样早。她告诉我要赶六点十分的车到乡下去,约略一个月后,或许回来,那时一定再来看我。她不让我起来送她,无论如何要我答应她,等她一走就闭上眼睛再睡。

于是在天色微明中,我只再看到她歪着一顶帽子,倚在屏风旁边妩媚的一笑,便转身走出去了。一个月以后,她没有回来,其实等到一年半后,我离开××时,她也没有再来过这城的。我同她的友谊就仅仅限于那么一个短短的半夜,所以那天晚上是我第一次,也就是最末次,会见了钟绿。但是即使以后我没有再得到关于她的种种悲惨的消息,我也知道我是永远不能忘记她的。

那个晚上以后,我又得到她的消息时,约在半年以后,百罗告诉我说:

"钟绿快要出嫁了。她这种的恋爱真能使人相信人生还有点意义,世界上还有一点美存在。这一对情人上礼拜堂去,的确要算上帝的荣耀。"

我好笑忧郁的百罗说这种话,却是私下里也的确相信钟绿披上长纱会是一个奇美的新娘。那时候我也很知道一点新郎的样子和癖[脾]气,并且由作品里我更知道他留给钟绿的情绪,私下里很觉到钟绿幸福。至于他们的结婚,我倒觉得很平凡;我不时叹息,想象到钟绿无条件的跟着自然律走,慢慢的变成一个妻子,一个母亲,渐渐离开她现在的样子,变老,变丑,到了我们从她脸上身上再也看不出她现在的雕刻般的奇迹来。

谁知道事情偏不这样的经过,钟绿的爱人竟在结婚的前一星期骤然死去,听说钟绿那时正在试着嫁衣,得着电话没有把衣服换下,便到医院里晕死过去在她未婚新郎的胸口上。当我得到这个消息时,钟绿已经到法国去了两个月,她的情人也已葬在他们本来要结婚的礼拜堂后面。

因为这消息,我却时常想起钟绿试装中世纪尼姑的故事,有点儿迷信预兆。美人自古薄命的话,更好像有了凭据。但是最使我感恸的消息,还在此后两年多。

当我回国以后,正在家乡游历的时候,我接到百罗一封长信,我真是没有想到钟绿竟死在一条帆船上。关于这一点,我始终疑心这个场面,多少有点钟绿自己的安排,并不见得完全出自偶然。那天晚上对着一江清流,茫茫暮霭,我独立在岸边山坡上,看无数小帆船顺风飘过,忍不住泪下如雨,坐下哭了。

我耳朵里似乎还听见钟绿银铃似的温好的声音说:"就算你做个梦,现在你信不信昨夜答应过请人坐帆船?"

吉　公

——模影零篇之二

> 初刊于一九三五年八月十一日《大公报》「文艺副刊」第一百六十四期，署名林徽因。

　　二三十年前，每一个老派头旧家族的第宅里面，竟可以是一个缩小的社会；内中居住着种种色色的人物，他们综错的性格，兴趣，和琐碎的活动，或属于固定的，或属于偶然的，常可以在同一个时间里，展演如一部戏剧。

　　我的老家，如同当时其他许多家庭一样，在现在看来，尽可以称它做一个旧家族。那个并不甚大的宅子里面，也自成一种社会缩影。我同许多小孩子既在那中间长大，也就习惯于里面各种综错的安排和纠纷；像一条小鱼在海滩边生长，习惯于种种螺壳，蛤蜊，大鱼，小鱼，司空见惯，毫不以那种戏剧性的集聚为希［稀］奇。但是事隔多年，有时反复回味起来，当时的情景反倒十分迫近。眼里颜色浓淡鲜晦，不但记忆浮沉驰骋，情感竟亦在不知不觉中重新伸缩，仿佛有所活动。

　　不过那大部的戏剧此刻却并不在我念中，此刻吸引［使］我回想的仅是那大部中一小部，那综错的人物中一个人物。

　　他是我们的舅公，这事实是经"大人们"指点给我们一群小孩子知道的。于是我们都叫他做"吉公"，并不疑问到这事实的确实性。但是大人们却又在其他的时候里，间接的或直接的，告诉我们，他并不是我们的舅公的许多话！凡属于故事的话，当然都更能深入孩子的记忆里，这舅公的来历，就永远的在我们心里留下痕迹。

"吉公"是外曾祖母抱来的儿子；这故事一来就有些曲折，给孩子们许多想象的机会。外曾祖母本来自己是有个孩子的，据大人们所讲，他是如何的聪明，如何的长得俊！可惜在他九岁的那年一个很热的夏天里，竟然"出了事"。故事是如此的：他和一个小朋友，玩着抬起一个旧式的大茶壶桶，嘴里唱着土白的山歌，由供着神位的后厅抬到前面正厅里去……（我们心里在这里立刻浮出一张鲜明的图画：两个小孩子，赤着膊；穿着挑花大红肚兜；抬着一个朱漆木桶；里面装着一个白锡镶铜的大茶壶：多少两的粗茶叶，泡得滚热的；——）但是悲剧也就发生在这幅图画后面，外曾祖父手里拿着一根旱烟管，由门后出来，无意中碰倒了一个孩子，事儿就坏了！那无可偿补的悲剧，就此永远嵌进那温文儒雅读书人的生命里去。

这个吉公用不着说是抱来替代那惨死去的聪明孩子的。但这是又过了十年，外曾祖母已经老了，祖母已将出阁时候的事。讲故事的谁也没有提到吉公小时是如何长得聪明美丽的话。如果讲到吉公小时的情形，且必用一点叹息的口气说起这吉公如何的顽皮，如何的不爱念书，尤其是关于学问是如何的没有兴趣，长大起来，他也始终不能去参加他们认为光荣的考试。

就一种理论讲，我们自己既在那里读书学做对子，听到吉公不会这门事，在心理上对吉公发生了一点点轻视并不怎样不合理。但是事实上我们不止对他的感情总是那么柔和，时常且对他发生不少的惊讶和钦佩。

吉公住在一个跨院的旧楼上边。不止在现时回想起来，那地方是个浪漫的去处，就是在当时，我们也未尝不觉到那一曲小小的旧廊，上边斜着吱吱哑哑的那么一道危梯，是非常有趣味的。

我们的境界既被限制在一所四面有围墙的宅子里，那活泼的孩子心有时总不肯在单调的生活中磋磨过去，故必定竭力的，在那限制的范围以内寻觅新鲜。在一片小小的地面上，我们认为最多变化，最有意思的，到底是人：凡是有人住的，无论那一个小角落里，似乎都藏着无数的奇异，我们对它便都感着极大兴味。所以挑水老李住的两间平房，远在茶园子的后门边，和退老的老陈妈所看守的厨房以外一排空房，在我们寻觅新鲜的活动中，或可以说长成的过程中，都是绝对必需的。吉公住的那小跨院的旧楼，则更不必说了。

在那楼上，我们所受的教育，所吸取的智识，许多确非负责我们教育的大人们所能想象得到的。随便说吧，最主要的就有自鸣钟的机轮的动作，世界地图，油画的外国军队军舰，和照相技术的种种，但是最要紧的还是吉公这个人，他的生平，他的样子，脾气，他自己对于这些新智识的兴趣。

吉公已是中年人了，但是对于种种新鲜事情的好奇，却还活像个孩子。在许多人跟前，他被认为是个不读书不上进的落魄者，所以在举动上，在人前时，他便习惯于惭愧，谦卑，退让，拘束的神情，惟独回到他自己的旧楼上，他才恢复过来他种种生成的性格，与孩子们和霭［蔼］天真的接触。

在楼上他常快乐的发笑；有时为着玩弄小机器一类的东西，他还会带着嘲笑似的,骂我们迟笨——在人前,这些便是绝不可能的事。用句现在极普通的语言讲,吉公是个有"科学的兴趣"的人,那个小小楼屋,便是他私人的实验室。但在当时,吉公只是一个不喜欢做对子读经书的落魄者,那小小角隅实是祖母用着布施式的仁慈和友爱的含忍,让出来给他消磨无用的日月的。

夏天里,约略在下午两点的时候。那大小几十口复杂的家庭里,各人都能将他一份事情打发开来,腾出一点时光睡午觉。小孩们有的也被他们母亲或看妈抓去横睡在又热又闷气的床头一角里去。在这个时候,火似的太阳总显得十分寂寞,无意义的罩着一个两个空院;一处两处洗晒的衣裳;刚开过饭的厨房;或无人用的水缸。在清静中,喜鹊大胆的飞到地面上,像人似的来回走路,寻觅零食,花猫黄狗全都蜷成一团,在门槛旁把头睡扁了似的不管事。

我喜欢这个时候,这种寂寞对于我有说不出的滋味。饭吃过,随便在那个荫凉处呆着,用不着同伴,我就可以寻出许多消遣来。起初我常常一人走进吉公的小跨院里去,并不为的找吉公,只站在门洞里吹穿堂风,或看那棵大柚子树的树阴〔荫〕罩在我前面来回的摇晃。有一次我满以为周围只剩我一人的,忽然我发现廊下有个长长的人影,不觉一惊。顺着人影偷着看去,我才知道吉公一个人在那里忙着一件东西。他看我走来便向我招手。

原来这时间也是吉公最宝贵的时候,不轻易拿来糟蹋在午睡上面。我同他的特殊的友谊便也建筑在这点点同情上。他告我他私自学会了照相,家里新买到一架照相机已交给他尝试。夜里,我是看见过的,他点盏红灯,冲洗那种旧式玻璃底片,白日里他一张一张耐性的晒片子,这还是第一次让我遇到。那时他好脾气的指点给我一个人看，且请我帮忙，两次带我上楼取东西。平常孩子们太多他没有工夫讲解的道理，此刻慢吞吞的也都和我讲了一些。

吉公楼上的屋子是我们从来看不厌的，里面东西实在是不少，老式钟表就有好几个，都是亲戚们托他修理的，有的是解散开来卧在一个盘子里，等他一件一件再细心的凑在一起。桌上竟还放着一付〔副〕千里镜，墙上满挂着许多很古怪翻印的油画，有的是些外国皇族，最多还是有枪炮的普法战争的图画，和一些火车轮船的影片以及大小地图。

"吉公，谁教你怎么修理钟的？"

吉公笑了笑，一点不骄傲，却显得更谦虚的样子，努一下嘴，叹口气说："谁也没有教过吉公什么！"

"这些机器也都是人造出来的，你知道！"他指着自鸣钟，"谁要喜欢这些东西尽可拆开来看看，把它弄明白了。"

"要是拆开了还不大明白呢？"我问他。

他更沉思的叹息了。

"你知道，吉公想大概外国有很多工厂教习所，教人做这种灵巧的机器，凭一个人的聪明一定不会做得这样好。"说话时吉公带着无限的怅惘。我却没有听懂什么工厂什么教习所的话。

吉公又说："我那天到城里去看一个洋货铺，里面有个修理钟表的柜台，你说也真奇怪，那个人在那里弄个钟，许多地方还没有吉公明白呢！"

在这个时候，我以为吉公尽可以骄傲了，但是吉公的脸上此刻看去却更惨淡，眼睛正望着壁上火轮船的油画看。

"这些钟表实在还不算有意思。"他说，"吉公想到上海去看一次火轮船，那种大机器转动起来够多有趣？"

"伟叔不是坐着那么一个上东洋去了么？"我说，"你等他回来问问他。"

吉公苦笑了。"傻孩子，伟叔是读书人，他是出洋留学的，坐到一个火轮船上，也不到机器房里去的，那里都是粗的工人火夫等管着。"

"那你呢，难道你就能跑到粗人火夫的机器房里去？"孩子们受了大人影响，怀疑到吉公的自尊心。

"吉公喜欢去学习，吉公不在乎那些个。"他笑了。看看我为他十分着急的样子，忙把话转变一点安慰我说："在外国，能干的人也有专管机器的，好比船上的船长吧，他就也得懂机器还懂地理。军官吧，他就懂炮车里机器，尽念古书不相干的，洋人比我们能干，就为他们的机器……"

这次吉公讲的话很多，我都听不懂，但是我怕他发现我太小不明白他的话，以后不再要我帮忙，故此一直勉强听下去，直到吉公记起廊下的相片，跳起来拉了我下楼。

又过了一些日子，吉公的照相颇博得一家人的称赞，尤其是女人们喜欢的了不得。天好的时候，六婶娘找了几位妯娌，请祖母和姑妈们去她院里照相。六婶娘梳着油光的头，眉目细细的，淡淡的画在她的白皙脸上，就同她自己画的兰花一样有几分勉强。她的院里有几棵梅花几竿竹，一个月门，还有一堆假山，大家都认为可以入画的景致。但照相前，各人对于陈设的准备，也和吉公对于照相机底片等等的部署一般繁重。婶娘指挥丫头玉珍，花匠老王，忙着摆茶几，安放细致的水烟袋及茶杯。前面还要排着讲究的盆花，然后两旁列着几张直背椅,各人按着辈分岁数各各坐成一个姿势,有时还拉着一两个孩子做衬托。

在这种时候,吉公的头与手在他黑布与机器之间耐烦的周旋着。周旋到相当时间,他认为已到达较完满的程度,才把头伸出观望那被摄影的人众。每次他有个新颖的提议,照相的人们也就有说有笑的起劲。这样祖母便很骄傲起来,这是连孩子们都觉察得出的,虽然我们当时并未了解她的许多伤心。吉公呢,他的全付[副]精神却在那照相技术上边,周围的空气人情并不在他注意中。等到照相完了,他才微微的感到一种完成的畅适,兴头的掮着照相机,带着一群孩子回去。

还有比这个严重的时候,如同年节或是老人们的生日,或宴客,吉公的照相职务便更为重要了。早上你到吉公屋里去,便看得到厚厚的红布黑布挂在窗上,里面点着小红灯,吉公驼着背在黑暗中来往的工作。他那种兴趣,勤劳和认真,现在回想起来,我相信如果他晚生了三十年,这个社会里必定会有他一个结实的地位的。照相不过是他当时一个不得已的科学上活动,他对于其他机器的爱好,却并不在照相以下。不过在实际上照相既有所贡献于接济他生活的人,他也只好安于这份工作了。

另一次我记得特别清楚,我那喜欢兵器武艺的祖父,拿了许多所谓"洋枪"到吉公那里,请他给揩擦上油。两人坐在廊下谈天,小孩子们也围上去。吉公开一瓶橄榄油,扯点破布,来回的把玩那些我们认为颇神秘的洋枪,一边议论着洋船,洋炮,及其他洋人做的事。

吉公所懂得的均是具体智识,他把枪支在手里,开开这里,动动那里，演讲一般指手划脚讲到机器的巧妙，由枪到炮，由炮到船，由船到火车，一件一件。祖父感到惊讶了，这已经相信维新的老人听到吉公这许多话，相当的敬服起来，微笑凝神的在那里点头领教。大点的孩子也都闻所未闻的睁大了眼睛；我最深的印象便是那次是祖父对吉公非常愉悦的脸色。

祖父谈到航海，说起他年轻的时候，极想到外国去，听到某处招生学洋文，保送到外洋去，便设法想去投考。但是那时他已聘了祖母，丈人方面得到消息大大的不高兴，竟以要求退婚要挟他把那不高尚的志趣打消。吉公听了，黯淡的一笑，或者是想到了他自己年少时多少的梦，也曾被这同一个读书人给毁掉了。

他们讲到苏彝士运河，吉公便高兴的，同情的，把楼上地图拿下来，由地理讲到历史，甲午呀，庚子呀，我都是在那时第一次听到。我更记得平常不说话的吉公当日愤慨的议论，我为他不止一点的骄傲，虽然我不明白为什么他的结论总回到机器上。

但是一年后吉公离开我们家，却并不为着机器，而是出我们意料外的为着一个女人。

也许是因为吉公的照相相当的出了名，并且时常的出去照附近名胜风景，让一些人知道了，就常有人来请他去照相。为着对于技术的兴趣，他亦必定到人家去尽义务的为人照全家乐，或带着朝珠谱褂的单人留影。酬报则时常是些食品，果子。

有一次有人请他去，照相的却是一位未曾出阁的姑娘，这位姑娘因在择婿上稍稍经过点周折，故此她家里对于她的亲事常怀着悲观。与吉公认识的是她堂房哥哥，照相的事是否这位哥哥故意的设施，家里人后来议论得非常热烈，我们也始终不得明了。要紧的是，事实上吉公对于这姑娘一家甚有好感，为着这姑娘的相片也颇尽了些职务；我不记得他是否在相片上设色，至少那姑娘的口唇上是抹了一小点胭脂的。

这事传到祖母耳里，这位相信家教谨严的女人便不大乐意。起前，她觉得一个未出阁的女子，相片交给一个没有家室的男子手里印洗，是不名誉不正当的。并且这女子既不是和我们同一省份，便是属于"外江"人家的，事情尤其要谨慎。在这纠纷中，我才又得听到关于吉公的一段人生悲剧。多少年前他是曾经娶过妻室的，一位年轻美貌的妻子，并且也生过一个孩子，却在极短的时间内，母子两人全都死去。这事除却在吉公一人的心里，这两人的存在几乎不在任何地方留下一点凭据。

现在这照相的姑娘是吉公生命里的一个新转变，在他单调的日月里开出一条路来。不止在人情上吉公也和他人一样需要异性的关心和安慰，就是在事业的野心上，这姑娘的家人也给吉公以不少的鼓励，至少到上海去看火轮船的梦是有了相当的担保，本来悠长没有着落的日子，现在是骤然的点上希望。虽然在人前吉公仍是沉默，到了小院里他却开始愉快的散步；注意到柚子树又开了花；晚上有没有月亮；还买了几条金鱼养到缸里。在楼上他也哼哼一点调子，把风景照片镶成好看的框子，零整的拿出去托人代售。有时他还整理旧箱子；多少年他没有心绪翻检的破旧东西，现在有时也拿出来放在床上，椅背上，尽小孩子们好奇的问长问短，他也满不在乎了。

忽然突兀的他把婚事决定了，也不得我祖母的同意，便把吉期选好，预备去入赘。祖母生气到默不做声，只退到女人家的眼泪里去,呜咽她对于这弟弟的一切失望。家里人看到舅爷很不体面的,到外省人家去入赘,带着一点箱笼什物,自然也有许多与祖母表同情的。但吉公则终于离开那所浪漫的楼屋,去另找他的生活了。

那布着柚子树阴［荫］的小跨院渐渐成为一个更寂寞的角隅,那道吱吱哑哑的木梯从此便没有人上下,除却小孩子们有时淘气,上到一半又赶忙下来。现在想来,我不能不称赞吉公当时那一点挣扎的活力,能不甘于一种平淡的现状。那小楼只能尘封吉公过去不幸的影子,却不能把他给活埋在里边。

吉公的行为既是离叛亲族,在旧家庭里许多人就不能容忍这种的不自尊。他婚后的行动,除了带着新娘来拜过祖母外,其他事情便不听到有人提起!似乎过了不久的时候,他也就到上海去,多少且与火轮船有关系。有一次我曾大胆的问过祖父,他似乎对于吉公是否在火轮船做事没有多大兴趣,完全忘掉他们一次很融洽的谈话。在祖母生前,吉公也还有来信,但到她死后,就完全的渺然消失,不通音问了。

两年前我南下,回到幼年居住的城里去,无意中遇到一位远亲,他告诉我吉公住在城中,境况非常富裕;子女四人,在各个学校里读书,对于科学都非常嗜好,尤其是内中一个,特别聪明,屡得学校奖金等等。于是我也老声老气的发出人事的感慨。如果吉公自己生早了三四十年,我说,我希望他这个儿子所生的时代与环境合适于他的聪明,能给他以发展的机会不再复演他老子的悲剧。并且在生命的道上,我祝他早遇到同情的鼓励,敏捷的达到他可能的成功。这得失且并不仅是吉公个人的,而可以计算作我们这老朽的国家的。

至于我会见到那六十岁的吉公,听到他离开我们家以后一段奋斗的历史，这里实没有细讲的必要，因为那中年以后，不经过训练，自己琢磨出来的机器师，他的成就必定是有限的。纵使他有相当天赋的聪明，他亦不能与太不适当的环境搏斗。由于爱好机器，他到轮船上做事，到码头公司里任职，更进而独立的创办他的小规模丝织厂，这些全同他的照相一样，仅成个实际上能博取物质胜利的小事业，对于他精神上超物质的兴趣，已不能有所补助，有所启发。年老了，当时的聪明一天天消失，所余仅是一片和霭［蔼］的平庸和空虚。认真的说，他仍是个失败者。如果迷信点的话，相信上天或许要偿补给吉公他一生的委曲，这下文的故事，就该应在他那个聪明孩子和我们这个时代上。但是我则仍然十分怀疑。

> 初刊于一九三六年六月十四日《大公报》「文艺副刊」第一百六十二期,署名林徽因。此期为「星期特刊」。

文 珍

——模影零篇之三

家里在复杂情形下搬到另一个城市去,自己是多出来的一件行李。大约七岁,似乎已长大了,篁姊同家里商量接我到她处住半年,我便被送过去了。

起初一切都是那么模糊,重叠的一堆新印象乱在一处;老大的旧房子,不知有多少老老少少的人,楼,楼上幢幢的人影,嘈杂陌生的声音,假山,绕着假山的水池,很讲究的大盆子花,菜圃,大石井,红红绿绿小孩子,穿着很好看或粗糙的许多妇人,围着四方桌打牌的,在空屋里养蚕的,晒干菜的,生活全是那么混乱繁复和新奇。自己却总是孤单,怯生,寂寞。积渐的在纷乱的周遭中,居然挣扎出一点头绪,认到一个凝固的中心,在寂寞焦心或怯生时便设法寻求这中心,抓紧它,旋绕着它,要求一个孩子所迫切需要的保护,温暖,和慰安。

这凝固的中心便是一个约摸十七岁年龄的女孩子。她有个苗条身材,一根很黑的发辫,扎着大红绒绳;两只灵活真叫人喜欢黑晶似的眼珠;和一双白皙轻柔无所不会的手。她叫做文珍。人人都喊她文珍,不管是梳着油光头的妇人,扶着拐杖的老太太,刚会走路的"孙少",老妈子或门房里人!

文珍随着喊她的声音转,一会儿在楼上牌桌前张罗,一会儿下楼穿过廊子不见了,又一会儿是那个孩子在后池钓鱼,喊她去寻钓竿,或是另一个追她到园角攀摘隔墙的还不熟透的桑椹。一天之中这扎着红绒绳的发辫到处可以看到,跟着便是那灵活的眼珠。本能的,我知道我寻着我所需要的中心,和骆驼在沙漠中望见绿洲一样。清早上寂寞的踱出院子一边望着银红阳光射在藤萝叶上,一边却盼望着那扎着红绒绳的辫子快点出现。凑巧她过来了;花布衫熨得平平的,就有补的地方,也总是剪成如意或桃子等好玩的式样,雪白的袜子,青布的鞋,轻快的走着路,手里持着一些老太太早上需要的东西,开水,脸盆或是水烟袋,看着我,她就和蔼亲切的笑笑:

"怎么不去吃稀饭?"

难为情的,我低下头。

"好吧,我带你去。尽怕生不行的呀!"

感激的我跟着她走。到了正厅后面(两张八仙桌上已有许多人在吃早饭),她把东西放在一旁,携着我的手到了中间桌边,顺便的喊声:"五少奶,起得真早!"等五少奶转过身来,便更柔声的说,"小客人还在怕生呢,一个人在外边吹着,也不进来吃稀饭!"于是把我放在五少奶旁边方凳上,她自去大锅里盛碗稀饭,从桌心碟子里挟出一把油炒花生,拣了一角有红心的盐鸭蛋放在我面前,笑了一笑走去几步,又回头来,到我耳朵边轻轻的说:

"好好的吃,吃完了,找阿元玩去,他们早上都在后池边看花匠做事,你也去。"或是:"到老太太后廊子找我,你看不看怎样挟燕窝?"

红绒发辫暂时便消失了。

太阳热起来，有天我在水亭子里睡着了，睁开眼正是文珍过来把我拉起来，"不能睡，不能睡，这里又是日头又是风的，快给我进去喝点热茶。"害怕的我跟着她去到小厨房，看着她拿开水冲茶，听她嘴里哼哼的唱着小调。篁姊走过看到我们便喊："文珍，天这么热你把她带到小厨房里做什么？"我当时真怕文珍生气，文珍却笑嘻嘻的："三少奶奶，你这位妹妹真怕生，总是一个人闷着，今天又在水亭里睡着了，你给她想想法子解解闷，这里怪难为她的。"

篁姊看看我说，"怎么不找那些孩子玩去？"我没有答应出来，文珍在篁姊背后已对我挤了挤眼，我感激的便不响了。篁姊走去，文珍拉了我的手说，"不要紧，不找那些孩子玩时就来找我好了，我替你想想法子。你喜欢不喜欢拆旧衣衫？我给你一把小剪子，我教你。"

于是面对面我们两人有时便坐在树荫下拆旧衣，我不会时她就叫我帮助她拉着布，她一个人剪，一边还同我讲故事。

指着大石井，她说，"文环比我大两岁，长得顶好看了，好看的人没有好命，更可怜！我的命也不好，可是我长得老实样，没有什么人来欺侮我。"文环是跳井死的丫头，这事发生在我未来这家以前，我就知道孩子们到了晚上，便互相哄着说文环的鬼常常在井边来去。

"文环的鬼真来么？"我问文珍。

"这事你得问芳少爷去。"

我怔住不懂，文珍笑了，"小孩子还信鬼么？我告诉你，文环的死都是芳少爷不好，要是有鬼她还不来找他算账，我看，就没有鬼，文环白死了！"我仍然没有懂，文珍也不再往下讲了，自己好像不胜感慨的样子。

过一会她忽然说：

"芳少爷讲书倒讲得顶好了,我替你出个主意,等他们早上讲诗的时候,你也去听。背背诗挺有意思的,明天我带你去听。"

到了第二天她果然便带了我到东书房去听讲诗。八九个孩子看到文珍进来,都看着芳哥的脸。文珍满不在乎的坐下,芳哥脸上却有点两样,故作镇定的向着我说:

"小的孩子,要听可不准闹。"我望望文珍,文珍抿紧了嘴不响,打开一个布包,把两本唐诗放在我面前,轻轻的说,"我把书都给你带来了。"

芳哥选了一些诗,叫大的背诵,又叫小的跟着念;又讲李太白怎样会喝酒的故事。文珍看我已经很高兴的在听下去,自己便轻脚轻手的走出去了。此后每天我学了一两首新诗,到晚上就去找文珍背给她听,背错了她必提示我,每背出一首她还替我抄在一个本子里——如此文珍便做了我的老师。

五月节中文珍裹的粽子好,做的香袋更是特别出色,许多人便托她做,有的送她缎面鞋料,有的给她旧布衣衫,她都一脸笑高兴的接收了。有一天在她屋子里玩,我看到她桌子上有个古怪的纸包;我问她里边是些什么,她也很稀奇的说连她都不知道。我们两人好奇的便一同打开看。原来里边裹着是一把精致的折扇,上面画着两三朵菊花,旁边细细的写着两行诗。

"这可怪了,"她喊了起来,接着把眼珠子一转,仿佛想起什么了,便轻声的骂着,"鬼送来的!"

听到鬼,我便联想到文环,忽然恍然,有点明白这是谁送来的!我问她可是芳哥?她望着我看看,轻轻拍了我一下,好癖[脾]气的说,"你这小孩子好懂事,可是,"她转了一个口吻,"小孩子家太懂事了，不好的。"过了一会，看我好像很难过，又笑逗着我，"好娇气，一句话都吃不下去！轻轻说你一句就值得撅着嘴这半天！以后怎做人家儿媳妇？"我羞红了脸便和她闹，半懂不懂的大声念扇子上的诗。这下她可真急了，把扇子夺在手里说："你看我希〔稀〕罕不希〔稀〕罕爷们的东西！死了一个丫头还不够呀？"一边说一边狠狠的把扇子撕个粉碎，伏在床上哭起来了。

我从来没有想到文珍会哭的，这一来我慌了手脚，爬在她背上摇她，一直到自己也哭了她才回过头来说，"好小姐，这是怎么闹的，快别这样了。"替我擦干了眼泪，又哄了我半天。一共做了两个香包才把我送走。

在夏天有一个薄暮里大家都出来到池边乘凉看荷花，小孩子忙着在后园里捉萤火虫，我把文珍也拉去绕着假山竹林子走，一直到了那扇永远锁闭着的小门前边。阿元说那边住的一个人家是革命党，我们都问革命党是什么样子，要爬在假山上面望〔往〕那边看。文珍第一个上去，阿元接着把我推上去。等到我的脚自己能立稳的时候，我才看到隔壁院里一个剪发的年青人，仰着头望着我们笑。文珍急着要下来，阿元却正挡住她的去路。阿元上到山顶冒冒失失的便向着那人问，"喂，喂，我问你，你是不是革命党呀？"那人皱一皱眉又笑了笑，问阿元敢不敢下去玩，文珍生气了说阿元太顽皮，自己便先下去，把我也接下去走了。

过了些时，我发现这革命党邻居已同阿元成了至交，时常请阿元由墙上过去玩，他自己也越墙过来同孩子们玩过一两次。他是个东洋留学生，放暑假回家的，很自然的我注意到他注意文珍，可是一切事在我当时都是一片模糊，莫明其所以的。文珍一天事又那么多，有时被孩子们纠缠不过，总躲了起来在楼上挑花做鞋去，轻易不见她到花园里来玩的。

可是忽然间全家里空气突然紧张，大点的孩子被二少奶老太太传去问话；我自己也被篁姊询问过两次关于小孩子们爬假山结交革命党的事，但是每次我都咬定了不肯说有文珍在一起。在那种大家庭里厮混了那么久，我也积渐明白做丫头是怎样与我们不同，虽然我却始终没有看到文珍被打过。

经过这次事件以后，文珍渐渐变成沉默，没有先前活泼了。多半时候都在正厅耳房一带，老太太的房里或是南楼上，看少奶奶们打牌。仅在篁姊生孩子时，晚上过来陪我剪花样玩，帮我写两封家信。看她样子好像很不高兴。

中秋前几天阿元过来，报告我说家里要把文珍嫁出去，已经说妥了人家，一个做生意的，长街小钱庄里管账的，听说文珍认得字，很愿意娶她，一过中秋便要她过门。我一面心急文珍要嫁走，却一面高兴这事的新鲜和热闹。

"文珍要出嫁了！"这话在小孩子口里相传着。但是见到文珍我却没有勇气问她。下意识的，我也觉到这桩事的不妙；一种黯淡的情绪笼罩着文珍要被嫁走的新闻上面。我记起文珍撕扇子那一天的哭，我记起我初认识她时她所讲的文环的故事，这些记忆牵牵连连的放在一起，都似乎叫我非常不安。到后〈来〉我忍不住了，在中秋前两夜大月亮和桂花香中看文珍正到我们天井外石阶上坐着时，上去坐在她旁边，无暇思索〈的〉问她：

"文珍，我同你说。你真要出嫁了么？"

文珍抬头看看树枝中间月亮：

"她们要把我嫁了!"

"你愿意么?"

"什么愿意不愿意的,谁大了都得嫁不是?"

"我说是你愿意嫁给那么一个人家么?"

"为什么不?反正这里人家好,于我怎么着?我还不是个丫头,穿得不好,说我不爱体面,穿得整齐点,便说我闲话,说我好打扮,想男子……说我……"

她不说下去,我也默然不知道说什么。

"反正,"她接下说,"丫头小的时候可怜,好容易捱大了,又得遭难!不嫁老在那里磨着,嫁了不知又该受些什么罪!活该我自己命苦,生在凶年……亲爹嬷背了出来卖给人家!"

我以为她又哭了,她可不,忽然立了起来,上个小山坡,颠[踮]起脚来连连拆下许多桂花枝,拿在手里嗅着。

"我就嫁!"她笑着说,"她们给我说定了谁,我就嫁给谁!管他呢,命要不好,遇到一个醉汉打死了我,不更干脆?反正,文环死在这井里,我不能再在他们家上吊!这个那个都待我好,可是我可伺候够了,谁的事我不做一堆?不待我好,难道还要打我?"

"文珍,谁打过你?"我问。

"好,文环不跳到井里去了么,谁现在还打人?"她这样回答,随着把手里桂花丢过一个墙头,想了想,笑起来。我是完全的莫明其妙。

"现在我也大了,闲话该轮到我了,"她说了又笑,"随他们说去,反正是个丫头,我不怕!……我要跑就跑,跟卖布的,卖糖糕的,卖馄饨的,担臭豆腐挑子沿街喊的,出了门就走了!谁管得了我?"她放声的咭咭呱呱的大笑起来,两只手拿我的额发辫着玩。

我看她高兴,心里舒服起来。寻常女孩子家自己不能提婚姻的事,她竟说要跟卖臭豆腐的跑了,我暗暗希[稀]罕她说话的胆子,自己也跟着说疯话:

"文珍,你跟卖馄饨的跑了,会不会生个小孩也卖小馄饨呀?"

文珍的脸忽然白下来,一声不响。

××钱庄管账的来拜节,有人一直领他到正院里来,小孩们都看见了。这人穿着一件蓝长衫,罩一件青布马褂,脸色乌黑,看去真像有了四十多岁,背还有点驼,指甲长长的,两只手老笼在袖里,顽皮的大孩子们眼睛骨碌碌的看着他,口上都在轻轻的叫他新郎。

我知道文珍正在房中由窗格子里可以看得见他,我就跑进去找寻,她却转到老太太床后拿东西,我跟着缠住,她总一声不响。忽然她转过头来对我亲热的一笑,轻轻的,附在我耳后说,"我跟卖馄饨的去,生小孩,卖小馄饨给你吃!"说完扑嗤的稍稍大声点笑。我乐极了就跑出去。但所谓"新郎"却已经走了,只听说人还在外客厅旁边喝茶,商谈亲事应用的茶礼,我也没有再出去看。

此后几天,我便常常发现文珍到花园里去,可是几次,我都找不着她,只有一次我看见她从假山后那小路回来。

"文珍你到那里去?"

她不答应我,仅仅将手里许多杂花放在嘴边嗅,拉着我到池边去说替我打扮个新娘子,我不肯,她就回去了。

又过了些日子我家来人接我回去,晚上文珍过来到我房里替篁姊收拾我的东西。看见房里没有人,她把洋油灯放低了一点,走到床边来同我说:

"我以为我快要走了,现在倒是你先去,回家后可还记得起来文珍?"

我眼泪挂在满脸,抽噎着说不出话来。

"不要紧,不要紧,"她说,"我到你家来看你。"

"真的么?"我伏在她肩上问。

"那谁知道!"

"你是不是要嫁给那钱庄管账的?"

"我不知道。"

"你要嫁给他,一定变成一个有钱的人了,你真能来我家么?"

"我也不知道。"

我又哭了。文珍摇摇我,说,"哭没有用的,我给你写信好不好?"我点点头,就躺下去睡。

回到家后我时常盼望着文珍的信,但是她没有给我信。真的革命了,许多人都跑上海去住,篁姊来我们家说文珍在中秋节后快要出嫁以前逃跑了,始终没有寻着。这消息听到耳里同雷响一样,我说不出的记挂担心来。我鼓勇〈气〉的问文珍是不是同一个卖馄饨的跑了,篁姊惊讶的问我:

"她时常同卖馄饨的说话么?"

我摇摇头说没有。

"我看,"篁姊说,"还是同那个革命党跑的!"

一年以后,我还在每个革命画册里想发现文珍的情人。文珍却从没有给我写过一个信。

绣　绣

——模影零篇之四

> 初刊于一九三七年四月十八日《大公报》"文艺副刊"第三百二十五期，署名林徽因。

因为时局，我的家暂时移居到 ××。对楼张家的洋房子楼下住着绣绣。那年绣绣十一岁，我十三。起先我们互相感觉到使彼此不自然，见面时便都先后红起脸来，准备彼此回避。但是每次总又同时彼此对望着，理会到对方有一种吸引力，使自己不容易立刻实行逃脱的举动。于是在一个下午，我们便有意距离彼此不远底同立在张家楼前，看许多人用旧衣旧鞋热闹底换碗。

还是绣绣聪明，害羞的由人丛中挤过去，指出一对美丽的小磁碗给我看，用秘密亲昵的小声音告诉我她想到家里去要一双旧鞋来换。我兴奋的望着她回家的背影，心里漾起一团愉悦的期待。不到一会子工夫，我便又佩服又喜悦的参观到绣绣同换碗的贩子一段交易的喜剧，变成绣绣的好朋友。

那张小小图画今天还顶温柔的挂在我的胸口。这些年了，我仍能见到绣绣的两条发辫系着大红绒绳，睁着亮亮的眼，抿紧着嘴，边走边跳的过来，一只背在后面的手里提着一双旧鞋。挑卖磁器的贩子口里衔着旱烟，像一个高大的黑影，笼罩在那两簇美丽得同云一般各色磁器的担子上面！一些好奇的人都伸过头来看。"这么一点点小孩子的鞋,谁要?"贩子坚硬的口气由旱烟管的斜角里呼出来。

"这是一双皮鞋,还新着呢!"绣绣抚爱底望着她手里旧皮鞋。那双鞋无疑底曾经一度给过绣绣许多可骄傲的体面。鞋面有两道鞋扣。换碗的贩子终于被绣绣说服,取下口里旱烟扣在灰布腰带上,把鞋子接到手中去端详。绣绣知道这机会不应该失落,也就很快的将两只渴慕了许多时候的小花碗捧到她手里。但是鹰爪似的贩子的一只手早又伸了过来,将绣绣手里梦一般美满的两只小碗仍然收了回去。绣绣没有话说,仰着绯红的脸,眼睛潮润着失望的光。

我听见后面有了许多嘲笑的声音,感到绣绣孤立的形势和她周围一些侮辱的压迫,不觉起了一种不平。"你不能欺侮她小!"我听到自己的声音威风的在贩子的胁下响,"能换就快换,不能换,就把皮鞋还给她!"贩子没有理我,也不去理绣绣,忙碌底同别人交易,小皮鞋也还夹在他手里。

"换了吧老李,换了吧,人家一个孩子。"人群中忽有个老年好事的人发出含笑慈祥的声音。"以老卖老"底他将担子里那两只小碗重新捡出交给绣绣同我:"哪,你们两个孩子拿着这两只碗快走吧!"我惊讶的接到一只碗,不知所措。绣绣却捱〔挨〕过亲热的小脸扯着我的袖子,高兴的笑着示意叫我同她一块儿挤出人堆来。那老人或不知道,他那时塞到我们手里的不止是两只碗,并且是一把鲜美的友谊。

自此以后,我们的往来一天比一天亲密。早上我伴绣绣到西街口小店里买点零星东西。绣绣是有任务的,她到店里所买的东西都是油盐酱醋,她妈妈那一天做饭所必需的物品。当我看到她在店里非常熟识的要她的货物了,从容的付出或找入零碎铜元同吊票时,我总是暗暗的佩服她的能干，羡慕她的经验。最使我惊异的则是她妈妈所给我的印象。黄瘦的，那妈妈是个极懦弱无能的女人，因为带着病，她的脾气似乎非常暴躁。种种的事她都指使着绣绣去做，却又无时无刻不咕噜着，教训着她的孩子。

起初我以为绣绣没有爹，不久我就知道原来绣绣的父亲是个很阔绰的人物。他姓徐，人家叫他徐大爷，同当时许多父亲一样，他另有家眷住在别一处的。绣绣同她妈妈母女两人早就寄住在这张家亲戚楼下两小间屋子里，好像被忘记了的孤寡。绣绣告诉我，她曾到过她爹爹的家，那还是她那新姨娘没有生小孩以前，她妈叫她去同爹要一点钱，绣绣说时脸红了起来，头低了下去，挣扎着心里各种的羞愤和不平。我没有敢说话，绣绣随着也就忘掉了那不愉快的方面，抬起头来告诉我，她爹家里有个大洋狗非常的好，"爹爹叫它坐下，它就坐下。"还有一架洋钟，绣绣也不能够忘掉"钟上面有个门"，绣绣眼里亮起来，"到了钟点，门会打开，里面跳出一只鸟来，几点钟便叫了几次。""那是——那是爹爹买给姨娘的。"绣绣又偷偷告诉了我。

"我还记得有一次我爹爹抱过我呢，"绣绣说，她常同我讲点过去的事情。"那时候，我还顶小，很不懂事，就闹着要下地，我想那次我爹一定很不高兴的！"绣绣追悔的感到自己的不好，惋惜着曾经领略过又失落了的一点点父亲的爱。"那时候，你太小了当然不懂事。"我安慰着她。"可是……那一次我到爹家里去时，又弄得他不高兴呢！"绣绣心里为了这桩事，大概已不止一次的追想难过着，"那天我要走的时候，"她重新说下去，"爹爹翻开抽屉问姨娘有什么好玩艺儿给我玩，我看姨娘没有答应，怕她不高兴，便说，我什么都不要。爹听见就很生气把抽屉关上,说:不要就算了!"——这里绣绣本来清脆的声音显然有点哑,"等我再想说话,爹已经起来把给妈的钱交给我,还说,你告诉她,有病就去医,自己乱吃药,明日吃死了我不管!"这次绣绣伤心的对我诉着委屈,轻轻抽噎着哭,一直坐在我们后院子门槛上玩,到天黑了才慢慢底踱回家去,背影消失在张家灰黯的楼下。

夏天热起来,我们常常请绣绣过来喝汽水,吃藕,吃西瓜。娘把我太短了的花布衫送给绣绣穿,她活泼的在我们家里玩,帮着大家摘菜,做凉粉,削果子做甜酱,听国文先生讲书,讲故事。她的妈则永远坐在自己窗口里,摇着一把蒲扇,不时颤声的喊,"绣绣!绣绣!"底下咕噜着一些埋怨她不回家的话,"……同她父亲一样,家里总坐不住!"

有一天,天将黑的时候,绣绣说她肚子痛,匆匆跑回家去。到了吃夜饭时候,张家老妈到了我们厨房里说,绣绣那孩子病得很,她妈不会请大夫,急得只坐在床前哭。我家里人听见了就叫老陈妈过去看绣绣,带着一剂什么急救散。我偷偷跟在老陈妈后面,也到绣绣屋子去看她。我看到我的小朋友脸色苍白的在一张木床上呻吟着,屋子在那黑夜小灯光下闷热的暑天里,显得更凌乱不堪。那黄病的妈妈除却交叉着两只手发抖的在床边敲着,不时呼唤绣绣外,也不会为孩子预备一点什么值当的东西。大个子的蚊子咬着孩子的腿同手臂,大粒子汗由孩子额角沁出流到头发旁边。老陈妈慌张前后的转,拍着绣绣的背,又问徐大妈妈——绣绣的妈——要开水,要药锅煎药。我偷个机会轻轻溜到绣绣床边叫她,绣绣听到声音还勉强的睁开眼睛看看我作了一个微笑,吃力的低声说,"蚊香……在屋角……劳驾你给点一根……"她显然习惯于母亲的无用。

"人还清楚!"老陈妈放心去熬药。这边徐大奶奶咕噜着,"告诉你过人家的汽水少喝!果子也不好,我们没有那命吃那个……偏不听话,这可招了祸!……你完了小冤家,我的老命也就不要了……"绣绣在呻吟中间显然还在哭辩着,"那里是那些,妈……今早上……我渴,喝了许多凉水。"

家里派人把我拉回去。我记得那一夜我没得好睡,惦记着绣绣,做着种种可怕的梦。绣绣病了差不多一个月,到如今我也不知道到底患的甚么病,他们请过两次不同的大夫,每次买过许多杂药。她妈天天给她稀饭吃。正式的医药没有,营养更是等于零的。

因为绣绣的病,她妈妈埋怨过我们,所以她病里谁也不敢送吃的给她。到她病将愈的时候,我天天只送点儿童画报一类的东西去同她玩。

病后,绣绣那灵活的脸上失掉所有的颜色,更显得异样温柔,差不多超尘的洁净,美得好像画里的童神一般,声音也非常脆弱动听,牵得人心里不能不漾起怜爱。但是以后我常常想到上帝不仁的排布,把这么美好敏感,能叫人爱的孩子虐待在那么一个环境里,明明父母双全的孩子,却那样零仃孤苦,使她比失却怙恃更茕子无所依附。当时我自己除却给她一点童年的友谊,作个短时期的游伴以外,毫无其他能力护助着这孩子同她的运命搏斗。

她父亲在她病里曾到她们那里看过她一趟,停留了一个极短的时间。但他因为不堪忍受绣绣妈的一堆存积下的埋怨,他还发气狠心的把她们母女反申斥了教训了,也可以说是辱骂了一顿。悻悻的他留下一点钱就自己走掉，声明以后再也不来看她们了。

我知道绣绣私下曾希望又希望着她爹去看她们，每次结果都是出了她孩子打算以外的不圆满。这使她很痛苦。这一次她忍耐不住了，她大胆的埋怨起她的妈，"妈妈，都是你这样子闹，所以爹气走了，赶明日他再也不来了！"其实绣绣心里同时也在痛苦着埋怨她爹。她有一次就轻声的告诉过我："爹爹也太狠心了，妈妈虽然有脾气，她实在很苦的，她是有病。你知道她生过六个孩子，只剩我一个女的，从前，她常常一个人在夜里哭她死掉的孩子，日中老是做活计，样子同现在很两样，脾气也很好的。"但是绣绣虽然告诉过我——她的朋友——她的心绪，对她母亲的同情，徐大奶奶都只听到绣绣对她一时气愤的埋怨，因此便藉题发挥起来，夸张着自己的委曲，向女儿哭闹，谩骂。

那天张家有人听得不过意了，进去干涉，这一来，更触动了徐大奶奶的歇斯塔尔利亚的脾气，索性气结的坐在地上狠命的咬牙搥胸，疯狂似的大哭。等到我也得到消息过去看她们时，绣绣已哭到眼睛红肿，蜷伏在床上一个角里抽搐得像个可怜的迷路的孩子。左右一些邻居都好奇，好事的进去看她们。我听到出来的人议论着她们事说："徐大爷前月生个男孩子了。前几天替孩子做满月办了好几桌席，徐大奶奶本来就气得几天没有吃好饭，今天大爷来又说了她同绣绣一顿，她更恨透了，巴不得同那个新的人拼命去！凑巧绣绣还护着爹，倒怨起妈来，你想，她可不就气疯了，拿孩子来出气么？"我还听见有人为绣绣不平，又有人说："这都是孽债，绣绣那孩子，前世里该了他们什么吧？怪可怜的，那点点年纪，整天这样搥着。你看她这场病也会不死？这不是该他们什么还没有还清么？！"

绣绣的环境一天不如一天，的确好像有孽债似的，妈妈的暴躁比以前更迅速的加增，虽然她对绣绣的病不曾有效的维护调摄，为着忧虑女儿的身体那烦恼的事实却增进她的衰弱怔忡的症候，变成一个极易受刺激的妇人。为着一点点事，她就得狂暴的骂绣绣。有几次简直无理的打起孩子来。楼上张家不胜其烦，常常干涉着，因之又引起许多不愉快的口角，给和平的绣绣更多不方便同为难。

我自认已不迷信的了，但是人家说绣绣似来还孽债的话，却偏深深印在我脑子里，让我回味又回味着，不使我摆脱开那里所隐示的果报轮回之说。读过《聊斋志异》同《西游记》的小孩子的脑子里，本来就装着许多荒唐的幻想的，无意的迷信话听了进去便很自然发生了相当影响。此后不多时候我竟暗同绣绣谈起观音菩萨的神通来。两人背着人描下柳枝观音的像夹在书里，又常常在后院偷向西边虔敬的作了一些滑稽的参拜，或烧几炷家里的蚊香。我并且还教导绣绣暗中临时念"阿弥陀佛，救苦救难观世音菩萨"，告诉她那可以解脱突来的灾难。病得瘦白柔驯，乖巧可人的绣绣，于是真的常常天真的双垂着眼，让长长睫毛美丽底覆在脸上，合着小小手掌，虔意的喃喃向着传说能救苦的观音祈求一些小孩子的奢望。

"可是，小姊姊，还有耶稣呢？"有一天她突然感觉到她所信任的神明问题有点儿蹊跷，我们两人都是进过教会学校的——我们所受的教育，同当时许多小孩子一样本是矛盾的。

"对了，还有耶稣！"我呆然，无法给她合理的答案。

神明本身既发生了问题，神明自有公道慈悲等说也就跟着动摇了。但是一个漂泊不得于父母的寂寞孩子显然需要可皈依的主宰的，所以据我所知道，后来观音同耶稣竟是同时庄严的在绣绣心里受她不断的敬礼!

这样日子渐渐过去,天凉快下来,绣绣已经又被指使着去临近小店里采办杂物,单薄的后影在早晨凉风中摇曳着,已不似初夏时活泼。看到人总是含羞的不说什么话,除却过来找我一同出街外,也不常到我们这边玩了。

突然的有一天早晨,张家楼下发出异样紧张的声浪,徐大奶奶在哭泣中锐声气愤底在骂着,诉着,喘着,与这锐声相间而发的有沉重的发怒的男子口音。事情显然严重。藉着小孩子身份,我飞奔过去找绣绣。张家楼前停着一辆讲究的家车,徐大奶奶房间的门开着一线,张家楼上所有的仆人,厨役,打杂同老妈,全在过道处来回穿行,好奇的听着热闹。屋内秩序比寻常还要紊乱,刚买回来的肉在荷叶上挺着,一把蔬菜萎靡的像一把草,搭在桌沿上,放出灶边或菜市里那种特有气味。一堆碗箸,用过的同未用的,全在一个水盆边放着。墙上美人牌香烟的月份牌已让人碰得在歪斜里悬着。最奇怪的是那屋子里从来未有过的雪茄烟的气氛。徐大爷坐在东边木床上,紧紧锁着眉,怒容满面,口里衔着烟,故作从容底抽着,徐大奶奶由邻居里一个老太婆同一个小脚老妈子按在一张旧藤椅上还断续底颤声的哭着。

当我进门时,绣绣也正拉着楼上张太太的手进来,看见我头低了下去,眼泪显然涌出,就用手背去擦着已经揉得红肿的眼皮。

徐大奶奶见到人进来就锐声的申诉起来。她向着楼上张太太:"三奶奶,你听听我们大爷说的没有理的话!……我就有这么半条老命,也不能平白让他们给弄死!我熬了这二十多年,现在难道就这样子把我撑出去？人得有个天理呀！……我打十七岁来到他家，公婆面上什么没有受过，捱过，……"

张太太望望徐大爷，绣绣也睁着大眼睛望着她的爹，大爷先只是抽着烟严肃的冷酷的不做声。后来忽然立起来，指着大奶奶的脸，愤怒的做个强硬的姿势说："我告诉你，不必说那许多费话，无论如何，你今天非把家里那些地契拿出来交还我不可，……这真是岂有此理！荒唐之至！老家里的田产地契也归你管了，这还成什么话！"

夫妇两人接着都有许多驳难的话；大奶奶怨着丈夫遗弃，克扣她钱，不顾旧情，另有所恋，不管她同孩子两人的生活，在外同那女人浪费。大爷说他妻子，不识大体，不会做人，他没有法子改良她，他只好提另再娶能温顺着他的女人另外过活，坚不承认有何虐待大奶奶处。提到地契，两人各据理由争执，一个说是那一点该是她老年过活的凭藉，一个说是祖传家产不能由她作主分配。相持到吃中饭时分，大爷的态度愈变愈强硬，大奶奶却喘成一团，由疯狂的哭闹，变成无可奈何的啜泣。别人已渐渐退出。

直到我被家里人连催着回去吃饭时，绣绣始终只缄默的坐在角落里，由无望的伴守着两个互相仇视的父母，听着楼上张太太的几次清醒的公平话，尤其关于绣绣自己的地方。张太太说的要点是他们夫妇两人应该看绣绣面上，不要过于固执。她说："那孩子近来病得很弱。"又说："大奶奶要留着一点点也是想到将来的事，女孩子长大起来还得出嫁，你不能不给她预备点。"她又说："我看绣绣很聪明，下季就不进学，开春也应该让她去补习点书。"她又向大爷提议："我看以后大爷每月再给绣绣筹点学费，这年头女孩不能老不上学尽在家里做杂务的。"

这些中间人的好话到了那生气的两个人耳里，好像更变成一种刺激，大奶奶听到时只是冷讽着："人家有了儿子了，还顾了什么女儿！"大爷却说："我就给她学费，她那小气的妈也不见得送她去读书呀？"大奶奶更感到冤枉了，"是我不让她读书么？你自己不说过：女孩子不用读那么些书么？"

无论如何，那两人固执着偏见，急迫只顾发泄两人对彼此的仇恨，谁也无心用理性来为自己的纠纷寻个解决的途径，更说不到顾虑到绣绣的一切。那时我对绣绣的父母两人都恨透了，恨不得要同他们说理，把我所看到各种的情形全盘不平的倾吐出来，叫他们醒悟，乃至于使他们悔过，却始终因自己年纪太小，他们情形太严重，拿不起力量，懦弱的抑制下来。但是当我咬着牙毒恨他们时，我偶然回头看到我的小朋友就坐在那里，眼睛无可奈何的向着一面，无目的楞着，忽然使我起一种很奇怪的感觉。我悟到此刻在我看去无疑问的两个可憎可恨的人，却是那温柔和平绣绣的父母。我很明白，即使绣绣此刻也有点恨着他们，但是蒂结在绣绣温婉的心底的，对这两人到底仍是那不可思议的深爱！

我在惘惘中回家去吃饭，饭后等不到大家散去，我就又溜回张家楼下。这次出我意料以外的，绣绣房前是一片肃静。外面风刮得很大，树叶和尘土由甬道里卷过，我轻轻推门进去，屋里的情形使我不禁大吃一惊，几乎失声喊出来！方才所有放在桌上木架上的东西，现在一起打得粉碎，扔散在地面上……大爷同大奶奶显然已都不在那里，屋里既无啜泣，也没有沉重的气愤的申斥声，所余的仅剩苍白的绣绣，抱着破碎的想望，无限的伤心，坐在老妈子身边。雪茄烟气息尚香馨底笼罩在这一幅惨淡滑稽的画景上面。

"绣绣，这是怎么了？"绣绣的眼眶一红，勉强调了一下哽咽的嗓子，"妈妈不给那——那地契，爹气了就动手扔东西，后来……他们就要打起来，隔壁大妈给劝住，爹就气着走了……妈让他们扶到楼上'三阿妈'那里去了。"

小脚老妈开始用条帚把地上碎片收拾起来。

忽然在许多凌乱中间，我见到一些花磁器的残体，我急急拉过绣绣，两人一同俯身去检验。

"绣绣！"我叫起来，"这不是你那两只小磁碗？也……也让你爹砸了么？"

绣绣泪汪汪的点点头，没有答应，云似的两簇花磁器的担子和初夏的景致又飘过我心头，我捏着绣绣的手，也就默然。外面秋风摇撼着楼前的破百叶窗，两个人看着小脚老妈子将那美丽的尸骸同其他茶壶粗碗的碎片，带着茶叶剩菜，一起送入一个旧簸箕里，葬在尘垢中间。

这世界上许多纷纠使我们孩子的心很迷惑，——那年绣绣十一，我十三。

终于在那年的冬天，绣绣苦痛的迷惑终止在一个初落雪的清早里。张家楼房背后那一道河水，冻着薄薄的冰，到了中午阳光隔着层层的雾惨白的射在上面，绣绣已不用再缩着脖颈，顺着那条路，迎着冷风到那里去了！无意的她却把她的迷惑留在我心里，飘忽于张家楼前同小店中间直到了今日。

廿六，三，廿。

小说
戏剧
翻译
书信

已经发表的第一幕、第二幕和第三幕分别初刊于一九三七年五月一日、六月一日和七月一日《文学杂志》第一卷第一期、第二期和第三期。第一幕署名林徽因；第二幕正文署名林徽因，目录栏为林徽音；第三幕署名林徽因。

梅真同他们

[四幕剧]

梅蕊触人意，冒寒开雪花。

遥怜水风晚，片片点汀沙。

——黄山谷《题梅》

第一幕

出台人物（按出台先后）

    四十多岁的李太太　（已寡）李琼

    四小姐　李琼女　李文琪

    梅　真　李家丫头

    荣　升　仆人

    唐元澜　从国外回来年较长的留学生

    大小姐　（李前妻所出，非李琼女）李文娟

    张爱珠　文娟女友

    黄仲维　研究史学喜绘画的青年

地　点　三小姐，四小姐共用的书房

时　间　最近的一个冬天寒假里

这三间比较精致的厢房妈妈已经给了女孩子们（三个女孩中已有一个从大学里毕了业，那两个尚在二年级的兴头上）做书房。这房里一切器具虽都是家里书房中旧有的，将就底给孩子们排设，可是不知从书桌的那一处，书架上，椅子上，睡榻上，乃至于地板上，都显然的透露出青年女生宿舍的气氛。现在房里仅有妈妈同文琪两人（文琪寻常被称做"老四"，三姊文霞，大姊文娟都不在家），妈妈（李琼）就显然不属于这间屋子的！她是那么雅素整齐，端正底坐在一张直背椅子上看信，很秀气一付［副］花眼眼镜架在她那四十多岁的脸上。"老四"文琪躺在小沙发上看书，那种特殊的蹻曲姿势，就表示她是这里真实的主人毫无疑问！她的眼直楞楞的望着书，自然底，甜蜜底同周围空气合成一片年青的享乐时光。时间正在寒假的一个下午里，屋子里斜斜还有点太阳，有一盆水仙花，有火炉，有柚子，有橘子，吃过一半的同整个的全有。

　　妈妈看完信，立起来向周围望望，眼光抚爱底停留在"老四"的身上，好一会儿，才走过去到另一张半榻前翻检那上面所放着的各种活计编织物。老四楞楞的看书连翻过几篇书页，又回头望下念。毫未注意到妈妈的行动。

李　琼（妈妈）　大年下里，你们几个人用不着把房子弄得这么乱呀！（手里提起半榻上的编织物，又放下）

文　琪（老四）（由沙发上半起仰头看看又躺下）那是大姊同三姊的东西，一会儿我起来收拾得了。

　　琼　（慈爱的抿着嘴笑）得了老四，大约我到吃晚饭时候进来，你也还是这样躺着看书！

文　琪　（毫不客气的）也许吧！（仍看书）

琼　（仍是无可奈何的笑笑，要走出门又回头）噢，我忘了，二哥信里说，他要在天津住一天，后天早上到家。（稍停）你们是后天晚上请客吧？

文　琪　后天？噢，对了，后天，（忽然将书合右胸上稍稍起来一点）二哥说那一天到？

琼　他说后天早上。

文　琪　那行了——更好，其实，就说是为他请客，要他高兴一点儿。

琼　二哥说他做了半年的事，人已经变得大人气许多，他还许嫌你们太疯呢！（暗中为最爱的儿子骄傲）

文　琪　不会，我找了许多他的老同学，还……还请了璨璨，妈妈记得他是不是有点喜欢璨璨？

琼　我可不知道，你们的事，谁喜欢谁，谁来告诉妈呀？我告诉你，你们请客要什么东西，早点告诉我，厨子荣升都靠不住的，你尽管孩子气，临时又该着急了。

文　琪　大姊说她管。

琼　大姊？她从来刚顾得了自己，并且这几天唐元澜回来了，他们的事真有点……（忽然凝思不语另改了一句话）反正你别太放心了，有事还是早点告诉我好，凡是我能帮忙的我都可以来。

文　琪　（快活底，感激底由沙发上跳起来仍坐在沙发边沿眼望着妈）真的？妈妈！（撒娇底）妈妈，真的？（把书也扔在一旁）

琼　　怎么不信?

文　琪　信,信,妈妈!(起来扑在妈妈右肩半推着妈妈走几步)

琼　　(同时的)这么大了还撒娇!

文　琪　妈妈(再以央求的口气)妈妈……

琼　　(被老四扯得要倒,挣扎着维持均衡)什么事?好好的说呀!

文　琪　我们可以不可以借你的那一套好桌布用?

琼　　(犹豫)那块黄边挑花的?

文　琪　爹买给你的那块。

琼　　(戏拨老四脸)亏你记得真!爹过去了这五年,那桌布就算是纪念品了。好吧,我借给你们用。(感伤向老四)今年爹生忌你提另买把花来孝敬爹。

文　琪　(自然底)好吧,我再提另买盒糖送你,(逗妈的口气)不沾牙的!

琼　　(哀愁底微笑将出又回头)还有一桩事,我要告诉你。你别看梅真是个丫头,那孩子很有出息,又聪明又能干,你叫她多帮点你的忙……你知道大伯嬷老挑那孩子不是,大姊又常磨她,同她闹,我实在不好说……我很同情梅真,可是就为得大姊不是我生的,许多地方我就很难办!

文　琪　妈妈放心好了,梅真对我再痛快没有的了。

〔李琼下,文琪又跳回沙发上伸个大懒腰,重新楞生生的瞪着眼看书。小门轻轻的开了,进来的梅真约摸在十九至廿一岁中间,丰满不瘦,个子并不大,娇憨天生,脸上处处是活泼的表情,尤其是

一双伶俐的眼睛顶叫人喜欢。〕

梅　真　（把长袍的罩布褂子前襟翻上，里面兜着一堆花生，急促底）四小姐！四小姐！

文　琪　（正在翻书，不理会）……

　　梅　李文琪！

文　琪　（转脸）梅真！什么事这样慌慌张张的？

　　梅　我——我——（气喘底）我在对过陈太太那儿斗纸牌，斗赢了一大把落花生几只柿子！（把柿子摇晃着放书架上）

文　琪　好，你又斗牌，一会儿大小姐回来，我给你"告"去。

　　梅　（顽皮的捧着衣襟到沙发前）你闻这花生多香，你要告去，我回房里一个人吃去。（要走）

文　琪　哎，别走，别走，坐在这里剥给我吃。（仍要看书）

　　梅　书呆子倒真会享福！你还得再给我一点赌本，回头我还想掷"骰子"去呢……陈家老姨太太来了，人家过年挺热闹的。

文　琪　这坏丫头，什么坏的你都得学会了才痛快，谁有对门陈家那么老古董呀……

　　梅　（高兴底笑）谁都像你们小姐们这样向上？（扯过一张小凳子坐下）反正人家觉得做丫头的没有一个好的，大老爷昨天不还在饭桌上说我坏么？我不早点学一些坏，反倒给人家不方便！（剥花生）

文　琪　梅真，你这只嘴太快，难怪大小姐不喜欢你！（仍看书）

　　梅　（递花生到文琪嘴里）这两天大小姐自己心里不高兴，可把我给磨死了！我又不敢响，就怕大太太听见又给大老爷告嘴，叫你妈妈为难。

文琪　（把书撇下坐起一点）对了，这两天大姊真不高兴！你说，梅真，唐家元哥那人脾气古怪不古怪？……我看大姊好像对他顶失望的（伸手同梅真要花生）……给我两个我自己剥吧……大姊是虚荣心顶大的人……（吃花生，梅真低头也在剥花生）唐家元哥可好像什么都满不在乎……（又吃花生）……到底，我也没有弄明白当时元哥同大姊，是不是已算是订过婚，这阵子两人就都蹩纽着！我算元哥在外国就有六年，谁知道他有没有人！（稍停）大姊的事你知道，她那小严就闹够了一阵，现在这小陆，还不是老追着她！我真纳闷！

梅　我记得大小姐同唐先生好像并没有正式的订婚，可是差不多也就算是了，你知道当时那些办法古里古怪的……（吃花生）噢，我记起来了，起先是唐先生的姨嬷——刘姑太太——来同大太太讲，那时唐先生自己早动身走了。刘姑太太说是没有关系，事情由她做主，（嚼着花生顽皮的）后来刘姑太许是知道了她做不了主吧，就没有再提起，可是你的大伯伯那脾气，就咬定了这个事……

文琪　现在我看他们真蹩纽，大姊也不高兴，唐家元哥那不说话的劲儿更叫人摸不着头儿！

梅　你操心人家这许多事干么？

文琪　（好笑的）我才没有操心大姊的事呢，我只觉得有点蹩纽！

梅　反正婚姻的事多少总是蹩纽的！

文　琪　那也不见得。

梅　（凝思无言仍吃花生）我希望赶明儿你的不蹩纽。

文　琪　（起立到炉边看看火把花生皮掷入）你看大姊那位好朋友张爱珠，特别不特别，这几天又尽在这里扭来扭去的，打听二哥的事儿！

梅　（仍捧着衣襟也起立）让她打听好了！她那眯着眼睛，扭劲儿的！

文　琪　（提着火筷指梅真）你又淘气了！（忽然放下火筷走过来小圆桌边）梅真，我有正经事同你商量。

梅　可了不得，什么正经事？别是你的终身大事吧？（把花生由襟上倒在桌面上）

文　琪　别捣乱，你听着，（坐椅边摇动两只垂着的脚。梅真坐下对面一张椅子上听）后天，后天我们不是请客么？……咳咳……糟糕？（跳下望书桌方面走去）请帖你到底都替我们发出去了没有？前天我看见还有好些张没有寄，（慌张翻抽屉）糟糕，请帖都那儿去了？

梅　（闲适的）大小姐不是说不要我管么？

文　琪　（把抽屉大声的关上）糟了，糟了，你应该知道，大小姐的话靠不住的呀？她说不要你管，她自己可不一定记得管呀！（又翻另一个抽屉）她说……

梅　（偷偷好笑）得了，得了，别着急……我们做丫头的可就想到这一层了，人家大小姐尽管发脾气，我们可不能把人家的事给误了！前天晚上都发出去了。缺的许多住址也给填上了，你说我够不够格儿做书记？

文琪　（松一口气又回到沙发上）梅真，你真"可以"的！明日我要是有出息，你做我的秘书！

梅　　你怎么有出息法子？我倒听听看！

文琪　我想写小说。

梅　　（抿着嘴笑）也许我也写呢？

文琪　（也笑）也许吧！（忽然正经起来）可是梅真，你要想写，你现在可得多念点书，用点功才行呀！

梅　　你说得倒不错！我要多看上了书，做起事来没有心绪，你说大小姐答应不答应我呢？！

文琪　晚上……

梅　　晚上看！好！早上起得来吗？我们又没有什么礼拜六，礼拜天的！……

文琪　我同妈妈商量礼拜六同礼拜天给你放假……

梅　　得了，礼拜六同礼拜天你们姊儿几个一回家，再请上四五位都能吃能闹的客，或是再忙着打扮出门，我还放什么假？要给我，干脆就给我礼拜一，像中原公司那样……

文琪　好吧，我明儿替你说去，现在我问你正经话……

梅　　好家伙。正经话说了半天还没有说出来呀？

文琪　没有呢！……你看，咱们后天请客，咱们什么也没有预备呢！

梅　　"咱们"请客？我可没有这福气！

文琪　梅真你看！你什么都好，就是有时这酸劲儿的不好，我告诉你，人就不要酸，多好的人要酸了，也就没有意思了……我也知道你为难……

梅　你知道就行了，管我酸了臭了！

文琪　可是你不能太没有勇气，你得望好处希望着，别尽管灰心。你知道酸就是一方面承认失败；一方面又要反抗，倒反抗不反抗的……你想那么多没有意思？

梅　好吧，我记住你这将来小说家的至理名言，可是你忘了世界上还有一种酸，本来是一种忌妒心发了酵变成的，那么一股子气味——可是我不说了。……

文琪　别说吧，回头……

梅　好，我不说，现在我也告诉你正经话，请客的事，我早想过了！……

文琪　我早知道你一定有鬼主意……

梅　你看人家的好意你叫做鬼主意！其实我仅可不管你们的事的！话不又说回来了么；到底一个丫头的职务是什么呀？

文琪　管它呢？我正经劝你把这丫头不丫头的事忘了它，（看到梅真抿嘴冷笑）你——你就当在这里做……做个朋友……

梅　朋友？谁的朋友。

文琪　帮忙的……

梅　帮忙的？为什么帮忙？

文琪　远亲……一个什远房里小亲戚……

梅　得了吧，别替我想出好听的名字了，回头把你宝贝小脑袋给挤破了！丫头就是丫头，这个倒霉事就没有法子办，谁的好心也没有法子怎样，除非……除非那一天我走了，不在你们家！别说了，我们还是讲你们请客的事吧。

文琪　请客的事，你闹得我都把请客的事忘光了！

林徽因集　　094

梅　你瞧，你的同情心也到不了那儿不是，刚说几句话，就算闹了你的正经事，好娇的小姐！

文　琪　你的嘴真是小尖刀似的！

梅　对不起，又忘了你的话。

文　琪　我的什么话？

梅　你不说，有勇气就不要那样酸劲儿么？

〔荣升入，荣升是约略四十岁左右的北方听差，虽然样子并无特殊令人注意之处，可是看去却又显然有一点点滑稽。〕

荣　升　四小姐电话……黄仲维先生，打什么画会里打来的，我有点听不真，黄先生只说四小姐知道……

文　琪　（大笑）得了，我知道，我知道。（转身）耳机呢，耳机又跑那里去了？

梅　又是耳机跑了！什么东西自己忘了放在那儿的，都算是跑了！电话本子，耳机都长那么些腿？（亦起身到处找）

荣　升　（由桌子边书架上找着耳机递给四小姐，自己出）

文　琪　（接电话）喂，喂，（生气底）荣升！你把电话挂上罢！我这儿听不见！喂，仲维呀？什么事？

梅　四小姐我出去吧，让你好打电话……

文　琪　（按着电话筒口）梅真，梅真你别走，请客的事，（急招手）别走呀！喂，喂，什么？噢，噢，你就来得啦？……我这儿忙极了，你不知道！吓？我听不见，你就来吧！吓？好，好……

梅　（笑着回到桌上拿一张纸一支铅笔坐在椅上，一面想一面写）

文琪　（继续打电话）好，一会儿见。（拔掉电话把耳机带到沙发上一扔）

梅　（看四小姐）等等又该说耳机跑了！（又低头写）

文琪　刚才我们讲到那儿了？

梅　讲到……我想想呀，噢，什么酸呀臭呀的，后来就来了甜的……电话？

文琪　（发出轻松的天真的笑声）别闹了，我们快讲请客的事吧。

梅　哎呀，你的话怎么永远讲不到题目上来呀？（把手中单子递给文琪看）我给你写好了一个单子你看好不好？家里蜡台我算了算一共有十四个，桌布我也想过了……

文琪　桌布，（看手中单子）亏你也想到了，我早借好啦！

梅　好吧，好吧，算你快一步！我问你吃的够不够？

文琪　（高兴底）够了，太够了。（看单子）嘿，这黑宋磁胆瓶拿来插梅花太妙了，梅真你怎么那么会想。

梅　我比你大两岁，多吃两碗饭呢！（笑）我看客厅东西要搬开，好留多点地方你们跳舞，你可得请太太同大老爷说一声，回头别要大家"不合适"。（起立左右端详）这间屋子我们给打扮得怪怪的，顶摩登的，未来派的，（笑）像电影里的那样留给客人们休息抽烟，谈心或者"作爱"——，好不好？

文琪　这个坏丫头！

梅　我想你可以找你那位会画画的好朋友来帮忙，随便画点摩登东西挂起来，他准高兴！

文　琪　找他？仲维呀？鬼丫头，你主意真不少！我可不知道仲维肯不肯。

梅　他干么不肯？（笑着到桌边重剥花生吃）

文　琪　（跟着她过去吃花生，忽然俯身由底下仰看着梅真问）唐家元哥——唐元澜同黄——黄仲维两人，你说谁好？

梅　（大笑以挑逗口气）四小姐，你自己说吧，问我干么？！

文　琪　（不好意思）这鬼！我非打你不可！（伸手打梅背）

梅　（乱叫，几乎推翻桌子，桌子倾斜一下花生落了满地，两人满房追打）

〔荣升开门无声的先皱了皱眉，要笑又不敢。〕

荣　升　唔，四小姐，唐先生来了。

〔四小姐同梅真都不理会，仍然追着闹。〕

荣　升　（窘，咳嗽）大小姐，三小姐管莫都没有回来吧？

〔四小姐同梅真仍未理会。〕

荣　升　（把唐元澜让了进来，自己踌躇的）唐先生您坐坐吧，大小姐还没有回来。（回头出）

〔唐元澜已是三十许人,瘦高,老成持重,却偏偏富于幽默。每件事,他都觉得微微好笑,却偏要皱皱眉。锐敏的口角稍稍掀动,就停止下来;永远像是有话要说,又不想说,仅要笑笑拉倒。他是个思虑深的人,可又有一种好脾气,所以样子看去倒像比他的年岁老一点。身上的衣服带点"名士派",可不是破烂或是肮脏。口袋里装着书报一类东西,一伸手进去,似乎便会带出一些纸片。〕

唐元澜 (微笑看四小姐同梅真,似要说话又不说了,自己在袋里掏出烟盒来,将抽,又不抽了)

文　琪 (红着脸摇一摇头发望到唐)元哥,他们都不在家,就剩我同梅真两个。

唐 (注视梅真又向文琪)文琪玩什么这么热闹。

文　琪 (同梅真一同不好意思的憨笑,琪指梅真)问她!

唐　我问你二哥什么时候能到家?

梅 (因鞋落,俯身扣上鞋,然后起立,难为情的望着门走,听到话,回头忙着)

文　琪 二哥后天才到,因为在天津停一天,(向梅)这坏丫头!怔什么?

梅　你说二少爷后天才回来?……我想……我先给唐先生倒茶去吧。

唐　别客气了,我不大喝茶。(皱眉看到地上花生)噢,这是那里来的?(俯身拾地上花生剥着放入嘴里)

梅 (憨笑的)你看唐先生饿了,我给你们开点心去!(又回头)四小姐,你们吃什么?

文琪　随便,你给想吧噢,把你做的蛋糕拿来。(看梅将出又唤回她)等等,梅真,(伸手到抽屉里掏几张毛钱票给梅)哪,拿走吧,回头我忘了,你又该赌不成了。

梅　(高兴的淘气的笑)好小姐,记性不坏,大年下我要赌不成说不定要去上吊,那多冤呀?

唐　(目送梅出去)你们真热闹!

文琪　梅真真淘气,什么都能来!

唐　聪明人还有不淘气的?文琪,我不知道你家里为什么现在不送她上学了。

文琪　我也不大知道,反正早就不送她上学了。奶奶在的时候就爱说妈惯她,现在是大伯伯同伯孃连大姊也不喜欢她,说她上了学,上不上,下不下的,也不知算什么!那时候我们不是一起上过小学么?在一个学堂里大姊老觉得不合话……

唐　学堂里同学的都知道她是……

文琪　自然知道的,弄得大家都蹩纽极了,后来妈就送她到另外一个中学,大半到了初中二就没有再去了……

唐　为什么呢?

文琪　她觉得太受气了,有一次她很受点委曲——一个刺激吧,(稍停)别说了,(回头看看)一会儿谁进来了听见不好。(稍停)……元哥,你说大姊跟从前改了样子没有?

唐　改多了……其实谁都改多了,这六年什么都两样得了不得……大家都——都很摩登起来。

文琪　尤其是大姊,你别看三姊糊里糊涂的,其实更摩登,有点普罗派，可很矛盾的，她自己也那么说，（笑）还有妈妈。元哥你看妈妈是不是个真正摩登人？（急说的）严格的说，大姊并不摩登，我的意思说，她的思想……

唐 （苦笑打断文琪的话）我抽根烟，行不行？（取出烟）

文琪 当然——你抽好了！

唐 （划了洋火点上衔着烟走向窗前两手背着）

文琪 （到沙发上习惯的坐下，把腿弯上去，无聊的）我——我也抽根烟行不行？

唐 （回过身来微笑）当然——你抽好了！

文琪 我可没有烟呀！

唐 对不起。（好笑底从袋里拿出烟盒，开了走过递给文琪，让她自己拿烟）

文琪 （取根烟让唐给点上）元哥，写文章的人是不是都应该会抽烟？

唐 （逗老四口气）当然的！要真成个文豪，还得学会了抽雪茄烟呢！

文琪 （学着吹烟圈）元哥，你是不是同大姊有点蹩扭？你同她不好，是不是？

唐 （笑而不答，拾起沙发上小说看看，诧异地）你在看这个？（得意）喜欢么？真好，是不是？

文琪 好极了！（伸手把书要回来）元哥，原来你也有热心的时候，起初我以为你什么都不热心，世界上什么东西都不爱！

唐 干么我不热心？世界上（话讲得很慢）美的东西……美的书……美的人……我一样的懂得爱呀！怎么你说得我好

像一个死人！

文琪　不是，我看你那么少说话，怪蹩纽的，（又急促的）我同梅真常说你奇怪！

唐　你同梅真？梅真也说我奇怪么？（声音较前不同，却压得很低）

文琪　不，不，我们就是说——摸不着你的脾气……（窘极，翻小说示唐）你看这本书还是你寄给大姊的，大姊不喜欢，我就检来看……

唐　大姊不喜欢小说，是不是？我本就不预备她会看的，我想也许有别人爱看！

文琪　（老实底）谁？（又猜想着）

唐　（默然，只是抽着烟走到矮榻前，预备舒服的坐下，忽然触到毛织物，跳起，转身将许多针线移开）好家伙，这儿创作品可真不少呀！

文琪　（吓一跳，笑着，起来走过去）对不起，对不起，这都是姊姊们的创作，扔在这儿的！我来替你收拾开点，（由唐手里取下织成一半的毛衣，提得高高的）你看这是三姊的，织了滑冰穿的，人尽管普罗，毛衣还是得穿呀！（比在自己身上）你看，这颜色不能算太"布而乔雅"吧？（顽皮得高兴）

唐　（又检起一件大红绒的东西）

文琪　（抢过在手里）这是大姊的宝贝，风头的东西，你看，（披红衣在肩上，在房里旋转）我找镜子看看……

〔大小姐文娟同张爱珠,热闹的一同走入。文娟是个美丽的小姐,身材长条,走起路来非常好看,眉目秀整,但不知什么缘故,总像在不耐烦谁,所以习惯于锁起眉尖,叫人家有点儿怕她,又不知道什么时候得罪了她似的,怪难过的。张爱珠,眯着的眼里有许多讲究,她会笑极了,可是总笑得那么不必需,这会子就显然在热闹的笑,声音吱吱喳喳的在说一些高兴的话。〕

文　娟　（沉默底,冷冷底望着文琪）这是干么呀?

文　琪　（毫不在意的笑笑底说）谁叫你们把活全放开着就走了?人家元哥没有地方坐,我才来替你们来收拾收拾。

张爱珠　Mr 唐等急了吧,别怪文娟,都是我不好……（到窗前拢头发抹口唇）

唐　　　（局促不安）我也刚来。（到炉边烤火）

文　娟　（又是冷冷的一望）刚来?（看地上花生,微怒）谁这样把花生弄得满地?！（向老四）屋子乱,你干么不叫梅真来收拾呢?你把她给惯得越不成样子了!

文　琪　（好脾气的陪笑着）别发气,别发气,我来当丫头好了。（要把各处零碎收拾起来）

文　娟　谁又发气?更不用你来当丫头呀!（按电铃）爱珠,对不起呵,屋子这么乱!

爱　珠　你真爱清楚,人要好看,她什么都爱好看。（笑眯眯的向唐）是不是?

〔梅真入。〕

梅　大小姐回来啦?

文　娟　回来了，就不回来，你也可以收拾收拾这屋子的！你看看这屋子像个什么样子?

梅　（偷偷同老四做脸，老四作将笑状手掩住口）我刚来过了，看见唐先生来了，就急着去弄点心去。

文　娟　我说收拾屋子就是收拾屋子，别拉到点心上。

梅　（掀着嘴）是啦，是啦。（望前伸着手）您的外套脱不脱？要脱就给我吧，我好给挂起来，回头在椅子上堆着也是个不清楚不是?

文　娟　（生气的脱下外套交梅）拿去吧，快开点心！

梅　（偏不理会底走到爱珠前面）张小姐您的也脱吧，我好一起挂起来。

爱　珠　（脱下外套交梅）

梅　（半顽皮的向老四）四小姐，您受累了，回头我来捡吧。（又同老四挤了挤眼，便捧着一堆外套出去）

唐　（由炉边过来摩擦着手大声的笑）这丫头好利［厉］害！

文　娟　（生气底）这怎么讲！

唐　没有怎样讲，我就是说她好利［厉］害。

文　娟　这又有什么好笑？本来都是四妹给惯出来的好样子，来了客，梅真还是这样没规没矩的。

唐　别怪四妹，更别怪梅真，这本来有点难为情，这时代还叫人做丫头，做主人的也不好意思，既然从小就让人家上学受相当教育，你就不能对待她像对待底下人老妈子一样！

文　娟　（羞愤）谁对待她同老妈子一样了，既是丫头，就是进了学，念了一点书，在家里也还该做点事呀，并且妈妈早就给她月费的。

唐　问题不在做事上边，做事她一定做的，问题是在你怎样叫她做事……口气，态度，怎样的叫她不……不觉得……

爱　珠　（好笑的向文娟）Mr 唐有的是书生的牢骚……她就不知道人家多为难，你们这梅真有时真气人透了……Mr 唐，你刚从外国回来有好些个思想，都太理想了，在中国就合不上。

文　娟　（半天不响才冷冷底说）人家热心社会上被压迫的人，不好么？……可是我可真不知道谁能压迫梅真？我们不被她欺侮压迫就算很便宜啰，那家伙……尽藉着她那地位来打动许多人的同情！遇着文霞我们的那位热心普罗的三小姐更不得了……

爱　珠　其实丫头还是丫头脾气，现在她已经到了岁数，——他们从前都说丫头到了要出嫁的岁数，顶难使唤的了，原来真有点那么一回事！我妈说……（吃吃笑）

文　琪　（从旁忽然插嘴）别缺德呀！

文　娟　你看多奇怪，四妹这护丫头的劲儿！

〔门开处黄仲维笑着捧一大托盘茶点入，梅真随在后面无奈何他，黄年青，活泼，顽皮，身着洋服内衬花毛线衣，健康得像运动家，可是头发蓬松一点有一付［副］特别灵敏的眼睛，脸上活动的表情表示他并不是完全的好脾气，心绪恶劣时可以发很大的脾气，发完又可以自己懊悔。就因为这一点许多女孩子本来可以同他恋爱

的倒有点怕他，这一点也就保护着他不成为模范情人。此刻他高兴底胡闹底走入他已颇熟识的小书房。〕

黄　给你们送点心来了！（四顾）大小姐，四小姐，张小姐，唐先生，您们大家好！（手中捧盘问梅真）这个放那儿呀？

梅　你看，不会做事可偏要抢着做！（指小圆桌）哪，放这儿吧！

文娟　（皱眉对梅）梅真规矩点，好不好？

梅　（掀起嘴，不平底）人家黄先生愿意拿，闹着玩又有什么要紧？

爱珠　（作讨厌梅真样子转向黄）仲维，你来的真巧，我们正在讨论改良社会，解放婢女问题呢。

黄　讨论什么？（放下茶盘）什么问题？

爱珠　解放婢女问题。

梅　（如被刺，问张）张小姐，您等一等，这么好的题目，等我走了再讨论吧，我在这儿，回头妨碍您的思想！（急速转身出）

唐　（咳嗽要说话又不说）
黄　（呈不安状，交换皱眉）梅真生气了。

文琪　你能怪她么？

文娟　生气让她生气好了。

爱珠　我的话又有什么要紧，"解放婢女问题"，作婢女的听见了又怎样？我们不还说"解放妇女"么？我们做妇女听见难道也就该生气么？

文琪　（不理张）我们吃点心吃点心！仲维，都是你不好，无端端惹出是非来！

黄　真对不起！（看大小姐，生气底）谁想到你们这儿规矩这么大？！我看，我看，（气急底）梅真也真……倒……

文琪　（搁住黄的话）别说啦，做丫头当然倒霉啦！

黄　那，你们不会不要让她当丫头么？

文琪　别说孩子话啦——吃点心吧！

文娟　（冷笑的）你来做主吧！

黄　（不理大小姐，向文琪）怎样是孩子话？

唐　（调了嗓子，低声的）文琪的意思是：这不在口里说让不让她当丫头的问题。问题在：只要梅真在她们家，就是不拿她当丫头看待，她也还是一个丫头，因为名义上实际上，什么别的都不是！又不是小姐，又不是客人，又不是亲戚……

文琪　（惊异底望元澜，想起自己同梅谈过的话）元哥，你既然知道得这么清楚，你看梅真这样有什么办法？

唐　有什么办法？（稍停）也许只有一个办法，让她走，离开你们家，忘掉你们，上学去，让她到别处去做事——顶多你们从旁帮她一点忙——什么都行，就是得走。

文娟　又一个会作主的——这会连办法都有了，我看索性把梅真托给你照应得了，元澜，你还可以叫她替你的报纸办个社会服务部。

文琪　吃点心吧，别抬杠了！（倒茶）仲维，把这杯给爱珠，这杯给大姊。

〔大家吃点心。〕

唐　（从容底仍向娟）人家不能替你作主，反正早晚你们还是得那样办，你还是得让她走，她不能老在你们这里的。

文　娟　当然不能！

文　琪　元哥，你知道梅真自己也这样想，我也……

文　娟　老四，梅真同你说过她要走么？

文　琪　不是说要走，就是谈起来，她觉得她应该走。

文　娟　我早知道她没有良心，我们待她真够好的了，从小她穿的住的都跟我们一样，小的时候太小，又没有做事，后来就上学，现在虽然做点事，也还拿薪水呀！元澜根本就不知道这些情形。……元澜，你去问你刘姨嬷，你还问她，从前奶奶在的时候，梅真多叫老太太生气，刘姨嬷知道。

唐　这些都是不相干的，一个人总有做人的，的——的 Pride 呀。谁愿意做，做……哪，刚才爱珠说的："婢女"呀！管你给多少薪水！

爱　珠　（检起未完毛线衣织，没有说话，此刻起立）文娟，别吵了，我问你，昨天那件衣料在那儿？去拿给我看看，好不好？

文　娟　好，等我喝完这口茶，你到我屋子比比，我真想把它换掉。

爱　珠　（又眯着眼笑）别换了，要来不及做了，下礼拜小陆请你跳舞不是？别换了吧。

娟　你不知道，就差那一点就顶不时髦顶不对劲了。小陆眼睛尖极了。

黄　（吃完坐在沙发看杂志，忽然插嘴）什么时髦不时髦的，怎样算是对劲，怎样算是不对劲？

唐　（望望文娟无语，听到黄说话，兴趣起来，把杯子放下听，拿起一块蛋糕走到角落要倚着书架）

爱珠　你是美术家，你不知道么？

文琪　（轻声亲热底逗黄）碰了一鼻子灰了吧？

唐　（无聊的忽走过，俯身由地上检拾一个花生吃）

黄　（看见）这倒不错，满地上有吃的呀，（亦起俯身检一粒）怎么，我检的只是空壳。（又俯身检寻）

文琪　你知道这花生那里来的？

黄　不知道。

文琪　（凑近黄耳朵）梅真赌来的！

文娟　（收拾椅上活计东西要走，听见回头问）那儿来的？

〔唐黄同文琪都笑着不敢答应。〕

黄　（忽然顽皮的）有人赌来的！

文娟　什么？

文琪　（急）没有什么，别听他的，（向黄）再闹我生气了。

文娟　（无聊的起来）爱珠，上我屋来，我给你那料子看吧。（向大家）对不起呀，我们去一会就来，反正看电影时间还早呢，老三也没有回来。

爱　珠　（提着毛织物，咭咭呱呱的）你看这件花样顶难织了，我……（随娟出）

〔文娟同爱珠同下。〕

唐　哎呀，我都忘了约好今天看电影，还好，我来了！我是以为二弟今天回来，我来找他有事！（无聊的坐下看报）

黄　（直爽的）我没有被请呀，糟糕，我走吧。（眼望着文琪）

文　琪　别走，别走，我们还有事托你呢，我们要找你画点新派的画来点缀这个屋子。

黄　（莫明其妙的）什么？

文　琪　我们后天晚上请客，要把这屋子腾出来作休息室，梅真出个好主意，她说把它变成未来派的味儿，给人抽烟说话用。我们要你帮忙。（唐在旁听得很有兴趣，放报纸在膝上）

黄　（抓头）后天晚上，好家伙！

〔门忽然开了，李琼走了进来。〕

琼　（妈妈的颜色不同平常那样温和，声音也急促点）老四你在这儿，我问你，你们干么又同梅真过不去呀？大年下的！

文　琪　我没有……

唐　　（同时的）表姑。
黄　　　　　　　　伯母。

琼　来了一会儿吧，对不起，我要问老四两句话。

文琪　妈，妈别问我，妈知道大姊的脾气的，今天可是张爱珠诚心同梅真过不去！爱珠实在有点儿太难。

琼　（坐下叹口气）我真不知怎么办好！梅真真是聪明，岁数也大了，现在我们这儿又不能按老规矩办事，现在叫她上那儿去好，送她到那儿去我也不放心，老实说也有点舍不得。你们姊儿们偏常闹到人家哭哭啼啼的，叫我没主意！

文琪　不要紧，妈别着急，我去劝劝她去好不好？

黄　对了，你去劝劝她，刚才都是我不好。

琼　她赌气到对门陈家去了，我看那个陈太太对她很有点不怀好意。

文琪　（张大了眼）怎么样不怀好意，妈？

琼　左不是她那抽大烟的兄弟！那陈先生也是鬼头鬼脑的。……得了，你们小孩子那里懂这些事？梅真那么聪明人，也还不懂得那些人的用心。

唐　那老陈不是吞过公款被人控告过的么？

琼　可不是？可是后来，找个律师花点钱，事情麻麻糊糊也就压下来了；近来又莫明其妙的很活动，谁知道又在那里活动些甚么。一个顶年轻的少奶奶，人倒顶好，所以梅真也就常去找她玩，不过，我总觉得不妥当，所以她一到那边我就叫人叫她回来，我也没告诉过梅真那些复杂情形……（稍停，向文琪）老四你现在就过去一趟，好说坏说把梅真劝回来罢！

文琪　好吧，我，我就去。（望黄）
黄　我送你过去。

〔文琪取壁上外衣，黄替她穿上。〕

文琪　妈，我走啦。元哥一会见。
黄　（向唐招呼底摆摆手）好，再见。

〔两人下。〕

唐　（取烟盒递给李琼）表姑抽烟不？
琼　（摇摇头）不是我偏心，老四这孩子顶厚道。
唐　我知道，表姑，文琪是个好孩子。（自己取烟点上俯倚对面椅背上）
琼　元澜，我是很疼娟娟的，可是老实说，她自小就有脾气。你知道，她既不是我生的，有时使我很为难……小的时候，说她有时她不听，打她太难为情，尤其是她的祖母很多心，所以我也就有点惯了她。现在你回来了……
唐　（忽起立，将烟在火炉边打下烟灰，要说话又停下）
琼　（犹疑的）你们的事快了吧？
唐　（抬头很为难的说）我觉得我们这事……
琼　我希望你劝劝娟娟，想个什么法子弄得她对生活感觉满足……我知道她近来有点脾气，不过她很佩服你，你的话她很肯听的，你得知道她自己总觉得没嬷有点委曲。

唐　我真不知道怎样对表姑说才好，我也不知道应该不应该这样说：我——我觉得这事真有点叫人难为情。当初那种办法我本人就没有赞成，都是刘姨嬷一个人弄的。后来我在外国写许多信，告诉他们同表姑说，从前办法太滑稽，不能正式算什么，更不能因此束缚住娟娟的婚姻。我根本不知道，原来刘姨嬷就一字没有提过，反倒使亲亲戚戚都以为我们已经正式订了婚。

琼　我全明白你的意思，当时我也疑心是你刘姨嬷弄的事。你也得知道我所处地位难，你是我的表侄，娟娟都又不是我亲生的，娟娟的伯父又守旧，在他眼里连你在外国的期间的长短好像我都应该干涉，更不要说其他！当时我就是知道你们没有正式订了婚，我也不能说。

唐　所以现在真是为难！我老实说我根本对娟娟没有求婚的意思。如果当时，我常来这里，那是因为……（改过语气）表姑也知道那本不应该就认为有什么特殊的意义。我们是表兄妹，当时我就请娟娟一块出去玩几趟又能算什么？

琼　都是你那刘姨嬷慌慌张张的跑去同娟娟的伯嬷讲了一堆，我当时也就觉得那样不妥当——这种事当然不能勉强的。不过我也要告诉你，我觉得娟娟很见得你好，这次你回来，我知道她很开心，你们再在一起玩玩熟了，也许就更知道对方的好处。

唐　（急）表姑不知道，这事当初就是我太不注意了，让刘姨嬷弄出那么一个误会的局面，现在我不能不早点表白我的态度，不然我更对娟娟不起了。

琼 （一惊）你对娟娟已说过了什么话么？

唐 还没有！我觉着困难，所以始终还没有打开窗子说亮话。为了这个事，我真很着急，我希望二弟快回来，也就是为着这个缘故。我老实我说，我是来找梅真的，我喜欢梅真……

琼 梅真？你说你……

文琪 （推门入）妈妈，我把梅真找了回来，现在仲维要请我同梅真看电影去，我们也不回来吃饭了！（向唐）元哥，我不同你们一块看电影了，你们提另去吧，劳驾你告诉大姊一声。

〔琪匆匆下。唐失望的怔着。〕

琼 （看文琪微笑）这时期年龄最快活不过，我喜欢孩子们天真烂漫，混沌一点……

文娟 （进房向里来）妈妈在这儿说话呀？老四呢？仲维呢？

琼 （温和的）他们疯疯颠颠跑出去玩去了。

文娟 爱珠也走了，现在老三回来了没有？

琼 老三今早说今天有会，到晚上才能回来的。

娟 （向唐半嘲的口吻）那么只剩了我们俩了，你还看不看电影？

琼 （焦虑底望着唐，希望他肯去）今天电影还不错呢，你们去吧。

唐 表姑也去看么？我，我倒……

琼　我有点头痛不去了,（着重底）你们去吧,别管我,我还有许多事呢,（琼急起到门边）元澜,回头还回来这里吃晚饭吧。

〔琼下。〕
〔文娟直立房中间睨唐,唐娟无可奈何的对望着。〕

文　娟　怎样?
唐　　　怎样?

〔幕下〕

第二幕

出台人物（按出台先后）

　　　　电灯匠　老孙
　　　　宋　雄　电料行掌柜（二十七八壮年人）
　　　　梅　真　李家丫头　（曾在第一幕出台）
　　　　李大太太　李琼夫嫂
　　　　四小姐　李文琪　（曾出台）
　　　　黄仲维　研究史学喜绘画的青年　（曾出台）
　　　　荣　升　仆人　（曾出台）
　　　　唐元澜　从国外回来年较长的留学生　（曾出台）

三小姐　李文霞

大小姐　李文娟（李前妻所出，非李琼女）（曾出台）

地　点　三小姐，四小姐共用的书房

时　间　过了两天以后

同一个书房过了两天的早上。家具一切全移动了一些位置，秩序显然纷乱，所谓未来派的吃烟室尚在创造中，天下混沌，玄黄未定。地上有各种东西，墙边放着小木梯架。小圆桌子推在台的一边，微微偏左，上面放着几付［副］铜烛台，一些未插的红蜡。一个很大的纸屏风上面画了一些颜色鲜浓，而题材不甚明了的新派画；沙发上堆着各种靠背，前面提另放着一张画，也是怪诞叫人注目的作品。

〔幕开时，电灯工匠由梯子上下来，手里拿着电线，身上佩着装机械器具的口袋。宋雄背着手立着看电灯。

宋雄是由机器匠而升作年轻掌柜的人物，读过点书，吃过许多苦，因为机会同自己会利用这机会的麻俐处，卒成功的支持着一个小小专卖电料零件的铺子。他的体格大方眉目整齐，虽然在装扮上显然俗些。头发梳得油光，身上短装用的是黑色绸料，上身夹袄胸上挖出小口袋，金表链由口袋上口牵到胸前扣绊上。椅上放着黑呢旧外衣，一条花围巾，一付［副］皮手套。〕

宋　饭厅里还要安一些灯，加两个插销。电线不够了吧？

工　匠　（看电线）剩不多了！要么，我再回柜上拿一趟去！

宋　不用，不用，我给柜上打个电话，叫小徒弟送来。你先去饭厅安那些灯口子。

工　匠　劳驾您告诉老张再给送把小解锥来,(把手里解锥一晃)这把真不得使。(要走又回头)我说掌柜的,今日我们还有两处的"活"答应人家要去的,这儿这事挺麻烦的,早上要完不了怎么办?(缠上剩下的电线)

宋　（挥手）你赶着做,中饭以前非完不行。我答应好这儿的二太太,不耽误他们开饭。别处有活没有活,我也不能管了!

工　匠　掌柜的,您真是死心眼,这些活今日就自己来这一早上!

宋　老孙,我别处可以不死心眼,这李家的事,我可不能不死心眼!好!我打十四岁就跟这儿李家二爷在电灯厂里做事,没有二爷,好!说不定我还在那倒霉地方磨着!二爷是个工程师,他把我找去到他那小试验所里去学习,好,那二爷脾气模样就像这儿的三小姐,他可真是好人,今日太太还跟我提起,我们就说笑,我说,要是三小姐穿上二爷衣服,不仔细看,谁也以为是二爷。

工　匠　那位高个子的小姐么?好,那小姐脾气可有呀,今日就这一早上,我可就碰着一大堆钉子了。

宋　（笑）你说的管莫是大小姐!好,她可有脾气!(低声)她不是这位二太太生的。(急回头看)得了,去你的吧,快做活,我可答应下中饭以前完事,你给我尽着做,我给你去打电话。

〔工匠下。〕

〔宋拿起外衣围巾要走，忽见耳机，又放下衣服走到书桌边，拿起耳机，插入插销试电话。〕

宋 （频回头看看有没有人）喂，东局五〇二七，喂，你老张呀？我是掌柜的，我在李宅，喂，我说呀，老孙叫你再叫小徒弟骑车送点电线来，再带一把好的解锥来，说是呢！他说他那一把不得使，……谁知道？……老孙就那脾气！我说呀，你给送一把来得了，什么？那家又来催？你就说今日柜上没有人，抓不着工夫，那什么法子！好吧再见啦。（望着门）

〔梅真捧铜蜡台入，放小圆桌上，望宋，宋急拔耳机走近梅。〕

宋 （笑声）梅姊，您这两日忙得可以的？（注视梅不动）
梅 倒挺热闹的，（由地下拿起擦铜油破布擦烛台，频以口呵气）怎么了，小宋你们还不赶着点，尽摆着下去，就要开饭了，饭厅里怎么办？说不定我可要挹说了！（看宋）
宋 （急）我可不能叫你挹说，我已经催着老孙赶着做，那老孙又偏嫌他那解锥不得使，我又打了电话到柜上要去，还要了电线，叫人骑车送来，这不都是赶着做么？
梅 只要中饭以前饭厅里能完事，我就不管了。你还不快去？瞧着点你那老孙！别因为他的解锥不得使，回头叫人家都听话。你可答应太太中饭以前准完事的！
宋 梅姊，你……你可……你可记得我上次提过的那话？

梅　（惊讶的）什么话？噢，那个，得了，小宋，人家这儿忙得这样子，你还说这些？

宋　你……你答应我到年底再说不是？……

梅　一年还没有过完呢！我告诉你吧小宋，我这个人没有什么用处，又尽是些脾气，干脆最好你别再来找我，别让我耽搁你的事情，……

宋　我，我就等着你回话……你一答应了，我就跟李太太说去。

梅　我就没有回话给你。

宋　梅……梅姊，你别这样子，我这两年辛辛苦苦弄出这么一个小电料行不容易，你得知道，我心里就盼着那一天你肯跟我一块过日子，我能不委曲你。

梅　得了你别说了。

宋　我当时也知道你在这里同小姐似的讲究，读的书还比我多，说不定你瞧不上我，可是现在，我也是个掌柜的，管他大或小，铺子是我自己办的，七八个伙计，（露出骄傲颜色）再怎样，也用不着你动手再做粗的，我也能让你享点福，贴贴实实过好日子，除非你愿意帮着柜上管管账簿，开开清单。

梅　（怜悯的）不是我不知道你能干。三年的工夫你弄出那么一个铺子来，实在不容易！……

宋　（得意的忸怩的）现在你知道了你可要来，我准不能叫你怎样，……我不能丢你的脸。

梅　（急）小宋，你可别这样说，出嫁不是要体面的事，你说得这贫劲儿的！我告诉你什么事都要心愿意才行，你就别再同我提这些事才好，我这个人于你不合适，回头耽搁了你的事。

宋　我，……我，……我真心要你答应我。

梅　（苦笑）我知道你真心，可是单是你真心不行，我告诉你，我答应不出来！

宋　你，你管莫嫌我穷！我知道我的电料行还够不上你正眼瞧的……

梅　（生气）我告诉你别说得这么贫！谁这么势利？我好意同你说，这种事得打心里愿意才行。我心里没有意思，我怎样答应你？

宋　你……你你不是不愿意吧？（把头弄得低低的，担心的进出这句疑问，又怕梅真回答他）

梅　（怜悯的）……不……不是不愿意，是没有这意思，根本没有这意思！我这个人就这脾气，我，我这个人不好，所以你就别找我最好，至少今天快别提这个了，我们这儿都忙，回头耽误了小姐们的事不好。

宋　（低头弄上围巾，至此叹口气围在项上，披着青呢旧大衣由旁门出）好吧，我今日不再麻烦你了，可是年过完了你可还得给我一个回话。

〔宋下。〕

梅　（看宋走出自语）这家伙！这死心眼真要命，用在我身上可真是冤透了,(呵铜器仍继续擦)看他讨厌又有点可怜!(叹息)那心用在我身上,真冤!我是命里铸定该吃苦,上吊,跳河的!怎么做电料行的掌柜娘,(发憨笑)电料行的掌柜娘!(忽伏在桌上哭)

〔门开处大太太咳嗽着走入。她是个矮个子,五十来岁瘦小妇人,眼睛小小的,到处张望,样子既不庄严,说话也总像背地里偷说的口气。〕

梅　（惊讶的抬头去后望,急急立起来）大太太是您,来看热闹?这屋子还没有收拾完呢。

大太　（望屏风）这是什么东西——这怪里怪气的?

梅　就是屏风。

大太　什么屏风这怪样子?

梅　（笑笑）我也不知道。

大太　我看二太太真惯孩子,一个二个大了都这么疯!二老爷又不在世了,谁能说他们!今天晚上请多少客,到底?

梅　我也不知道,反正都是几位小姐的同学。

大太　在大客厅里跳舞吗?（好奇的）

梅　对了!（又好笑又不耐烦）

大太　吃饭在那儿呢?

梅　就在大饭厅里啰。(好笑)

大太　坐得下那些人吗?

梅　分三次吃,有不坐下的站着吃……

大　太　什么叫做新，我真不懂这些事，（提起这个那个的看）女孩子家疯天倒地的交许多朋友，一会儿学生开会啦，请愿啦，出去让巡警打个半死半活的啦！一会儿又请朋友啦，跳舞啦，一对对男男女女这么拉着搂着跳，多么不好看呀？怪不得大老爷生气常说二太太不好好管孩子！梅真，我告诉你，我们记住自己是个丫头，别跟着她们学！赶明日好找婆婆家。

梅　（又好笑又生气的逗大太太）您放心，我不会嫁的，我就在这儿家里当一辈子老丫头！

大　太　（凑近了来，鬼鬼祟祟的）你不要着急，你多过来我院里，我给你想法子。（手比着）那天陈太太，人家还来同我打听你呢。别家我不知道，陈家有钱可瞒不了我！……陈太太娘家姓丁的阔气更不用说啦！

梅　（发气脸有点青）您告诉我陈家丁家有钱做什么？

大　太　你自己想吧，傻孩子，人家陈太太说不定看上了你！

梅　（气极竭力忍耐）陈太太，她——她看上了我干吗？！

大　太　（更凑近，做神秘的样子）我告诉你……

梅　（退却不愿听）大太太，您别——别告诉我什么……

大　太　（更凑近）你听着，陈太太告诉过我她那兄弟丁家三爷，常提到你好，三奶奶又没有男孩子，三爷很急着……

梅　（回头向门跑）大太太，您别说这些话，我不能听……

〔仲维同文琪笑着进来，同梅真闯个满怀。〕

琪　（奇怪的）梅真怎么了，什么事，这样忙？
梅　我——我到饭厅去拿点东西……

〔梅急下。〕

琪　（仍然莫明其妙的）伯嬷，您来有事么？
大太　（为难）没有什么事，……就找梅真……就来这里看看。
琪　（指仲维）这是黄先生，（指大太太）仲维，这是我的伯嬷。
黄　我们那一天吃饭时候见过。（致意）
大太　我倒不大认得，现在小姐们的朋友真多，来来往往的……
琪　（做鬼脸向黄，又对大太太）怪不得您认不得！（故作正经的）我的朋友，尤其是男朋友，就够二三十位！来来往往的，——今天这一个来，明天那一个来！……
黄　（亦做鬼脸，背着大太太用手指频指着琪）可是你伯嬷准认得我，因为每次你那些朋友排着队来，都是我领头，我好比是个总队长！
大太　（莫明其妙的）怎么排队来法子？我不记得谁排队来过！
黄　}（同时忍住笑）您没有看见过？
琪　下回我叫他们由您窗口走过……好让大伯伯也看看热闹。
大太　（急摇手）不要吧，老四，你不知道你的大伯伯的脾气？
黄　}（忍不住对笑）
琪
大太　你们笑什么？

琪　没有什么。

大　太　（叹口气）我走了，你们这里东西都是奇奇怪怪的，我看不出有什么好看！今早上也不知道是谁把客厅那对湘绣风景镜框子给取下了，你嬷说是交给我收起来……我，我就收起来，赶明儿给大姊陪嫁，那本来是你奶奶的东西！

黄琪　（又忍住笑）那对风景两面一样，一边挂一个，真是好东西！对了，您收着给大姊摆新房吧，那西湖风景，又是月亮又是水的，太好看了，我们回头把它给糟塌了太可惜！

〔荣升入。〕

荣　大太太在这屋子么？
大　太　在这屋子。什么事？
荣　对门陈太太过来了，在您屋子里坐，请您过去呢。
大　太　（慌张）噢，我就来，就来……

〔大太太下，黄同琪放声的笑出来。〕

荣　（半自语）我说是大太太许在这屋子里，问梅真，她总不答应，偏说不知道，害得我这找劲儿的！……

〔荣下。〕

琪　对门陈太太，她跑来做什么？那家伙，准有什么鬼主意！

黄　许是好奇也来看你们的热闹。谁让你们请跳舞，这事太新鲜，你不能怪人家不好奇，想来看看我们都是怎样的怪法子！

琪　（疑惑的）也许吧……还许是为梅真，你听伯嬷说来她没有？嘿！……得了，不说了，我们先挂画吧。回头我一定得告诉妈去！

黄　对了来挂吧，（取起地上画，又搬梯子把梯架两腿支开放好）文琪，我上去，你替我扶着一点，这梯子好像不大结实。（慢慢上梯子）

琪　（扶住梯子，仰脸望）你带了钉子没有？

黄　带了，（把画比在墙上）你看挂在这里行不行？

琪　你等等唔，我到那一边看看。（走过一边）行了，不不……再低一点……好了，就这样。（又跑到梯下扶着）

黄　（用锤子刚敲钉子）我钉啦！

琪　你等等！（又跑到一边望）不，不，再高一点！

黄　一会儿低，一会儿高，你可拿定了你的主意呀！

琪　你这个人什么都可以，就是这性急真叫人怕你！

黄　（钉画，笑）你怕我吗？

琪　（急）我可不怕你！

黄　（钉完画由梯上转回头）为什么呢？

琪　因为我想我知道你。

黄　（高兴的转身坐梯上）真的？

琪　（仰着脸笑）好，你还以为你自己是那么难懂的人呀？

黄　（默望底下楞楞的注视琪，不说话，只吹口哨）

琪　你这是干吗呀？（用手轻摇梯身）

黄　别摇，别摇，等我告诉你。

琪　快说，不然就快下来！

黄　自从有了所谓新派画，或是立体派画，他们最重要的贡献是什么？

琪　我可不知道！（咕噜着）我又不学历史，又不会画画！

黄　得了别说了，我告诉你，立体画最重要的贡献，大概是发现了新角度！这新角度的透视真把我们本来四方八正的世界——也可以说是宇宙——推广了变大了好几倍。

琪　你讲些什么呀？

黄　（笑）我在讲角度的透视。它把我们日常的世界推广了好几倍！你知道的，现代的画！乃至于现代的照相——都是由这新角度出发！一个东西，不止可以从一面正正的看它，你也可以从上，从下，斜着，躺着或是倒着，看它！

琪　你到底要说什么呀？

黄　我就说这个！新角度的透视。为了这新角度，我们的世界，乃至于宇宙，忽然扩大了，变成许多世界，许多宇宙。

琪　许多宇宙这话似乎有点不通！

黄　此刻我的宇宙外就多了一个宇宙，我的世界外又多出一个世界，我认识的你以外又多了一个你！

琪　（恍然悟了黄在说她）得了，快别胡说一气的了！

黄　我的意思是：我认识的你以外，我又多认识了一个你——

一个从梯子上望下看到的，从梯子下望上望着的李文琪！

琪　（不好意思）你别神经病地瞎扯吧！

黄　（望琪）我顶正经的说话，你怎么不信！

琪　我信了就怎样？（顽皮的）你知道这宇宙以外，根本经不起再多出一个，从梯子上望下看到的，从梯子下望上望的李文琪所看到的，坐在梯子顶上说疯话的黄仲维！（仰脸大笑）

黄　你看，你看，我真希望你自己此刻能从这儿看看你自己，（兴奋）那一天我要这样替你画一张相！

琪　你画好了末，闹什么劲儿？下来吧。

黄　说起来容易。我眼高手低，就没有这个本领画这样一张的你！要有这个本领，我早不是这么一个空想空说的小疯子了！

琪　你就该是个大疯子了么？

黄　可不？对宇宙，对我自己的那许多世界，我便是真能负得起一点责任的大疯子了！

琪　快下来吧，黄大疯子，不然，我不管替你扶住梯子了！

黄　（转身预备下来，却轻轻的说）文琪，如果我咬定了你这句话的象征意义，你怎样说？（下到地上望琪）

琪　什么象征意义？

黄　（拉住文琪两手，对面望住她）不管我是大疯子小疯子，在梯子顶上幻想着创造什么世界，你都替我扶住梯子，别让我摔下去，行不行？

琪　（好脾气地，同时又讽刺地）什么时候你变成一个诗人？

黄　（放下双手丧气地坐在梯子最下一级上）你别取笑我，好不好？……你是个聪明人，世界上最残忍的事就是一个聪明人笑笨人！（抬头向文琪苦笑）有时候，你弄得我真觉到自己一点出息都没有！（由口袋里掏出烟，垂头叹气）

琪　（感动，不过意的凑近黄，半跪在梯边向黄柔声问）仲维，你，你看我像不像一个刻薄人！

黄　（迷惑的抓头）你？你，一个刻薄人？文琪，你怎么问这个？你别这样为难我了，小姐！你知道我不会……不会说话……简直的不会说！

琪　不会说话，就别说了，不好么？（起立）

黄　（亦起立抓过文琪肩膀摇着它）你这个人！真气死我！你你……你不知道我要告诉你什么？

琪　（逗黄又有点害怕）我，我不知道！（摆脱黄抓住她的手）

黄　（追琪）你……你把你耳朵拿过来，我非要告诉你不可——今天！

琪　（顽皮的歪着把耳朵稍凑近）哪……我可有点聋！

黄　（捉住琪的脸，向她耳边大声的）我爱你，知道吗，文琪？你知道我不会说话……

琪　（努着嘴红着脸说不出话半天）那——那就怎么样呢？（两手掩面笑，要跑）

黄　（捉住琪要放下她两手）怎样？看我……琪看我，我问你……别这样蹩纽吧！（从后面揽住文琪）我问你，老四，你……你呢？

琪　（放下手转脸望黄，摇了一下头发微笑）我——我只有一点儿糊涂!

黄　（高兴地）老四! 你真……真……噢,（把琪的脸藏在自己的胸前感伤的吻文琪发）你,你弄得我不止有一点儿糊涂了怎么好? 小四!

琪　（伏在黄胸前憨笑）仲维,我有一点想哭。（抽咽着又像是笑声）

〔门开处唐元澜忽然闯入房里。〕

唐　今日这儿怎么了?!（忽见黄琪两人,一惊）对不起,太高兴了忘了打门!

黄
琪　（同时转身望唐,难为情的相对一笑）

琪　（摇一摇头发,顽皮倔强的）打不打门有什么关系? 那么洋派干吗?

唐　（逗文琪）我才不知道刚才谁那么洋派来着? 好在是我,不是你的大伯伯!

琪　（憨笑）元哥,你越变越坏了!（看黄微笑）

唐　可不是?（忽然正经的）顶坏的还在后边,你们等着看吧! 文琪,你二哥什么时候到?

黄　（看表）十一点一刻。

唐　为什么又改晚了一趟车?

琪　我也纳闷呢,从前,他一放假总急着要回家来,这半年他怎么变了,老像推延着,故意要晚点回来似的。

唐　（看墙上画同屏风）仲维，这些什么时候画的？

黄　画的？简直是瞎涂的，昨天我弄到半晚上才睡！

唐　那是甜的苦工，越作越不累，是不是？

〔梅真入，仍恢复平时活泼。〕

梅　（望望画望黄同琪）你们就挂了这么一张画？

琪　可不？还挂几张？

黄　挂上一张就很不错了！

唐　你不知道，梅真，你不知道一张画好不容易挂呢！（望琪）

梅　（看看各人）唐先生您来的真早！您不是说早来帮忙么？

唐　谁能有黄先生那么勤快，半夜里起来做苦工！

黄　老唐，今日起你小心我！

梅　（望两人不懂）得了，你们别吵了，唐先生，现在该轮到您赶点活了，（手里举着一堆小白片子）您看，这堆片子本来是请您给写一写的。（放小桌上）

唐　（到小桌边看）这些不都写好了么？

梅　可不？（淘气的）要都等着人，这些事什么时候才完呀？四小姐，你看看这一屋子这么好？

〔三小姐文霞跑进来。文霞穿蓝布夹袍，素静像母亲，但健硕比母亲高。她虽是巾帼而有须眉气概的人，天真稚气却亦不减文琪。爱美的心，倔强的志趣，高远的理想，都像要由眉宇间涌溢出来。她自认爱人类，愿意为人类服务牺牲者，其实她就是一个富于

热情又富于理想的好孩子。自己把前面天线展得很长很远,一时事实上她却仍然是学校家庭中的小孩子。〕

霞 (兴奋的)饭厅里谁插的花?简直的是妙!

〔大家全看着彼此。〕

梅 (不好意思的转去收拾屋子)
琪 一定是梅真!(向梅努嘴)
霞 我以为或者是妈妈——那个瓶子谁想到拿来插梅花!
琪 那黑胆瓶呀?可不是梅真做的事。(向梅)梅真,你听听我们这热心的三小姐!怎么?梅真"烧盘儿"啦?
黄 梅真今天很像一个导演家!
霞 嘿,梅真,你的组织能力很行呀,明日你可以到我们那剧团里帮忙!
梅 得了,得了,你们尽说笑话!什么导演家啦,组织能力啦,组织了半天导演了半天,一早上我还弄不动一个明星做点正经事!
黄 好,我画了一晚上不算?今日早上还挂了一张名画呢?
梅 对了,这二位明星(指黄同琪)挂一张画的工夫,差点没有占掉整一幕戏的时候!(又指唐)那里那一位,好,到戏都快闭幕了才到场!

〔大家哄然笑。〕

唐　你这骂人的劲儿倒真有点像大导演家的口气,你真该到上海电影公司里去……
梅　导演四小姐的恋爱小说,三小姐的宣传人道的杰作……
霞　梅真,你再顽皮,我晚上不帮你的忙了,你问什么社会经济问题以后我都不同你说了,省得你挖苦我宣传人道!

〔宋雄入,手里提许多五彩小烛笼。〕

宋　四小姐,饭厅灯安好一排,您来看看!
琪　安好了吗?真快,我来看……

〔琪下。〕

黄　我也去看看……

〔黄随琪下。〕

霞　宋雄!你来了,你那铺子怎样啦?
宋　三小姐,好久没有见着您,听说您总忙!您不是答应到我那铺子里去参观吗?您还要看学徒的吃什么?睡在那儿我待他们好不好?您怎么老不来呀?
霞　(笑)我过两天准来,你错待了学徒,我就不答应你!
宋　好,三小姐,这一城里成千成万的大资本家,您别单挑我这小穷掌柜的来作榜样!告诉您,我待人可真不错,刚才那小伙计送电线来，您不出去瞧瞧？吃得白胖白胖的。

唐　（微笑插嘴）小电灯匠吃得白胖白胖的可不行！小心上了梯子掉下来！

宋　（好脾气的大笑，望着梅立刻敛下笑容，很庄严的）三小姐那天到我行里玩玩？买盏桌灯使？

霞　好，我过两天同梅真一块来。

宋　（高兴向梅）梅姊，对了，你也来串串门。（急转身望梯子）这梯子要不用了，我给拿下去吧。

梅　（温和的）好吧，劳驾你了。（急转脸收拾屋子）

〔宋拿梯子下。〕

唐　我也去看看饭厅的梅花去！

梅　得了，唐先生，您不是来帮忙吗？敢情是来看热闹的！

唐　（微笑高兴的）也得有事给我做呀？！

梅　那，这一屋子的事，还不够您做的？

霞　我也该来，来帮点忙了。

梅　三小姐，这堆片子交给您，由您分配去，吃饭分三组，您看谁同谁在一起好。就是一件。（附霞耳细语）

霞　这坏丫头！（笑起来，高兴的向门走）

〔文霞下。〕

梅　（独自收拾屋子不语）

唐 （望梅，倚书架亦不语）

梅 怎么了，唐先生？

唐 没有怎么了，我在想。

梅 什么时候了，还在想！

唐 我在想我该怎么办！

梅 什么事该怎么办？

唐 所有的事！……好比……你……

梅 （惊异的立住）我？

唐 你！你梅真，你不是寻常的女孩子，你该好好自己想想。

梅 我，我自己想想？……那当然，可是为什么你着急，唐先生？

唐 （苦笑）我不着急，谁着急？

梅 这可奇怪了！

唐 奇怪，是不是？世界上事情都那么奇怪！

梅 唐先生，我真不懂你这叫做干吗！

唐 别生气，梅真，让我告诉你，我早晚总得告诉你，你先得知道我有时很糊涂，糊涂极了！

梅 等一等唐先生，您别同我说这些话！有什么事您不会告诉大小姐去？

唐 梅真！大小姐同我有什么关系？除掉那滑稽的误会的订婚！你真不知道，我不是来找那大小姐的，我是来这儿解释那订婚的误会的，同时我也是来找她二弟帮忙我，替你想一想法子离开这儿的。

梅 找二爷帮你的忙，替我想法子离开这儿？我愈来愈不明白你的话了！

唐　我知道我这话唐突，我做的事糊涂，我早该说出来，我早该告诉你……（稍顿）

梅　我不懂你早该告诉我什么？

唐　我早该告诉你，我不止爱你，我实在是佩服你，敬重你，关心你。当时我常来这儿找她们姊妹们玩，其实也就是对你……对你好奇，来看看你，认识你！一直到现在我还是一样的对你好奇，尽想来看你，认识你——平常的说法也许就是恋爱你，颠倒你。

梅　来看我？对我好奇？（眼睛睁得很大，向后退却）对我……？

唐　你！来看你！对你好奇，我才糊糊涂涂的常来！谁知道倒弄出一个大误会！大家总以为我来找文娟，我一出洋，我那可恶的刘姨就多管闲事，作主说我要同文娟订婚！这玩笑可开得狠了！弄得我这狼狈不堪的！这次回来，事情也还不好办，因为这儿的太太是大小姐的后妈，却是我的亲姑姑，我不愿意给她为难，现在就盼着二少爷回来帮帮我的忙，同文娟说穿了，然后再叫我上地狱过刀山捱点骂倒不要紧，要紧的是你……

梅　（急得跺脚两手抱住额部，来回转）别说了，别说了，我整个听糊涂了！……你这个叫做怎么回事呀？（坐一张矮凳上，不知所措）

唐　（冷静的）说得是呢？怎么回事？！（叹息）这次我回来才知道大小姐同你那样作对头，我真是糊涂，我对不起你。

（走近梅真）梅真，现在我把话全实说了，你能原谅我，同情我！你……（声音轻柔的）这么聪明，你……你不会不……

梅　（急打断唐的话）我，我同情你，但是你可要原谅我！

唐　为什么？

梅　因为我——我止是没有出息的丫头，值不得你，你的……爱……你的好奇！

唐　别那样子说，你弄得我感到惭愧！现在我只等着二少爷回来把那误会的婚约弄清。你答应我，让我先帮助你离开这儿，你要不信我，你尽可让我做个朋友……我们等着二少爷。

梅　（哭声拿手绢蒙脸）你别，你别说了，唐先生！你千万别跟二爷提到我！好，我的事没有人能帮助我的！你别同二少爷说。

唐　为什么？为什么别跟二少爷提到你？（疑心想想又柔声的问）你不知道他是一个很能了解人情的细心人？他们家里的事有他就有了办法吗？

梅　（擦眼泪频摇头）我不知道，你别问我！你就别跟二少爷提到我就行了！你要同大小姐退婚，自己快去办好了！（起立要走）那事我很同情你的，不信问四小姐。（又哭拭眼泪）

唐　梅真，别走！你上那儿去？我不能让你这样为难！我的话来得唐突，我知道！可是现在我的话都已经实说出来了，你，你至少也得同我说真话才行！（倔强的）我能不能问你，为什么你叫我别对二少爷提到你？为什么？

梅　（窘极摇头）不为什么！不为……

唐　梅真，我求你告诉我真话。（沉着严重的）你得知道，我不是个浪漫轻浮的青年人，我已经不甚年青，今天我告诉你我爱你，我就是爱你，无论你爱不爱我！现在我只要求你告诉我真话。（头低下去，逐渐了解自己还有自己不曾料到的苦痛）你不用怕，你尽管告诉我，我至少还是你的朋友，盼望你幸福的人。

梅　（始终低头呆立着咬手绢边，至此抿紧了口唇，翻上含泪的眼向唐）我感激你，真的，我，我感激你……

唐　（体贴的口气）为什么你不愿意我同文靖提到你？

梅　因为他——他——（呜咽的哭起来）我从小就在这里我……我爱……我不能告诉你……

唐　（安静的拍梅肩安慰的）他知道么？

梅　我就是不知道他知道不知道呀！（又哭）他总像躲着我。……这躲着我的缘故，我也不明白……又好像是因为喜欢我，又好像是怕我——我——我真苦极了……（又蒙脸哭）

唐　梅真！你先别哭，回头谁进来了……（回面张望着拉过梅真到一边）好孩子，别哭，恋爱的事太惨了，是不是？（叹口气）不要紧，咱们两人今天是同行了。（自己低头，掏出手绢吹鼻子，又拿出烟点上，嘴里轻轻说）我听见窗子外面有人过去，快把眼睛擦了！

〔窗外许多人过去,仲维文琪同文霞的声音都有。〕

窗外荣升　二少爷的火车是十一点一刻到。
窗外黄口音　雇几辆洋车?都谁去车站接二哥?
　　霞　还有我……
　　琪　我也去接二哥!
　　黄　快,现在都快十点半了!

〔唐静静的抽着烟,梅真低头插瓶花,整理书架。〕

　窗　外　二爷火车十一点一刻到,是不是?
　　又　还有三刻钟了,还不快点?

〔梅又伏桌上哭,唐不过意的轻拍梅肩,门忽轻轻推开,大小姐文娟进来,由背后望着他们。窗外仍有嘈杂声。〕

　窗　外　接二哥去……快吧……

〔幕下〕

第三幕

出台人物（按出台先后）

  大小姐 文娟 （曾出台）

  李二太太 李琼（娟继母）（曾出台）

  张爱珠 文娟友 （曾出台）

  四小姐 文琪 （曾出台）

  仆 人 荣升 （曾出台）

  二少爷 文靖 初由大学校毕业已在南方工厂供职一年的少年

  三小姐 文霞 （曾出台）

  梅 真 李家丫头（曾出台）

地 点 三小姐四小姐共用书房

时 间 与第二幕同日，下午四点钟后

  同一个房间，早上纷乱的情形又归恬静。屋子已被梅真同文琪收拾得成所谓未来派的吃烟室。墙上挂着新派画，旁边有一个比较怪诞的新画屏风。矮凳同靠垫同其他沙发，椅子分成几组，每组有他中心的小茶几，高的，矮的，有红木的，有雕漆的，圆的同方的。家具显然由家中别处搬来，茶几上最主要的供设是小盏沙灯同烟碟。书架上窗子前均有一种小小点缀，最醒目的是并排的红蜡烛。近来女孩子们对于宴会显然受西洋美术的影响，花费她们的心思在这种地方。

  〔幕开时天还没有黑，阳光已经有限，屋中似乎已带点模糊。

大小姐文娟坐在一张小几前反复看一封短短的信。〕

娟　（自语）这真叫人生气！今早的事，我还没有提出，他反如此给我为难！这真怪了，说得好好随他来，现在临时又说不能早来！这简直是欺侮我！（皱眉苦思）今晚他还要找我说话，不知要说什么？……难道要同我提起梅真？（不耐烦的起立去打电话）喂，东局五三四〇，哪儿？喂，唐先生在家么？我李宅，李小姐请他说话……（伸头到处看有没有人）……喂，元澜呀？我是娟，对了，……你的信收到了，我不懂？干吗今晚不早来跳舞？为什么你愈早来，愈会妨碍我的愉快？怎么这算是为我打算！什么？晚上再说？这样你不是有点闹别扭，多成心给人不高兴？……人……人家好意请你……你自己知道对不起人，那就不要这样，不好么？你没有法子？为什么没有法子？晚上还是不早来呀？那……那随你。（生气的将电话挂上伏在桌上哭，又擦擦眼泪欲起又怔着）

〔妈妈（李琼）走进屋子，望见文娟哭，惊讶的退却，又换个主意仍然进来。〕

琼　（装作未见娟哭）这屋子排得倒挺有意思！
娟　（低头拭泪不答）
琼　（仍装做未见）到底是你们年青人会弄……
娟　（仍不语）

琼　娟娟，这趟二弟回来，你看是不是比去年显着胖一点？（望见娟不语）我真想不到他在工厂里生活那么苦，倒吃胖了，这倒给我这做父母的一个好教训。我自己寻常很以为我没有娇养过孩子，就现在看来我还应该让你们孩子苦点才好？（偷看文娟见她没有动静）你看，你们这宴会，虽然够不上说侈奢，也就算是头等幸福。这年头挨饿的不算，多数又多数的人是吃不得饱的，这个有时使我很感到你们的幸福倒有点像是罪过！（见到娟总不答应，决然走到她背后拍着她）娟娟，怎么了？热闹的时候又干吗生气？

娟　（梗声愤愤的）谁，……谁愿意生气？！

琼　娟，妈看年轻的时光里不值得拿去生气的！昨晚上，我听你睡得挺晚，今晚你们一定会玩到更晚，小心明天又闹头痛！

娟　（索性哭起来）

琼　别哭别哭，回头眼睛哭红了不好看，到底什么事，能告诉我吗？

娟　（气愤的抬头告诉李琼）元澜今晚要丢我的面子！他，他说他不能早来，要等很晚才到，吃饭的时候人家一定会奇怪的，并且妈不是答应仲维同老四今晚上宣布他们的婚约吗？

琼　元澜早来晚来又有什么关系？

娟　怎么没有关系？！并且，我告诉妈吧，梅真太可恶了！

琼　（一惊）梅真怎么了？

娟　怎么了？！妈想吧！一直从元澜回来后，她总是那么妖精似的在客人面前讨好，今早上我进这屋子正看见她对元澜不知哭什么！元澜竟然亲热的拿手搭在她背上，低声细语的在那儿安慰她！我早就告诉妈梅真要不得！

琼　（稍稍思索一下）在你们新派人的举动里，这个也算不得什么了不得的事！这也不能单怪梅真。（用劝告口气）我看娟娟，你若是很生气元澜，你们那婚约尽可以"吹"了，别尽着同元澜生气下去，好又不好，吹又不吹的僵着！婚姻的事不能勉强的，你得有个决心才好。

娟　他，他蹓了人，我怎么不生气！

琼　他要真不好，你生他的气又有什么用？还不如大家客客气气的把话说开了，解除了这几年口头上的婚约，大家自由。

娟　这可便宜了他！

琼　这叫什么话，娟？你这样看法好像拿婚姻来同人赌气，也不顾自己的幸福！这是何苦来？你要不喜欢他，或是你觉得他对不起你，那你们只好把从前那事吹了，你应该为自己幸福打算。

娟　这样他可要得意了！他自己素来不够诚意，"蹓"够了人家，现在我要提出吹了婚约的话，他便可以推在我身上说是我蹓了他！

琼　什么是谁"蹓"了谁！如果合不来，事情应该早点解决，我看，婚姻的事很重大，不是可以随便来闹意气的。你想想看，早点决定同我说。你知道，我多担心你这事！

娟　那么，梅真怎么样？她这样可恶，您也不管吗？

琼　梅真的事我得另外问问她，我还不知道她到底做了些什么不应该的事。

娟　我不是告诉您了么，她对元澜讨好，今早我亲眼看到他们两人在这屋子里要好得了不得样子……

琼　这事我看来还是你自己决定，如果你不满元澜对你的态度，你就早点同他说，以后你们的关系只算是朋友，从前的不必提起，其他的事根本就不要去管它了。

娟　您尽在我同元澜的关系一点上说，梅真这样可恶荒唐，您就不提！

琼　老实说，娟，这怎样又好算梅真的荒唐可恶呢？这事本该是元澜负点责！现在男女的事情都是自己自由的，我们又怎样好去禁止谁同谁"讨好"？

娟　好，我现在连个丫头都不如了！随便让她给侮辱了，我只好吞声下气的去同朋友解除婚约！我反正只怪自己没有嬷，命不好……

琼　娟，你不能对我这样说话！（起立）我自认待你一百分的真心。你自小就为着你的奶奶总不听我的话，同我种种为难，我对你总是很耐烦的。今天你这么大了，自己该有个是非的判别力！据我的观察，你始终就不很喜欢元澜的，我真不懂你为什么不明白的表示出来？偏这样老生气干吗？

娟　谁说过我不喜欢元澜？

琼　我说据我的观察。我也知道你很晓得他学问好，人品好，不过婚姻不靠着这种客观的条件。在性情上你们总那么格格不入，这回元澜由国外回来，你们两人兴趣越隔越远……

娟　反正订婚的事又不是我的主张！本来是他们家提的不是；现在他又变心了，叫我就这样便宜了他，我可没有那么好人！

琼　娟，这是何苦来呢？

娟　我不知道！（生气的起立）我就知道，我要想得出一个法子，我一定要收拾收拾梅真，才出得了我这口气。我恨透了梅真！当时我就疑心元澜有点迷糊她。

琼　你早知道了，为什么你答应同元澜订婚？

娟　就是因为我不能让梅真破坏我同元澜的事！

琼　娟，你这事真叫我着急，你这样的脾气只有给自己苦恼，你不该事事都这样赌气似的来！

娟　事事都迫着我赌气么！这梅真简直能把我气死，一天到晚老像反抗着我。明明是丫头而偏不服！本来她做丫头又不是我给卖掉的，也不是我给买来的，她对我总是那么一股子恨！

琼　她这点子恨也许有一点，可是你能怪得她么？记得当时奶奶在时你怎样的压迫她，怎样的使她的念书问题变得格外复杂？当时她岁数还小，没有怎样气，现时她常常愤慨她的身世，怀恨她的境遇，感到不平……不过她那一点恨也不尽是恨你……

娟　我又怎样的压迫她？她念书不念书怎么又是我负责？

琼　当然我是最应该负责的人，不过当时她是你奶奶主张买来的，又交给我管，一开头我就知道不好办，过去的事本来不必去提它，不过你既然问我，我也索性同你说开，当时我主张送她到学堂念书，就是准备收她作干女儿，省得委曲她以后的日子。我想她那么聪明，书总会念得好。谁知就为着她这聪明，同你一块儿上学，功课常比你的好，你就老同她闹，说她同你一块上学，叫你不好看。弄到你奶奶同我大生气，说我做后嬷的故意如此，叫你不好过。这样以后我才把她同你姊妹们分开，处处看待她同看待你们有个不同，以示区别……

娟　奶奶当时也是好意，她是旧头脑，她不过意人家笑话我同丫头一起上学……那时二弟上的是另外一个学堂，三妹四妹都没有上学，就是我一人同梅真。

琼　就为得这一点，我顺从了你奶奶意思，从此把梅真却给委曲了！到了后来我不是把梅真同三妹四妹也同送一个学堂，可是事事都成了习惯，她的事情地位一天比一天不好办，现在更是愈来愈难为情了！老实说，我在李家做了十来年的旧式儿媳妇，事事都顺从着大人的主意，我什么都不懊悔，就是梅真这桩事我没有坚持我的主张，误了她的事，现在我总感到有点罪过……

娟　我不懂您说的什么事一天比一天的不好办，愈来愈难为情？

琼　你自己想想看！梅真不是个寻常的女孩子，又受了相当高的教育，现在落个丫头的名义，她以后怎么办？当时在小学校时所受的小小刺激不算，后来进中学，她有过朋友，不能请人家到家里来，你们的朋友她得照例规规矩矩的拿茶，拿点心，称先生，称小姐——那回还来过她同过学的庄云什么，你记得么？她就不感到不公平，我们心里多感到难为情？……现在她也这么大了，风气同往前更不同了，她再念点新思想的书……你想……

娟　那是三妹在那儿宣传她的那些社会主义！

琼　这也用不着老三那套社会主义，我们才明白梅真在我们这里有许多委曲不便的地方！就拿今天晚上的请客来说吧，到时候她是不是可以出来同你们玩玩？……

娟　对了！（生气的）今天晚上怎么样？四妹说妈让梅真出来做客——是不是也让她跳舞？……要是这样，我干脆不用出来了……这明明是同我为难！

琼　（叹口气）一早上我就为着这桩事七上八下的，想同你商量，我怕的就是你不愿意，老三，老四都说应该请梅真。

娟　那您又何必同我商量？您才不用管我愿意不愿意呢！

琼　娟，我很气你这样子说话！你知道，我就是常常太顾虑了你愿意不愿意，才会把梅真给委曲了，今晚上的宴会，梅真为你们姊妹忙了好多天，你好意思不叫她出来玩玩。她也该出来同你们的朋友玩玩了。

娟　这还用您操心？（冷冷地）分别不过在暗同明的就是了。今早上她不是同元澜鬼混了一阵子么？（哭）反正，我就怪我没有嬷……

琼　娟，你只有这么一个病态心理吗？为什么你不理智一点客观一点，公平一点看事！……我告诉你，我要请梅真出来做客是一桩事，你同元澜合得来合不来又是一桩事，你别合在一起闹。并且为着保护你的庄严，你既不满意元澜，你该早点同他说穿了，除掉婚约。别尽着同他蹩扭，让他先……先开口……我做妈的话也只能说到这里了。

娟　（委曲伤心的呜咽着哭起来）

琼　（不过意的走到娟身旁，坐下一臂揽住文娟，好意的）好孩子，别这样，你年纪这么轻，幸福，该都在前头呢，元澜不好，你告诉他……别叫人笑话你不够大方……对梅真我也希望你能厚道一点……

〔爱珠忽然走进来。〕

珠　（惊谔的）文娟怎么了？

琼　张小姐你来得正好，娟娟有点不痛快，你同她去洗洗脸……一会就要来客了不是？娟，今晚上你们请客几点来？

娟　六点半……七点吧……反正我不出来了。

珠　娟娟，怎么啦？（坐娟旁）

琼　（起立）张小姐你劝劝她吧，本来也不是什么大事情，我今晚决定请梅真出来做客，趁这机会让我表白一下我们已经同朋友一样看待她。你是新时代人，对于这点一定赞成的，晚上在客人跟前一定不会使梅真有为难的地方。（起立要走）

珠　伯母今晚请梅真作客，这么慎重其事的，（冷笑）那我们都该是陪客了，怎么敢得罪她！

琼 （生气正色的）我不是说笑话，张小姐，我就求你们年青人厚道一点，多多帮点忙……

娟 （暗中拉爱珠衣袖）

〔琼下。〕

珠 怎么了，娟？

娟 怎么了？这是我的命太怪，碰了这么个梅真！大家近来越来越惯她，我想不到连妈都公然护着她，并且妈妈明明听见了我说元澜有点靠不住……今早上他们那样了……

珠 我不懂元澜怎么靠不住？

娟 你看不出来元澜近来的样子在疯谁？他常常盯着眼看梅真的一举一动，没有把我气死！今早上……

〔外面脚步响。〕

珠 （以手指放唇上示意叫文娟低声）唏！外面有人进来，我们到你屋子去讲吧……

〔娟回头望门，外面寂然。〕

娟 回头我告诉你……

珠 （叹口气向窗外望，又回头）娟，我问你，我托你探探你二弟的口气,你探着什么了没有?

娟　二弟的嘴比蜡封的还紧,我什么也问不出来。据我看,他也不急着看璨璨……

珠　得了,我也告诉你,我看,也是梅真的鬼在那儿作怪,打吃午饭时起我看你二弟同梅真就对怔着,也不知是什么意思……

〔外面又有语声,两人倾耳听。〕

娟　我们走吧,到我屋子去……

〔荣升提煤桶入。〕

娟　什么事,荣升?
荣　四小姐叫把火添得旺旺的,今儿晚上要屋子越热越好。
珠　我们走吧!

〔娟珠同下。〕

荣　(独弄火炉,一会儿又起立看看屋子,对着屏风)这也不叫着什么?(又在几个小凳上试试。屋子渐来渐黑)这天黑得真早!(荣升又去开了开小灯,左右回顾才重新到火炉边弄火炉)

〔小门开了,四小姐文琪肩上披着白毛巾散着显然刚洗未干的头发进来。〕

荣　四小姐,是您呀?

琪　荣升,火怎样了?

荣　我这儿正通它呢!说话就上来。

琪　荣升,今晚上,今晚上你同梅真说话客气点……

荣　我们"多会儿"说话都是客客气气的……人家是个姑娘……

琪　不是为别的,今晚上太太请梅真出来作客,你们就当她是一位客人,好一点,你知道她也是我的一个同学。

荣　反正,您是小姐,您要我们怎样,我们一定得听您的话的,可是四小姐……我看(以老卖老的)您这样子待她,对她也就没有什么好处……

琪　为什么?你的话我不懂!(走近火炉烤头发)

荣　您想吧,您越这样子待她,不是越把她眼睛提得老高,往后她一什么,不是高不成,低不就,不落个空么?

琪　我不懂,这个怎讲?

荣　就说那德记电料行宋掌柜的,说话就快有二年了!

琪　宋掌柜又怎么了,什么快有二年了?

荣　(摩擦两掌吞吞吐吐的)那小宋不尽……等着梅真答应……嫁给他吗?

琪　(惊讶的)小宋等……等……梅真?

荣　说得是呢?那不是挺"门当户对"的。梅真就偏不给他个回话，人家也就不敢同二太太提，那天我媳妇还说呢，她说，要么她替宋掌柜同太太小姐们说说好话，小宋也没有敢让我们来说话，今儿，我顺便就先给您说一下子……

〔小门忽然推开，文靖——刚回家的二少爷——进来。文靖像他一家子人，也是有漂亮的体格同和悦的笑脸的。沉静处，他最像他母亲，我们奇怪的是在他笑悦的表情底下，却蕴住与他不相宜的一种忧郁，这一点令人猜着是因为他背负着一个不易解决的问题所致，而不是他性情的倾向。〕

靖 （亲热淘气的）怎样？
琪 （向荣升）你去吧，快点再去别的屋子看看炉子。
荣 好吧，四小姐。

〔荣匆匆下。〕

靖 （微笑）荣升还是这个样子，我总弄不清楚他是个好人还是个坏人！（重新淘气的）怎样？我看你还是让我跟你刷头发吧！
琪 二哥，我告诉你了，你去了一年，手变粗了，不会刷头发了，我不要你来弄我的头！
靖 别那么气我好不好？你知道我的手艺本来就高明，经过这一年工厂里的经验，弄惯了顶复杂的机器，我的手更灵敏了许多……

琪　得了，我的头可不是什么复杂的机器呀!

靖　(笑逗琪)我也知道它不复杂，仅是一个很简单的玩艺儿!

琪　二哥你真气人!(用手中刷子推他)你去吧，你给自己去打扮打扮，今晚上有好几位小姐等着欢迎你呢!去吧，我不要你刷我的头发。……

靖　(把刷子夺过举得高高的)我真想不到，我走了一年，我的娇嫩乖乖的小妹妹，变成了这么一个凶悍泼赖的"娘们"!

琪　你真气死我啦!

靖　别气，别气，气坏了，现在可有人会不答应我的……

琪　(望靖，正经的)二哥，……二哥……，你还没有告诉我，你喜欢不喜欢仲维呢?……(难为情的)二哥，你得告诉我真话……

靖　(亲热怜爱的)老四，你知道我喜欢仲维，看样子他很孩子气，其实我看他很有点东西在里面，现在只看他怎样去发展他那点子真玩艺儿……

琪　我知道，我知道，我看我们这许多人里，顶算他有点，有点真玩艺儿。二哥，你也觉得这样，我太高兴了……今晚上我们就宣布订婚的事。

〔两人逐渐走近火炉边。〕

靖　(轻轻的推着琪)高兴了，就请你坐下，乖乖的让我替你刷头发……做个纪念，以后嫁了就轮不到哥哥了!

琪　(笑)二哥，你真怪物，为什么，你这么喜欢替我刷头发?

靖　这个你得问一个心理学家，我自己的心理分析是：一个真的男性他一定喜欢一件极女性的柔媚的东西，我是说天然柔媚的东西，不是那些人工的，侈奢繁腻的可怕玩艺儿！（刷琪发）

琪　吓！你轻一点……

靖　对不起，（又刷琪发）这样子好不好？我告诉你，不知为甚么，我觉得刚洗过的女孩子的头发，表现着一种洁净，一种温柔，一种女性的幽美，我对着它会起一种尊敬，又生一种爱，又是审美的又是近人性的……并且在这种时候，我对于自己的性情也就感到一种和谐的快活。

琪　真的么？二哥。

靖　你看，（一边刷头发）我忘了做男子的骄傲，把他的身边的情绪对一个傻妹妹说，她还不信！

琪　二哥，我还记得从前你喜欢同人家打辫子，那时候我们都剪了头发，就是梅真有辫子……我们都笑你同丫头好，你就好久好久不理梅真……

靖　（略一皱眉）你还记得那些个，我都忘了！（叹口气）我抽根烟好不好哪，（把刷子递给琪）你自己刷一会，我休息一下子……

琪　（接刷子起立）好，就刷这几下子！（频频打散头发摇下水花）二哥，你到底有几天的假？

靖　不到十天。

琪　那为什么你这么晚才回来，不早点赶来，我们多聚几天？你好像不想回家，怕回家似的。

靖　我，我真有点怕么！

琪　（惊奇的）为什么？

靖　老四，你真不知道？

琪　不知道什么？我不懂！

靖　我怕见梅真……

琪　（更惊讶的）为什么，二哥？

靖　（叹口气，抽两口烟，默然一会儿）因为我感到关于梅真，我会使妈妈很为难，我不如早点躲开点，我决定我不要常见到梅真倒好。

琪　二哥！你这话怎么讲？

靖　（坐下，低头抽烟）老四，你不……不同情我么？（打打烟灰）有时我觉到很苦痛——或者是我不够勇敢。

琪　（坐到靖旁边）二哥，你可以全告诉我吗？我想……我能够完全同情你的，梅真实在能叫人爱她……（见靖无言）现在你说了，我才明白我这人有多糊涂！我真奇怪我怎么没想到，我早该看出你喜欢她……可是有一时你似乎喜欢璨璨——你记得璨璨吗？我今晚还请了她。

靖　（苦笑）做妹妹的似乎比做姐姐的糊涂多了。大姐早就疑心我，处处盯着我，有一时我非常的难为情。她也知道我这弱点，更使得我没有主意，窘透了，所以故意老同璨璨在一起，（掷下烟，起立）老四，我不知道你怎样想……

琪　我？我……怎样想？

靖　我的意思是：我不知道你是不是也感到如果我同梅真好，这事情很要使妈妈苦痛，（急促的）我就怕人家拿我的事去奚落她，说她儿子没有出息，爱上了丫头。我觉得那个说法太难堪；社会上一般毁谤人家的话，太使我浑身起毛栗。就说如果我真的同梅真结婚，那更糟了，我可以听到所有难听的话，把梅真给糟蹋坏了……并且妈妈拿我这儿子看得那么重，我不能给人机会说她儿子没有骨气，（恨恨的）我不甘心让大伯嬷那类人得意的有所藉口，你知道么？老四！

琪　现在我才完全明白了！……怪不得你老那样极力的躲避着梅真。

靖　我早就喜欢她，我告诉你！可是我始终感到我对她好只会给她苦痛的，还要给妈妈个难题，叫她为我听话受气，所以我就始终避免着，不让人知道我心里的事儿，（耸一耸肩）只算是给自己一点点苦痛。（支颐沉思）

琪　梅真她不知道吗？

靖　就怕她有点疑心！或许我已经给了她许多苦痛也说不定。

琪　也许，可是我倒没有看出来什么……我也很喜欢梅真，可是我想要是你同她好，第一个，大伯伯一定要同妈妈闹个天翻地覆，第二个是大姊，一定要不高兴，再加个爱传是非的大伯嬷，妈妈是不会少麻烦的。可是刚才我刚听到一桩事，荣升说梅真……什么她……（有点不敢说小宋求婚的事）

靖　梅真怎么了？（显然不高兴）

琪　荣升说……

〔张爱珠盛妆入。〕

珠　嘿，你们这里这么黑，我给你们开盏灯！

琪　（不耐烦的同靖使个眼色）怎么你都打扮好了！这儿可不暖和呀。

珠　（看靖）我可以不可以叫你老二？你看，这儿这个叫你二哥那个叫你二弟的，我跟着那个叫都不合适！（笑眯眯的，南方口音特重）老二，你看，我这付［副］镯子好不好？（伸手过去）

靖　（客气的）我可不懂这个。

珠　你看好不好看呢？

靖　当然好看！

珠　干吗当然？

靖　（窘）因为当然是应该当然的！

珠　（大笑）你那说话就没有什么诚意！……嘿，老四你知道，你大姐在那儿哭吗？

琪　她又哭了，我不知道，反正她太爱哭。

珠　这个你也不能怪她，（望一望靖）她今早上遇到元澜同梅真两人在屋子里，也不知是怎样的要好，亲热极的那样子——她气极了。

琪　什么？不会，不会，一定不会的！

珠　嘿，人家自己看见了，还有错么？你想。

琪　（望靖，靖转向门）

靖　你们的话，太复杂了，我还是到屋里写信去吧，说不定我明天就得走!

琪　二哥,你等等……

靖　不行,我没有工夫了。

〔靖急下。〕

珠　(失望的望着靖的背影)你的二哥明天就走?

琪　不是我们给轰跑的吗?爱珠,大姐真的告诉你那些话么?

珠　可不真的!难道我说瞎话?

琪　也许她看错了,故意那么说,因为她自己很不喜欢元哥!

珠　这个怎样会看错?我真不懂你怎么看得梅真那么好人!你妈说今晚要正式请梅真在这儿做客,好让她同你们平等,我看她以后的花样可要多了。说不定仲维也要让她给迷住!

琪　爱珠!你别这样子说话!老实说,梅真实在是聪明,现在越来越漂亮,为什么人不能喜欢她?(笑)要是我是男人,也许我也会同她恋爱。

珠　(冷笑)你真是大方,随便可以让姊姊的同自己的好朋友同梅真恋爱,梅真福气也真不坏!

琪　得了吧,我看她就可怜!

〔文霞拉着梅真上。〕

霞　梅真真气人,妈请她今天晚上一定得出来做客,她一定不肯,一定要躲起来。

珠　梅真，干吗这样子客气，有人等着要人同你恋爱呢，你怎么要跑了，叫人失恋！

梅　张小姐，你这是怎么讲？

霞　（拉着梅真）梅真，你管她说什么！我告诉你，你今天晚上就得出来，你要不出来，你就是不了解妈妈的好意，对不起她。你平日老不平社会上的阶级习惯，今天轮到你自己，你就逃不出那种意识，介意这些个，多没有出息！

琪　梅真，要是我是你，我才不躲起来！

梅　（真挚的带点咽哽）我不是为我自己，我怕有人要不愿意，没有多少意思。

珠　（向梅真）你别看我不懂得你的意思！大小姐今天晚上还许不出来呢，你何苦那么说。反正这太不管我的事了，这是你们李家的纠纷……

霞　怎么？大姊今晚上真不出来吗？那可不行，她还请了好些个朋友，我们都不大熟的……

珠　那你问你大姊去，我可不知道，老实说我今天听了好些事我很同情她……

〔爱珠向着门，扬长而去。〕

梅　真　你们看，是不是？我看我别出来吧，反正我也没有什么心绪……

琪　三姊，我们同去看大姊去吧，回头来了客她闹起蹩纽来多糟糕！

霞　（回头）梅真，你还是想一想，我劝你还是胆子大一点，装做不知道好！今天这时候正是试验你自己的时候……

梅　好小姐，你们快去看大小姐吧，让我再仔细想，什么试验不试验的，尽是些洋话！

〔琪霞同下，梅起灭了大灯，仅留小桌灯，独坐屏风前小角隅里背向门，低头啜泣。门轻轻的开了，文靖穿好晚服的黑裤白硬壳衬衫，黑领结打了一半，外面套着暗色呢"晨衣"Dressing-Gown 进来。〕

靖　老四，给我打这鬼领带……那儿去啦？……（看看屋子没有人，伸个懒腰垂头丧气的坐在一张大椅上，拿出根烟抽，又去寻洋火起立在屋中转，忽见梅真）梅，梅真……你在这儿干吗？

梅　（拭泪起立强笑）好些事，坐在这里想想……

靖　（冷冷的）那么对不起，打扰了！我进来时就没有看见你。

梅　你什么时候都没有看见我……

靖　（一股气似的）为什么我要特别注意你？……

梅　（惊讶的瞪着眼望着）谁那样说啦？那有那样说话的，靖爷！（竭力抑制住）我的意思是你走了一年……今天回来了……谁都高兴，你……你却那样好像……好像不理人似的，叫人怪难过的！（欲哭又止住眼泪）

靖　我不知道怎样才叫理人？也许你知道别位先生们怎样理你法子，我就不会那一套……

梅　（更惊讶靖的话）靖爷！你这话有点儿怪！素常你不爱说话，说话总是顶直爽的，今天为什么这样讲话？

靖　你似乎很明白，那不就得了么？更用不着我直爽了！

梅　（生气的）我不懂你这话，靖爷，你非明说不可！

靖　我说过你明白就行了，用不着我明说什么，反正我明天下午就走了，你何必管我直爽不直爽的！你对你自己的事自己直爽就行了。虽然有时候我们做一桩事，有许多别人却为着我们受了一些苦处……不过那也是没有法子的事！

梅　（带哭声）你到底说什么？我真纳闷死了！我真纳闷死了。（坐椅上伏椅背上哭起来）

〔靖有点不过意，想安慰梅走到她旁边，又坚决的转起走开。〕
〔文琪入。〕

琪　二哥，（见哭着的梅真）怎么了？

梅　（抬头望琪）四小姐，你快来吧，你替我问问靖爷到底怎么了，我真不懂他的话！

琪　（怔着望文靖不知所措）二哥！

靖　老四，不用问了！我明天就走，一切事情我都可以不必再关心了，就是妈妈我也交给你照应了……

琪　二哥！

〔文靖绷紧着脸匆匆走出。〕

梅　四小姐！

琪　梅真！到底怎么了？

梅　我就不明白，此刻靖爷说的话我太不懂了……

琪　他同你说什么呢？

梅　我一个人坐在这里，他，他进来了起先没有看见我，后来看见了，尚冷冷的说对不起他打扰了我……我有点气他那不理人的劲儿，就说他什么时候反正都像不理人……他可就大气起来问我怎样才叫理人！又说什么也许我知道别位先生怎样理我法子，他不懂那一套……我越不懂他的话，他越……我真纳闷死了！

琪　（怔了这许久）我问你梅真，元哥同你怎么啦？今早上你们是不是在这屋子里说话？

梅　今早上？噢，可是你怎么知道，四小姐？

琪　原来真有这么一回事！（叹口气）张爱珠告诉我的，二哥也听见了。爱珠说大姊亲眼见到你同元哥……同元哥……

梅　（急）可是，可是我没有同唐先生怎样呀！是他说，他，他……对我……

琪　那不是一样么？

梅　（急）不一样么！不一样么！（哭声）因为我告诉他，我爱另一个人，我只知道那么一个人好……

琪　谁？那是谁？

梅　（抽噎着哭）就是，就是你这二哥！

琪　二哥？

梅 （仍哭着）可是，四小姐你用不着着急，那没有关系的，我明天就可以答应小宋……去做他那电料行的掌柜娘！那样子谁都可以省心了……我不要紧……

琪 （难过的）梅真，你不能……

梅 我怎么不能，四小姐？（起立拭泪）你看着吧！你看……看着吧！

琪 梅真！你别……你……

〔梅真夺门出，琪一人呆立片刻，才丧气的坐下以手蒙脸。〕

〔幕下〕

May 19th 1936

Aloma, Aloma, Aloma — (I have applied transliteration)
I have been in the gillnig season here since
your last delightful letter. When there was the
little lake scene I found amusing, you right away
There has been exhibitions I did not [illegible] and I
wrote to you multiple because of it. Jump I could
break the load my letter. Then via Siberia
and both. Every reply days a cable (except one
which came a little sooner, but it [illegible] to me
that was written back.?) [illegible] saying goes [illegible]
terrible of getting. We croon into up — written
rapidly. if [illegible] is not in a hurry to [illegible] it
you [illegible] by this new [illegible] of [illegible]

You saved wondering about my ways of life.
answer [illegible] others help in people in
because like [illegible] of an experience it
breed. Something [illegible] on the same time
almost [illegible] I think there's waste
myself in trash always [illegible] — I mean with
[illegible] that to the money in [illegible] of
changes. It [illegible] the circumstances, [illegible] us
good for [illegible] to understand. [illegible]
[illegible] for the same [illegible] to see the [illegible]
as a family member. The [illegible] is [illegible]
everybody has room enough for self personality,
determination to [illegible] life in letters I hoped
let me give you a picture to show how the

小说 戏剧
翻译
书信

初刊于一九二三年十二月一日《晨报五周年纪念增刊号》，署尺棰译。

夜莺与玫瑰

——奥司克魏尔德* 奥司克魏尔德 今通译为奥斯卡·王尔德。 神话

"她说我若为她采得红玫瑰，便与我跳舞。"青年学生哭着说，"但我全园里何曾有一朵红玫瑰。"

夜莺在橡树上巢中听见，从叶丛里望［往］外看，心中诧异。

青年哭道，"我园中并没有红玫瑰！"他秀眼里满含着泪珠。"呀！幸福倒靠着这些区区小东西！古圣贤书我已读完，哲学的玄秘，我已彻悟，然而因为求一朵红玫瑰不得，我的生活便这样难堪。"

夜莺叹道，"真情人竟在这里。以前我虽不曾认识，我却夜夜的歌唱他：我夜夜将他的一桩桩事告诉星辰，如今我见着他了。他的头发黑如风信子花，嘴唇红比他所切盼的玫瑰，但是挚情已使他脸色憔悴，烦恼已在他眉端印着痕迹。"

青年又低声自语，"王子今晚宴会跳舞，我的爱人也将与会。我若为她采得红玫瑰，她就和我跳舞直到天明，我若为她采得红玫瑰，我将把她抱在怀里，她的头，在我肩上枕着，她的手，在我掌中握着。但我园里没有红玫瑰，我只能寂寞的坐着，看她从我跟前走过，她不睬我，我的心将要粉碎了。"

"这真是个真情人。"夜莺又说着,"我所歌唱,是他尝受的苦楚:在我是乐的,在他却是悲痛。'爱'果然是件非常的东西。比翡翠还珍重,比玛瑙更宝贵。珍珠,榴石买不得他,黄金亦不能作他的代价,因为他不是在市上出卖,也不是商人贩卖的东西。"

青年说,"乐师们将在乐坛上弹弄丝竹,我那爱人也将按着弦琴的音节舞蹈。她舞得那么翩翩,莲步都不着地,华服的少年们就会艳羡的围着她。但她不同我跳舞,因我没有为她采到红玫瑰。"于是他卧倒在草里,两手掩着脸哭泣。

绿色的小壁虎说,"他为什么哭泣?"说完就竖起尾巴从他跟前跑过。

蝴蝶正追着太阳光飞舞,她亦问说,"唉,怎么?"金盏花亦向他的邻居低声探问道,"唉,怎么?"夜莺说,"他为着一朵红玫瑰哭泣。"

他们叫道,"为着一朵红玫瑰!真笑话!"那小壁虎本来就刻薄,于是大笑。

然而夜莺了解那青年烦恼里的秘密,她静坐在橡树枝上细想"爱"的玄妙。

忽然她张起棕色的双翼,冲天的飞去。她穿过那树林如同影子一般,如同影子一般的,她飞出了花园。

草地当中站着一株绝美的玫瑰树,她看见那树,向前飞去落在一枝枝头上。

她叫道,"给我一朵鲜红玫瑰,我为你唱我最婉转的歌。"

可是那树摇头。

"我的玫瑰是白的。"那树回答她,"白如海涛的泡沫,白过山巅上积雪。请你到古日规旁找我兄弟,或者他能应你所求。"

于是夜莺飞到日规旁边那丛玫瑰上。

她又叫道,"给我一朵鲜红玫瑰,我为你唱最醉人的歌。"

可是那树摇头。

"我的玫瑰是黄的,"那树回答她,"黄如琥珀座上人鱼神的头发,黄过割草人未割以前的金水仙。请你到那青年窗下找我兄弟,或者他能应你所求。"

于是夜莺飞到青年窗下,那丛玫瑰上。

她仍旧叫道,"给我一朵鲜红玫瑰,我为你唱最甜美〈的〉歌。"

可是那树摇头。

那树回答她说,"我的玫瑰是红的,红如白鸽的脚趾,红过海底岩下扇动的珊瑚。但是严冬已冻僵了我的血脉,寒霜已啮伤了我的萌芽,暴风已打断了我的枝干,今年我不能再开了。"

夜莺央告说,"一朵红玫瑰就够了。只要一朵红玫瑰!请问有甚法子没有?"

那树答道,"有一个法子,只有一个,但是太可怕了,我不敢告诉你。"

"告诉我吧。"夜莺勇敢的说,"我不怕。"

那树说道,"你若要一朵红玫瑰,你须在月色里用音乐制成,然后用你自己的心血染他。你须将胸口顶着一根尖刺,为我歌唱。你须整夜的为我〈歌〉唱,那刺须刺入你的心头,你生命的血液得流到我的心房里变成我的。"

夜莺叹道,"拿死来买一朵红玫瑰,代价真不小,谁的生命不是宝贵的。坐在青郁的森林里看太阳在黄金车里,月娘在白珠辇内驰骋，真是一桩乐事。山查花的味儿真香，山谷里的吊钟花和山坡上野草真美。然而'爱'比生命更可贵，一个鸟的心又怎能和人的心比？"

于是她张起棕色的双翼，冲天的飞去。她过那花园如同影子一般，如同影子一般，她荡出了那树林子。

那青年仍旧偃卧在草地上方才她离他的地方，他那付[副]秀眼里的泪珠还没有干。

夜莺喊道，"高兴罢，快乐罢；你将要采到你那朵红玫瑰了。我将用月下的歌音制成他，再用我自己的心血染红他。我向你所求的酬报，仅是要你做一个真挚的情人，因为哲理虽智，爱比她更慧；权力虽雄，爱比他更伟。焰光的色彩是爱的双翅，烈火的颜色是爱的躯干。他有如蜜的口唇，若兰的吐气。"

青年从草里抬头侧耳静听，但是他不懂夜莺对他所说的话，因他只晓得书上所讲的一切。

那橡树却是懂得，他觉得悲伤，因为他极爱怜那枝上结巢的小夜莺。

他轻声说道，"唱一首最后的歌给我听罢，你别去后，我要感到无限的寂寥了。"

于是夜莺为橡树唱起来。她恋别的音调就像在银瓶里涌溢的水浪一般的清越。

她唱罢时，那青年站起身来从衣袋里抽出一本日记簿和一枝笔。

他一面走出那树林，一面自语道："那夜莺的确有些恣态。这是人所不能否认的；但是她有感情么？我怕没有。实在她就像许多美术家一般，尽是仪式，没有诚心。她必不肯为人牺牲。她所想的无非是音乐,可是谁不知道艺术是为己的。虽然,我们总须承认她有醉人的歌喉。可惜那种歌音也是毫无意义,毫无实用。"于是他回到自己室中,躺在他的小草垫的床上想念他的爱人;过了片时他就睡去。

待月娘升到天空,放出她的光艳时,那夜莺也就来到玫瑰枝边,将胸口插在刺上。她胸前插着尖刺,整夜的歌唱,那晶莹的月亮倚在云边静听。她整夜的,唪着歌喉,那刺越插越深,她生命的血液渐渐溢去。

最先她歌颂的是稚男幼女心胸里爱恋的诞生。于是那玫瑰的顶尖枝上结了一苞卓绝的玫瑰蕾,歌儿一首连着一首的唱,花瓣一片跟着一片的开。起先那瓣儿是黯淡得如同河上罩着的薄雾——黯淡得如同晨晞的脚迹,银灰得好似曙光的翅翼,那枝上玫瑰蕾就像映在银镜里的玫瑰影子或是照在池塘的玫瑰化身。

但是那树还催迫着夜莺紧插那枝刺。"靠紧那刺,小夜莺,"那树连声的叫唤,"不然,玫瑰还没开成,晓光就要闯来了。"

于是夜莺越紧插入那尖刺,越扬声的她唱的歌,因她这回所歌颂的是男子与女子性灵里烈情的诞生。

如今那玫瑰瓣上生了一层娇嫩的红晕,如同初吻新娘时新郎的绛颊。但是那刺还未插到夜莺的心房,所以那花心尚留着白色,因为只有夜莺的心血可以染成玫瑰花心。

那树复催迫着夜莺紧插那枝刺,"靠紧那刺,小夜莺,"那树连声的叫唤,"不然玫瑰还没开成,晓光就要闯来了。"

于是夜莺紧紧插入那枝刺,那刺居然插入了她的心,但是一种奇痛穿过她的全身,那种惨痛愈猛,愈烈,她的歌声越狂,越壮,因为她这回歌颂的是因死而完成的挚爱和冢中不朽的烈情。

那卓绝的玫瑰于是变作鲜红，如同东方的天色。花的外瓣红同烈火，花的内心赤如绛玉。

夜莺的声音越唱越模糊了，她的双翅拍动起来，她的眼上起了一层薄膜。她的歌声模糊了，她觉得喉间哽咽了。

于是她放出末次的歌声，白色的残月听见，忘记天晓，挂在空中停着。那红玫瑰听见，凝神战栗着，在清冷的晓风里瓣瓣的开放。回音将歌声领入山坡上的紫洞，将牧童从梦里惊醒。歌声流到河边苇丛中，苇叶将这信息传与大海。

那树叫道，"看！这玫瑰已制成了。"然而夜莺并不回答，她已躺在乱草里死去，那刺还插在心头。

日午时青年开窗望［往］外看。

他叫道，"怪事：真是难遇的幸运；这儿有朵红玫瑰，这样好玫瑰，我生来从没看见过。他这样美红定有很繁长的拉丁名字。"说着便俯身下去折了这花。

于是他戴上帽子，跑往教授家去，手里拈着红玫瑰。

教授的女儿正坐在门前卷一轴蓝色绸子，她的小狗伏在她脚前。

青年叫道，"你说过我若为你采得红玫瑰，你便同我跳舞。这里有一朵全世界最珍贵的红玫瑰。你可以将它插在你的胸前，我们同舞的时候，这花便能告诉你，我怎样的爱你。"

那女郎只皱着眉头。

她答说，"我怕这花不能配上我的衣裳；而且大臣的侄子送我许多珠宝首饰，人人都知道珠宝比花草贵重。"

青年怒道，"我敢说你是个无情义的人。"他便将玫瑰掷在街心，掉在车辙里,让一个车轮轧过。

女郎说,"无情义?我告诉你罢,你实在无礼;况且到底你是谁?不过一个学生文人。我看像大臣侄子鞋上的那银扣,你都没有。"说着站起身来走回房去。

青年走着自语道,"爱好傻呀,远不如伦理学那般有实用,它所告诉我们的,无非是空中楼阁,实际上不会发生的,和漂渺虚无不可信的事件。在现在的世界里存在,首要有实用的东西,我还是回到我的哲学和玄学书上去吧。"

于是他回到房中取出一本笨重的,满堆着尘土的大书埋头细读。

《晨报五周年纪念增刊号》目录页(林徽因翻译的《夜莺与玫瑰——奥司克魏尔德神话》发表于该刊)

小说 戏剧 翻译 书信

致胡适

一九二七年二月六日

适之先生:

也许你很诧异这封唐突的来信,但是千万请你原谅。你到美的消息传到一个精神充军的耳朵里,这不过是个很自然的影响。

我这两年多的渴想北京和最近惨酷的遭遇给我许多烦恼和苦痛。我想你一定能够原谅我对于你到美的踊跃。我愿意见着你,我愿意听到我所狂念的北京的声音和消息,你不以为太过吧?

纽约离此很近,我们有希望欢迎你到费城来么?哥伦比亚演讲一定很忙,不知周末可以走动不?

这二月底第三或第四周末有空否,因为那时彭校新创的教育会有个演讲托找中国 speaker*speaker 讲演人。胡先生若可以来费,可否答应当那晚的 speaker?本来这会极不要紧,不该劳动大驾,只因因此我们可以聚会晤谈,所以函问。

若是月底太忙不能来费,请即示知,以便早早通知该会(Dr.G. H. Minnich 会长)。过些时候我也许可以到纽约来拜访。

很不该这样唐突打扰,但是——原谅。

徽音上
费城 二月六日

Address: Phyllis W.Y.Lin/ 3707 Woodland Ave./Phila, PA

*Address: Phyllis W.Y.Lin/3707 Woodland Ave./Phila, PA 菲丽丝 林徽因/伍德兰大街 3707 号/费城,宾夕法尼亚州

致胡适

一九二七年三月十五日

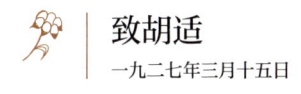

适之先生：

我真不知道怎样谢谢你这次的 visit*^{visit 访问} 才好！星五那天我看你从早到晚不是说话便是演讲，真是辛苦极了。第二天一清早我想着你又在赶路到华京去，着实替你感着疲劳。希望你在华京从容一点，稍稍休息过来。

那天听讲的人都高兴得了不得。那晚，饭后我自己只觉得有万千的感触，倒没有向你道谢。要是道谢的话，"谢谢"两字真是太轻了。不能达到我的感激。一个小小的教育会把你辛苦了足三天，真是！

你的来费给我好几层的安慰，老实说当我写信去请你来时实在有些怕自己唐突，就是那天见了你之后也还有点不自在。但是你那老朋友的诚意温语立刻把我 put at ease*^{put at ease 宽慰} 了。

你那天所谈的一切——宗教，人事，教育到政治——我全都忘不了的，尤其是"人事"；一切的事情我从前不明白，现在已经清楚了许多。就还有要说要问的，也就让他们去，不说不问了。"让过去的算过去的"，这是志摩的一句现成话。

大概在你回国以前我不能到纽约来了，如果我再留美国一年的话，大约还有一年半我们才能再见了。适之先生，我祝你一切如意快乐和健康。回去时看见朋友们替我〈问〉候，请你告诉志摩，我这三年来寂寞受够了，失望也遇多了，现在倒能在寂寞和失望中得着自慰和满足。告诉他我绝对的不怪他，只有盼他原谅我以前的种种的不了解。但是路远隔膜，误会是所不免的，他也该原谅我。我昨天把他的旧信一一翻阅了，旧的志摩我现在真真透彻的明白了，但是过去的算过去，现在不必重提了，我只永远记念着。

如你所说的，经验是可宝贵的。但是有价值的经验全是苦痛换来的，我在这三年中真是得了不少的阅历，但就也够苦了。经过了好些的变动，以环境和心理我是如你所说的老成了好些，换句话说便是会悟了。从青年的 idealistic phase*_{idealistic phase 理想主义阶段} 走到了成年的 realistic phase*_{realistic phase 现实主义阶段}。做人便这样做罢。Idealistic 的梦停止了，也就可以医好了许多 vanity*_{vanity 虚荣}，这未始不是个好处。

照事实上看来我没有什么不满足的。现在一时国内要不能开始我的工作，我便留在国外继续用一年功再说。有便请你再告诉志摩，他怕美国把我宠坏了，事实上倒不尽然，我在北京那一年的 spoilt*_{spoilt 惯坏了的}生活，用了三年的工夫才一点一点改过来。要说"spoilt"，世界上没有比中国更容易 spoilt 人了，他自己也就该留心点。

通伯和夫人*_{通伯和夫人 陈源（西滢）和凌叔华}。为我道念，叔华女士若是有暇可否送我几张房子的相片，自房子修改以后我还没有看见过。我和那房子的感情实是深长，旅居的梦魂常常绕着琼塔雪池。她母亲的院子里就有我无数的记忆，现在虽然已不堪回首，但是房主人们都是旧交，我极愿意有几张影片留作纪念。

感情和理性可以说是反对的。现在夜深，我不由得不又让情感激动,便就无理的写了这么长一封信,费你时间扰你精神。适之先生,我又得 apologize*apologize 道歉了。回国以后如有机会极闲暇的时候给我个把字吧,我眼看着还要充军一年半,不由得不害怕呀。

胡太太为我问好,希望将来到北京时可以见着。就此祝你旅安

徽音寄自费城
三月十五日

致胡适

一九三一年十一月三日

> 此信根据手稿刊印。

适之先生：

新月总店经济状况甚为窘迫，今晚要开董事会，由此也许会有新的变动。

代定《独立评论》的款项，已去信北平分店先筹付百元。

《新月》第三卷合订本二份和《四十自述》第六章原稿都已先后挂号寄上。

敬祝安好！

徽音　敬上

十一月三日

致胡适

一九三一年十一月

适之先生：

志摩去时嘱购此绣货赠 Bell 夫妇，托先生带往燕京大学，现奉上。渠眷念 K.M.[*K. M. 英国作家曼斯菲尔德]之情直转到她姊姊身上，直可以表示多情厚道的东方色彩，一笑。

大驾刚北返，尚未得晤面，怅怅。迟日愚夫妇当同来领教。

徽音

致胡适

一九三二年一月一日

此信根据手稿刊印。

适之先生：

志摩刚刚离开我们，遗集事尚觉毫无头绪，为他的文件就有了些纠纷，真是不幸到万分，令人想着难过之极。

我觉得甚对不起您为我受了许多麻烦，又累了别的许多朋友也受了些纤[牵]扰，更是不应该。

事情已经如此，现在只得听之，不过我求您相信我不是个多疑的人，这一桩事的蹊跷曲折，全在叔华一开头便不痛快——便说瞎话——所致。

我这方面的事情很简单：

（一）大半年前志摩和我谈到我们英国一段事，说到他的"康桥日记"仍存在，回硖石时可找出给我看。如果我肯要，他要给我。（因为他知道我留有他当时的旧信，他觉得可收藏在一起。）

注 *此信中"注"系林徽因自注。*：整三年前，他北来时，他向我诉说他订婚、结婚经过，讲到小曼看到他的"雪池时代日记"不高兴极了，把它烧了的话，当时也说过：不过我尚存下我的"康桥日记"。

（二）志摩死后，我对您说了这段话——还当着好几个人说的——在欧美同学会，奚若、思成从渭南回来那天。

（三）十一月廿八日星期六晨，由您处拿到一堆日记簿（有满的一本，有几行的数本，皆中文，有小曼的两本，一大一小，后交叔华由您负责取回的），有两本英文日记，即所谓 Cambridge*Cambridge 康桥。通译剑桥。日记者一本，乃从 July 31 1921*July 31 1921 一九二一年七月三十一日起。次本从 Dec.2nd*Dec.2nd 十二月二日（同年）起始，至回国止者，又有一小本英文为志摩一九二五在意大利写的。此外几包晨副*晨副 指当时的《北平晨报》副刊。原稿，两包晨副零张杂纸，空本子小相片，两把扇面，零零星星纸片，住址本。

注：那天在您处仅留一小时，理《诗刊》稿子，无暇细看箱内零本，所以一起将箱带回细看，此箱内物是您放入的，我丝毫未动，我更知道此箱装的不是志摩平日原来的那些东西，而是在您将所有信件分人分类捡出后，单单将以上那些本子纸包子聚成这一箱的。

（四）由您处取出日记箱后约三四日或四五日听到奚若说：公超*公超 叶公超在叔华处看到志摩的"康桥日记"，叔华预备约公超共同为志摩作传的。

注：据公超后来告我，叔华是在十一月廿六日开会（讨论，悼志摩）的那一晚上约他去看日记的。

（五）追悼志摩的第二天（十二月七号），叔华来到我家向我要点志摩给我的信，由她编辑，成一种"志摩信札"之类的东西，我告诉她旧信全在天津，百分之九十为英文，怕一时拿不出来，拿出来也不能印。我告诉她我拿到有好几本日记，并请她看一遍大概是些什么，并告诉她，当时您有要交给大雨*大雨 孙大雨的意思，我有点儿不赞成。您竟然将全堆"日记类的东西"都交我，我又 embarrassed*embarrassed 不好意思却又不敢负您的那种 trust*trust 信任——您要我看一遍编个目录——所以我看东西绝对的 impersonal*impersonal 非个人化的带上历史考据眼光。Interesting only in*Interesting only in 只有兴趣于事实的辗进变化，忘却谁是谁。

最后我向她要看公超所看到的志摩日记——我自然作为她不会说"没有"的可能说法，公超既已看到。（我说：听说你有志摩的"康桥日记"在你处，可否让我看看等等。）

她停了一停说可以。

我问她："你处有几本？两本么？"

她说"两——本"，声音拖慢，说后极不高兴。

我还问："两本是一对么？"未待答，"是否与这两本（指我处"康桥日记"两本）相同的封皮？"

她含糊应了些话，似乎说"是！不是，说不清"等，"似乎一本是——"，现在我是绝对记不清这个答案（这句话待考）。因为当时问此话时，她的神色极不高兴，我大窘。

（六）我说要去她家取，她说她下午不在，我想同她回去，却未敢开口。

后约定星三（十二月九号）遣人到她处去取。

（七）星三九号晨十一时半，我自己去取，叔华不在家，留一信备给我的，信差带复我的。

此函您已看过，她说（原文）："昨归遍找志摩日记不得，后捡自己当年日记，乃知志摩交我乃三本：两小，一大，小者即在君处箱内，阅完放入的。大的一本（满写的）未阅完，想来在字画箱内（因友人物多，加意保全），因三四年中四方奔走，家中书物皆堆叠成山，甚少机缘重为整理，日间得闲当细捡一下，必可找出奉阅。此两日内，人事烦扰，大约须此星期底才有空翻寻也。"

注：这一篇信内有几处瞎说不必再论，即是"阅完放入"，"未阅完"两

句亦有语病，既说志摩交她三本日记，何来"阅完放入"君处箱内。可见非志摩交出，乃从箱内取出阅，而"阅完放入"，而有一本（？）未阅完而未放入。

此箱偏偏又是当日志摩曾寄存她处的一个箱子，曾被她私开过的。（此句话志摩曾亲语我。他自叔华老太太处取回箱时，亦大喊："我锁的，如何开了，这是我最要紧的文件箱，如何无锁，怪事——"又"太奇怪，许多东西不见了，missing*missing 不见了"。旁有思成，Lilian Tailor 及我三人。）

（八）我留字，请她务必找出借我一读。说那是个不幸事的留痕，我欲一读，想她可以原谅我。

（九）我觉得事情有些周折，气得通宵没有睡着，可是，我猜她推到"星期底"必是要抄留一份底子，故或须［需］要时间。（她许怕我以后不还她那日记。）我未想到她不给我，更想不到以后收到半册，而这半册日记正巧断在刚要遇到我的前一两日。

（十）十二月十四日（星一）half a book with 128 pages received (dated from Nov. 17, 1920 ended with sentence "it was badly planned.") *half a book with 128 pages received (dated from Nov. 17, 1920 ended with sentence "it was badly planned." 收到半本共一百二十八页，始自一九二〇年十一月十七日，以"计划得很糟"一句告终。叔华送到我家来，我不在家，她留了一个 note*note 便条说怕我急，赶早送来的话。

（十一）事后知道里边有故事，却也未胡猜，后奚若来说叔华跑到性仁家说她处有志摩日记（未说清几本）徽音要，她不想给（不愿意给）的话，又说小曼日记两本她拿去也不想还等等，大家都替我生气，觉得叔华这样，实在有些古怪。

（十二）我到底全盘说给公超听了（也说给您听了）。公超看了日记说，这本正是他那天（离十一月廿八日最近的那星期）看到了的，不过当时未注意底下是如何，是否只是半册未注意到，她告诉他是两本，而他看到的只是一本，但他告诉您（适之）"refuse to be quoted" *refuse to be quoted 我拒绝被引用。，底下事不必再讲了。

二十一年元旦

致胡适

一九三二年一月一日

适之先生：

下午写了一信，今附上寄呈，想历史家必不以我这种信为怪，我为人直爽性急，最恨人家小气曲折说瞎话。此次因为叔华瞎说，简直气糊涂了。

我要不是因为知道公超看到志摩日记，就不知道叔华处会有的。谁料过了多日，向她要借看时，她倒说"遍找不得"，"在书画箱内多年未捡"的话。真叫人不寒而栗！我从前不认得她，对她无感情，无理由的，没有看得起她过。后来因她嫁通伯，又有《送车》等作品，觉得也许我狗眼看低了人，始大大谦让真诚的招呼她，万料不到她是这样一个人！真令人寒心。

志摩常说："叔华这人小气极了。"我总说："是么？小心点吧，别得罪了她。"

女人小气虽常有事，像她这种有相当学问知名的人也该学点大方才好。

现在无论日记是谁裁去的，当中一段缺了是事实，她没有坦白的说明以前，对那几句瞎话没有相当解释以前，她永有嫌疑的。（志摩自己不会撕的，小曼尚在可问。）

关于我想着那段日记，想也是女人小气处或好奇处多事处，不过这心理太 human（*human 人情）了，我也不觉得惭愧。

□实说,我也不会以诗人的美谀为荣,也不会以被人恋爱为辱。我永是"我",被诗人恭维了也不会增美增能,有过一段不幸的曲折的旧历史也没有什么可羞惭。(我只是要读读那日记,给我是种满足,好奇心满足,回味这古怪的世事,纪念老朋友而已。)

我觉得这桩事人事方面看来真不幸,精神方面看来这桩事或为造成志摩为诗人的原因,而也给我不少人格上知识上磨练修养的帮助,志摩 in a way*in a way 从某方面 不悔他有这一段苦痛历史,我觉得我的一生至少没有太堕入凡俗的满足,也不算一桩坏事。志摩警醒了我,他变成一种 stimulant*stimulant 激励 在我生命中,或恨,或怒,或 happy 或 sorry*或 happy 或 sorry 或幸运或遗憾,或难过,或苦痛,我也不悔的,我也不 proud*proud 得意、骄傲 我自己的倔强,我也不惭愧。

我的教育是旧的,我变不出什么新的人来,我只要"对得起"人——爹娘、丈夫(一个爱我的人,待我极好的人)、儿子、家族等等,后来更要对得起另一个爱我的人,我自己有时的心,我的性情便弄得十分为难。前几年不管对得起他不,倒容易——现在结果,也许我谁都没有对得起,您看多冤!

我自己也到了相当年纪,也没有什么成就,眼看得机会愈少——我是个兴奋 type accomplish things by sudden inspiration and master stroke*type accomplish things by sudden inspiration and master stroke 兴奋型,靠突然的灵感和神来之笔做事。,不是能用功慢慢修炼的人。现在身体也不好,家常的负担也繁重,真是怕从此平庸处世,做妻生仔的过一世!我禁不住伤心起来。想到志摩今夏的 inspiring friendship and love*inspiring friendship and love 富于启迪性的友谊和爱 对于我,我难过极了。

这几天思念他得很,但是他如果活着,恐怕我待他仍不能改的。

事实上太不可能。也许那就是我不够爱他的缘故,也就是我爱我现在的家在一切之上的确证。志摩也承认过这话。

徽音

二十年 *二十年 民国二十年。此系林徽因笔误,当为"二十一年"。正月一日

致胡适

一九三二年春

适之先生：

多天未通音讯，本想过来找您谈谈，把一些零碎待接头的事情一了。始终办不到。日前，人觉得甚病，不大动得了，后来赶了几日夜，两三处工程图案，愈弄得人困马乏。

上星期起到现在一连走了几天协和检查身体，消息大不可人，医生和思成又都皱开眉头！看来我的病倒进展了些，医生还在商量根本收拾我的办法。

身体情形如此，心绪更不见佳，事情应着手的也复不少，甚想在最近期间能够一晤谈，将志摩几本日记事总括筹个办法。

此次，您从硤*硖 硖石带来一部分日记尚未得见，能否早日让我一读，与其他部分作个整个的 survey*survey 考察？

据我意见看来，此几本日记英文原文并不算好，年青得利［厉］害，将来与他"整传"大有补助处固甚多，单印出来在英文文学上价值并不太多（至少在我看到那两本中文字比他后来的作品书札差得很远），并且关系人个个都活着，也极不便，一时只是收储保存问题。

志摩作品中诗已差不多全印出，散文和信札大概是目前最要紧问题，不知近来有人办理此事否？"传"不"传"的，我相信志摩的可爱的人格永远会在人们记忆里发亮的，暂时也没有赶紧必要。至多慢慢搜集材料为将来的方便而已。

日前，Mr.E.S.Bernett 来访，说 Mrs. Richard 有信说康桥志摩的旧友们甚想要他的那两篇关于康桥的文章译成英文寄给他们，以备寄给两个杂志刊登。The Richards 希望就近托我翻译。我翻阅那两篇东西不竟［禁］出了许多惭愧的汗。你知道那两篇东西是他散文中极好的两篇。我又有什么好英文来翻译它们。一方面我又因为也是爱康河的一个人，对康桥英国晚春景子有特殊感情的一个人，又似乎很想"努力""尝试"（都是先生的好话），并且康桥那方面几个老朋友我也认识几个，他那文章里所引的事，我也好像全彻底明白……

但是，如果先生知道有人能够十分的 do his work justice in rendering into really charming English*do his work justice in rendering into really charming English 善待他的作品，能够将它们变成真正雅致的英文。，最好仍请一个人快快的将那东西译出寄给 Richards 为妥。

身体一差，伤感色彩便又深重。这几天心里万分的难过。怎办？

从文走了没有，还没有机会再见到。

湘玫又北来，还未见着。南京似乎日日有危险的可能，真糟。思忠 *思忠 梁思忠，梁思成的四弟。在八十八师已开在南京下关前线，国难更难得迫切，这日子又怎么过！

先生这两天想也忙,过两天可否见到,请给个电话。

胡太太伤风想已好清。我如果不是因为闹协和这一场,本来还要来进"研究院"的。现在只待静候协和意旨,不进医院也得上山了。

此问

著安

徽音拜上

思成寄语问候,他更忙得不亦乐乎。

致胡适
一九三二年六月十四日

> 此信根据手稿刊印。

适之先生：

上次我上山以前，你到我们家里来，不凑巧我正出去，错过了，没有晤着，真可惜。你大忙中跑来我们家，使我疑心到你是有什么特别事情的，可是猜了半天都猜不出，如果真的有事，那就请你给我个信罢。

那一天我答应了胡太太代找房子，似乎对于香山房子还有一点把握，这两天打听的结果，多半是失望，请转达。但是这不是说香山绝对没有可住的地方，租的是说没有了，可借的却似乎还有很多。双清别墅听说已让守和夫妇暂借了，虽然是短期。

我的姑丈卓君庸的"自青榭"倒也不错，并且他是极欢迎人家借住的，如果愿意，很可以去接洽一下。去年刘子楷太太借住几星期，客人主人都高兴一场的。自青榭在玉泉山对门，虽是平地，却也别饶风趣，有池；有柳；有荷花鲜藕；有小山坡；有田陌；即是游卧佛寺，碧云寺，香山，骑驴洋车皆极方便。

谢谢送来独立周刊*独立周刊《独立评论》，一九三二年五月创刊。。听到这刊出世已久，却尚未得一见，前日那一期还是初次见面。读杨今甫那篇东西颇多感触，志摩已别半载，对他的文集文稿一类的整理尚未有任何头绪，对他文字严格批评的文章也没有人认真做过一篇。国难期中大家没有心绪，沪战烈时更谈不到文章，自是大原因，现在过时这么久，集中问题不容易了，奈何！

我今年入山已月余，触景伤怀，对于死友的悲念，几乎成个固定的咽梗牢结在喉间，生活则仍然照旧辗进，这不自然的缄默像个无形的十字架，我奇怪我不曾一次颠仆在那重量底下。

有时也还想说几句话，但是那些说话似乎为了它们命定的原因，绝不会诞生在语言上，虽然它们的幻灭是为了忠诚，不是为了虚伪，但是一样的我感到伤心，不可忍的苦闷。整日在悲思悲感中挣扎，是太没意思的颓废。先生你有什么通达的哲论赐给我没有？

新月的新组织听说已经正式完成，月刊在那里印，下期预备那一天付印，可否示知一二。"独立"容否小文字？有篇书评只怕太长些。（关于"萧翁与爱莲戴莱通讯"和戈登克雷写的他母亲的小传作对照的评论，我认为那两本东西是剧界极重要的 document*^{document 文件}，不能作浪漫通讯看待。）

思成又跑路去，这次又是一个宋初木建——在宝坻县——比蓟州独乐寺或能更早。这种工作在国内甚少人注意关心，我们单等他的测绘详图和报告印出来时吓日本鬼子一下痛快：省得他们目中无人以为中国好欺侮。

天气好得很，有空千万上山玩一次，包管你欢喜不觉得白跑。

徽音

香山 六月十四日

致沈从文

一九三三年十一月中旬

沈二哥：

　　初二回来便忙乱成一堆，莫明其所以然。文章写不好，发脾气时还要讴出韵文！十一月的日子我最消化不了，听听风知道枫叶又凋零得不堪，只想哭。昨天哭出的几行勉强叫它做诗，日后呈正。

　　萧先生文章*萧先生文章 指萧乾的短篇小说《蚕》。甚有味儿。我喜欢，能见到当感到畅快。你说的是否礼拜五？如果是，下午五时在家里候教，如嫌晚，星六早上也一样可以的。

　　关于云冈现状是我正在写的一短篇，那一天再赶个落花流水时当送上。

　　思成尚在平汉线边沿吃尘沙，星六晚上可以到家。

　　此问

俪安

二嫂统此

徽音拜上

致沈从文

一九三五年十一月下旬

此信根据手稿刊印。

二哥：

怎么了？《大公报》到底被收拾，真叫人生气！有办法否？

昨晚我们这里忽收到两份怪报，名叫《亚洲民报》，篇幅大极，似乎内中还有文艺副刊，是大规模的组织，且有计划的，看情形似乎要《大公报》永远关门。气糊涂了我！社论看了叫人毛发能倒竖。我只希望是我神经过敏。

这日子如何"打发"？我们这国民连骨头都腐了！有消息请告一二。

徽因

致沈从文
一九三六年二月二十七日

此信根据手稿刊印。

二哥：

　　世间事有你想不到的那么古怪！你的信来的时候正遇到我双手抱着头在自恨自伤的一片苦楚的情绪中熬着。在廿四个钟头中，我前前后后，理智的，客观的，把许多纠纷痛苦和挣扎或希望或颓废的细目通通看过好几遍，一方面展开事实观察，一方面分析自己的性格情绪历史，别人的性格情绪历史，两人或两人以上互相的生活，情绪和历史，我只感到一种悲哀，失望，对自己对生活全都失望无兴趣。我觉到像我这样的人应该死去，减少自己及别人的痛苦！这或是暂时的一种情绪，一会〈儿〉希望会好。

　　在这样的消极悲伤的情景下，接到你的信，理智上，我虽然同情你所告诉我你的苦痛（情绪的紧张），在情感上我却很羡慕你那么积极那么热烈，那么丰富的情绪，至少此刻同我的比，我的显然萧条颓废消极无用，你的是在情感的尖锐上奔进！

　　可是此刻我们有个共同的烦恼，那便是可惜时间和精力，因为情绪的盘旋而耗费去。

　　你希望抓住理性的自己，或许找个聪明的人帮忙你整理一下你的苦恼或是"横溢的情感"，设法把它安排妥帖一点，你竟找到我来，我懂得的，我也常常被同种的纠纷弄得左不是右不是，生活掀在波澜里，盲目的同危险周旋，累得我既为旁人焦灼，又为自己操心，又同情于自己又很不愿意宽恕放任自己。

不过我同你有大不同处：凡是在横溢奔放的情感中时，我便觉到抓住一种生活的意义，即使这横溢奔放的情感所发生的行为上纠纷是快乐与苦辣对渗的性质，我也不难过不在乎。我认定了生活本身原质是矛盾的，我只要生活；体验到极端的愉快，灵质的，透明的，美丽的近于神话理想的快活，以下我情愿也随着赔偿这天赐与的幸福，坑在悲痛，纠纷失望，无望，寂寞中捱过若干时候，好像等自己的血来在创伤上结痂一样！一切我都在无声中忍受，默默的等天来布置我，没有一句话说！（我且说说来给你做个参考。）

我所谓极端的，浪漫的或实际的都无关系，反正我的主义是要生活，没有情感的生活简直是死！生活必需〔须〕体验丰富的情感，把自己变成丰富，宽大能优容，能了解，能同情种种"人性"，能懂得自己，不苛责自己，也不苛责旁人，不难自己以所不能，也不难别人所不能，更不怨运命或是上帝，看清了世界本是各种人性混合做成的纠纷，人性又就是那么一回事，脱不掉生理，心理，环境习惯先天特质的凑合！把道德放大了讲，别裁判或裁削自己。任性到损害旁人时如果你不忍，你就根本办不到任性的事。（如果你办得到，那你那种残忍，便是你自己性格里的一点特性，也用不着过分的去纠正。）想做的事太多，并且互相冲突时，拣最想做——想做到顾不得旁的牺牲——的事做，未做时心中发生纠纷是免不了的，做后最用不着后悔，因为你既会去做，那桩事便一定是不可免的，别尽着罪过自己。

我方才所说到极端的愉快，灵质的，透明的，美丽的快乐，不知道你有否同一样感觉。我的确有过，我不忘却我的幸福。我认为最愉快的事都是一闪亮的，在一段较短的时间内迸出神奇的——如同两个人透彻的了解：一句话打到你心里，使得你理智和感情全觉到一万万分满足；如同相爱：在一个时候里，你同你自身以外另一个人互相以彼此存在为极端的幸福；如同恋爱，在那时那刻眼所见，耳所听，心所触无所不是美丽，情感如诗歌自然的流动，如花香那样不知其所以。这些种种便都是一生中不可多得的瑰宝。世界上没有多少人有那机会，且没有多少人有那种天赋的敏感和柔情来尝味那经验，所以就有那种机会也无用。如果有如诗剧神话般的实景，当时当事者本身却没有领会诗的情感又如何行？即使有了，只是浅俗的赏月折花的限量，那又有什么话说？！转过来说，对悲哀的敏感容量也是生活中可贵处。当时当事，你也许得流出血泪，过去后那些在你经验中也是不可鄙视的创痏。（此刻说说话，我倒暂时忘记了我昨天到今晚已整整哭了廿四小时，中间仅仅睡着三四个钟头，方才在过分的失望中颓废着觉到浪费去时间精力，很使自己感叹。）在夫妇中间为着相爱有纠纷自然痛苦，不过那种痛苦也是夹着极端丰富的幸福在内的。冷漠不关心的夫妇结合才是真正的悲剧！

如果在"横溢情感"和"僵死麻木的无情感"中叫我来拣一个，我毫无问题要拣上面的一个，不管是为我自己或是为别人。人活着的意义基本的是在能体验情感。能体验情感还得有智慧有思想来分别了解那情感——自己的或别人的！如果再能表现你自己所体验所了解的种种在文字上——不管那算是宗教或哲学，诗，或是小说，或是社会学论文——（谁管那些）——使得别人也更得点人生意义，那或许就是所有的意义了——不管人文明到什么程度，天文地理科学的通到那里去，这点人性还是一样的主要，一样的是人生的关键。

在一些微笑或皱眉印象上称较分量,在无边际人事上驰骋细想正是一种生活。

算了吧!二哥,别太虐待自己,有空来我这里,咱们再费点时间讨论讨论它,你还可以告诉我一点实在情形。我在廿四小时中只在想自己如何消极到如此田地,苦到如此如此,而使我苦得想去死的那个人自己在去上海火车中也苦得要命,已经给我来了两封电报一封信,这不是"人性"的悲剧么?那个人便是说他最不喜管人性的梁二哥!

徽因

你一定得同老金*老金 指金岳霖。谈谈,他真是能了解同时又极客观极同情极懂得人性,虽然他自己并不一定会提起他的历史。

致沈从文

一九三七年十月

> 此信根据手稿刊印。

二哥：

我欠你一封信，欠得太久了！现在第一件事要告诉你的就是我们又都在距离相近的一处了。大家当时分手得那么突兀惨淡，现在零零落落的似乎又聚集起来。一切转变得非常古怪，两月以来我种种的感到糊涂。事情越看得多点，心越焦，我并不奇怪自己没有青年人抗战中兴奋的情绪，因为我比许多人明白一点自己并没有抗战，生活离前线太远，一方面自己的理智方面也仍然没有失却它寻常的职能，观察得到一些叫人心里顶难过的事。心里有时像个药罐子。

自你走后我们北平学社方面发生了许多叫我们操心的事，好容易挨过了两三星期（我都记不清有多久了）才算走脱，最后我是病的，却没有声张，临走去医院检查了一遍，结果是得着医生严重的警告——但警告白警告，我的寿命是由天的了。临行的前夜一直弄到半夜三点半，次早六时由家里出发，我只觉得是硬由北总布胡同扯出来上车拉倒。东西全弃下倒无所谓，最难过的是许多朋友都像是放下忍心的走掉，端公 *端公 指钱端升。太太、公超太太住在我家，临别真是说不出的感到似乎是故意那么狠心的把她们抛下，兆和 *兆和 沈从文的夫人张兆和 也是一个使我顶不知怎样才好的，而偏偏我就根本赶不上去北城一趟看看她。我恨不得是把所有北平留下的太太孩子挤在一块走出到天津再说。可是我也知道天津地方更莫名其妙，生活又贵，平津那一节火车情形那时也是一天一个花样，谁都不保险会出什么样把戏的。

这是过去的话了，现在也无从说起，自从那时以后，我们真走了不少地方。由卢沟桥事变到现在，我们把中国所有的铁路都走了一段！最紧张的是由北平到天津，由济南到郑州。带着行李小孩奉着老母，由天津到长沙共计上下舟车十六次，进出旅店十二次，这样走法也就很够经验的，所为的是回到自己的后方。现在后方已回到了，我们对于战时的国家仅是个不可救药的累赘而已。同时我们又似乎感到许多我们可用的力量废放在这里，是因为各方面缺乏更好的组织来尽量的采用。我们初到时的兴奋，现时已变成习惯的悲感。更其糟的是这几天看到许多过路的队伍兵丁，由他们吃的穿的到其他一切一切。"惭愧"两字我嫌它们过于单纯，所以我没有字来告诉你，我心里所感触的味道。

前几天我着急过津浦线上情形，后来我急过"晋北"的情形——那时还是真正的"晋北"——由大营到繁峙代县，雁门朔县宁武原平崞县忻县一带路，我们是熟极的，阳明堡以北到大同的公路更是有过老朋友交情，那一带的防御在卢变以后一星期中我们所知道的等于是"鸡蛋"。我就不信后来赶得及怎样"了不起"的防御工作，老西儿*老西儿 指阎锡山。的军队更是软懦到万分，见不得风的，怎不叫我跳急到万分！好在现在情形已又不同了，谢老天爷，但是看战报的热情是罪过的。如果我们再按紧一点事实的想象：天这样冷……（就不说别的！！）战士们在怎样的一个情形下活着或死去！三个月以前，我们在那边已穿过棉！所以一天到晚，我真不知想什么好，后方的热情是罪过，不热情的话不更罪过？二哥，你想，我们该怎样的活着才有法子安顿这一副还未死透的良心?

我们太平时代（考古）的事业，现时谈不到别的了，在极省俭的法子下维护它不死，待战后再恢复算最为得体的办法。个人生活已甚苦，但尚不到苦到"不堪"。我是女人，当然立刻变成纯净的"糟糠"的典型，租到两间屋子烹调，课子，洗衣，铺床，每日如在走马灯中过去。中间来几次空袭警报，生活也就饱满到万分。注：

*此信中"注"系林徽因自注。一到就发生住的问题，同时患腹泻，所以在极马虎中租到一个人家楼上的两间屋。就在火车站旁，火车可以说是从我窗下过去! 所以空袭时颇不妙，多暂避于临时大学。（熟人尚多见面，金甫 *金甫 杨振声亦"高个子"如故。）文艺，理想，都像在北海五龙亭看虹那样，是过去中一种偶然的遭遇，现实只有一堆矛盾的现实抓在手里。

话又说多了，且乱，正像我的老样子。二哥你现实在做什么，有空快给我一封信。(在汉口时，我知道你在隔江，就无法来找你一趟。) 我在长沙回首雁门，正不知有多少伤心呢，不日或起早到昆明，长途车约七八日，天已寒冷，秋气肃杀，这路不太好走，或要去重庆再到成都，一切以营造学社工作为转移。（而其间问题尚多，今天不谈了。）现在因时有空袭警报，所以一天不能离开老的或小的，精神上真是苦极苦极，一天的操作也于我的身体有相当威胁。

徽因　在长沙

住址：长沙韭菜园教厂坪134刘宅内梁

致沈从文

一九三七年十一月九日至十日

二哥：

在黑暗中，在车站铁篷子底分别，很有种清凉味道，尤其是走的人没有找着车位，车上又没有灯，送的打着雨伞，天上落着很凄楚的雨，地下一块亮一块黑的反映着泥水洼，满车站的兵——开拔的到前线的，受伤开回到后防［方］的！那晚上很代表我们这一向所过的日子的最黯淡的底层——这些日子表面上固然还留一点未曾全褪败的颜色。

这十天里长沙的雨更象征着一切霉湿，凄怆，惶惑的生活。那种永不开缝的阴霾封锁着上面的天，留下一串串继续又继续着檐漏般不痛快的雨，屋里人冻成更渺小无能的小动物，缩着脖子只在呆想中让时间赶到头里，拖着自己半蛰伏的灵魂。接到你第一封信后我又重新发热伤风过一次，这次很规矩的躺在床上发冷，或发热，日子清苦得无法设想，偏还老那么悬着，叫人着一种无可奈何的急。如果有天，天又有意旨，我真想他明白点告诉我一点事，好比说我这种人需要不需要活着，不需要的话，这种悬着日子也不都是侈奢？好比说一个非常有精神喜欢挣扎着生存的人，为什么需要肺病，如果是需要，许多希望着健康的想念在她也就很侈奢，是不是最好没有？死在长沙雨里，死得虽未免太冷点，望［往］昆明跑，跑后的结果如果是一样，那又怎样？昨天我们夫妇算算到昆明去，现在

此信根据手稿刊印。

要不就走，再过去怕更要落雪落雨发生问题，就走的话，除却旅费，到了那边时身上一共剩下三百来元，万一学社经费不成功，带着那一点点钱，一家子老老小小流落在那里颇不妥当，最好得等基金方面一点消息。……

可是今天居然天晴，并且有大蓝天，大白云，顶美丽的太阳光！我坐在一张破藤椅上，破藤椅放在小破廊子上，旁边晒着棉被和雨鞋，人也就轻松一半，该想的事暂时不去想它，想想别的有趣的事：好比差不多二十年前，我独自坐在一间顶大的书房里看雨，那是英国的不断的雨。我爸爸到瑞士国联开会去，我能在楼上嗅到顶下层楼下厨房里炸牛腰子同洋咸肉，到晚上又是在顶大的饭厅里（点着一盏顶暗的灯）独自坐着（垂着两条不着地的腿同刚刚垂肩的发辫），一个人吃饭一面咬着手指头哭——闷到实在不能不哭！理想的我老希望着生活有点浪漫的发生，或是有个人叩下门走进来坐在我对面同我谈话，或是同我同坐在楼上炉边给我讲故事，最要紧的还是有个人要来爱我。我做着所有女孩做的梦。而实际上却只是天天落雨又落雨，我从不认识一个男朋友，从没有一个浪漫聪明的人走来同我玩——实际生活上所认识的人从没有一个像我所想象的浪漫人物，却还加上一大堆人事上的纷纠。

话说得太远了，方才说天又晴了，我却怎么又转到落雨上去？真糟！肚子有点饿，嗅不着炸牛腰子同咸肉更是无法再想英国或廿年前的事，国联或其他！

方才念到你的第二信，说起爸爸的演讲，当时他说的顶热闹，根本没有想到注意近在自己身边的女儿的日常一点点小小苦痛比那种演讲更能表示他真的懂得那些问题的重要。现在我自己已做了嬷嬷，我不愿意在任何情形下把我的任何一角酸辛的经验来换他当时的一篇漂亮话，不管它有多少风趣！这也许是我比他诚实，也许是我比他缺一点幽默！

好久了，我没有写长信，写这么杂乱无统系的随笔信，今晚上写了这许多，谁知道我方才喝了些什么，此刻真是冷，屋子里谁都睡了，温度仅仅五十一度，也许这是原因！

明早再写关于沅陵及其他向昆明方面设想的信！

又接到另外一封信，关于沅陵我们可以想想，关于大举移民到昆明的事还是个大悬点挂在空里，看样子如果再没有计划就因无计划而在长沙留下来过冬，不过关于一切我仍然还须给你更具体的回信一封，此信今天暂时先拿去付邮而免你惦挂。

昨天张君劢老前辈来此，这人一切仍然极其"混沌"（我不叫它做天真）。天下事原来都是一些极没有意思的，我们理想着一些美妙的完美，结果只是处处悲观叹息着。我真佩服一些人仍然整天说着大话，自己支持着极不相干的自己，以至令别人想哭！

匆匆

徽因
十一月九至十日

致沈从文

一九三七年十二月九日

二哥：

决定了到昆明以便积极的作走的准备。本买二日票，后因思成等周寄梅先生，把票退了，再去买时已经连七号的都卖光了，只好买八号的。

今天中午到了沅陵。昨晚是住在官庄的。沿途景物又秀丽又雄壮时就使我们想到你二哥对这些苍翠的，天排布的深浅山头，碧绿的水和其间稍稍带点天真的人为的点缀，如何的亲切爱好，感到一种愉快。天气是好到不能更好，我说如果不是在这战期中时时心里负着一种悲伤哀愁的话，这旅行真是不知几世修来。

昨晚有人说或许这带有匪，倒弄得我们心有点慌慌的，住在小旅店里灯火荧荧如豆，外边微风撼树，不由得不有一种特别情绪，其实我们很平安的到达很安靖的地带。

今天来到沅陵，风景愈来愈妙，有时颇疑心有翠翠*翠翠 沈从文小说《边城》中的女主人公。这种的人物在！沅陵城也极好玩，我爱极了。你老兄的房子在小山上，非常别致有雅趣，原来你一家子都是敏感的有精致爱好的。我同思成带了两个孩子来找他，意外还见到你的三弟，新从前线回来，他伤已愈，可以拐杖走路。他们待我们太好（个个性情都有点像你处）。我们真欢喜极了，都又感到太打扰得他们有点不过意。虽然，有半天工夫在那楼上廊子上坐着谈天，可是我真感到有无限亲切。沅陵的风景，沅陵的城市，同沅陵的人物，在我们心里是一片很完整的记忆，我愿意再回到沅陵一次，无论什么时候，最好当然是打完仗！

说到打仗你别过于悲观，我们还许要吃苦，可是我们不能不争到一种翻身的地步。我们这种人太无用了，也许会死，会消灭，可是总别的法子。我们中国国家进步了弄得好一点，争出一种新的局面，不再是低着头的被压迫着，我们根据事实时有时很难乐观，但是往大处看，抓紧信心，我相信我们大家根本还是乐观的，你说对不对？

这次分别，大家都怀着深忧，不知以后事如何？相见在何日？只要有着信心，我们还要再见的呢。

无限亲切的感觉，因为我们在你的家乡。

徽因

昆明住址：云南大学王赣愚先生转

致沈从文

一九三八年春

此信根据手稿刊印。

二哥：

　　事情多得不可开交，情感方面虽然有许多新的积蓄，一时也不能够去清理（这年头也不是清理情感的时候）。昆明的到达既在离开长沙三十九天之后，其间的故事也就很有可纪念的。我们的日子至今尚似走马灯的旋转，虽然昆明的白云悠闲疏散在蓝天里。现在生活的压迫似乎比从前更有分量了。我问我自己三十年底下都剩一些什么，假使机会好点我有什么样的一两句话说出来，或是什么样事好做，这种问题在这时候问，似乎更没有回答——我相信我已是一整个的失败，再用不着自己过分的操心——所以朋友方面也就无话可说——现在多半的人都最惦挂我的身体。一个机构多方面受过损伤的身体实在用不着惦挂，我看黔滇间公路上所用的车辆颇感到一点同情，在中国做人同在中国坐车子一样，都要承受那种的待遇，磨到焦头烂额，照样有人把你拉过来推过去爬着长长的山坡。你若使懂事多了，挣扎一下，也就不见得不会喘着气爬山过岭，到了你最后的一个时候。

　　不，我这比喻打得不好，它给你的印象好像是说我整日里在忙着服务，有许多艰难的工作做，其实，那又不然，虽然思成与我整天宣言我们愿意义务的替政府或其他公共机关效力，到了如今人家还是不找我们做正经事，现在所忙的仅是一些零碎的私人所委托的杂务！这种私人相委的事如果他们肯给我们一点实际的酬报，我们生活可以稍稍安定，挪点时候做些其他有价值的事也好，偏又不然，所以我仍然得另想别的办法来付昆明的高价房租，结果是又接受了教书生涯，一星期来往爬四次山坡走老远的路，到云大去教六点钟的补习英文。上月净得四十余元法币，而一方面为一种我们最不可少的皮尺昨天花了二十三元买来！

到如今我还不大明白我们来到昆明是做生意，是"走江湖"还是做"社会性的骗子"——因为梁家老太爷的名分，人家常抬举这对愚夫妇，所以我们是常常有些阔绰的应酬需要我们笑脸的应付——这样说来好像是牢骚，其实也不尽然，事实上就是情感良心均不得均衡！前昨同航空毕业班的几个学生谈，我几乎要哭起来，这些青年叫我一百分的感激同情，一方面我们这租来的房子墙上还挂着那位主席将军的相片，看一眼，话就多了——现在不讲——天天早上那些热血的人在我们上空练习速度，驱逐和格斗，底下芸芸众生吃喝得仍然有些讲究。思成不能酒我不能牌，两人都不能烟，在做人方面已经是十分惭愧！现在昆明人材济济，那一方面人都有。云南的权贵，香港的服装，南京的风度，大中华民国的洋钱，把生活描画得十三分对不起那些在天上冒险的青年，其他更不用说了。现在我们所认识的穷愁朋友已来了许多，同感者自然甚多。

陇海全线的激战使我十分兴奋，那一带地方我比较熟习，整个心都像在那上面滚，有许多人似乎看那些新闻印象里只有一堆内地县名，根本不发生感应，我就奇怪！我真想在山西随军，做什么自己可不大知道！

二哥，我今天心绪不好，写出信来怕全是不好听的话，你原谅我，我要搁笔了。

这封信暂做一个赔罪的先锋，我当时也知道朋友们一定会记挂，不知怎么我偏不写信，好像是罚自己似的——一股坏脾气发作！

徽因

致张兆和

一九四八年末

卅七年末北平围城时从清华园寄城中。 徽 *徽 林徽因。 交三姐
*三姐 指张兆和。

三小姐：

收到你的信，并且得知我们这次请二哥出来，的确也是你所赞同的，至为欣慰。这里的气氛与城里完全两样，生活极为安定愉快。一群老朋友仍然照样的打发日子，老邓 *老邓 邓以蛰，时为清华大学哲学系教授。、应铨 *应铨 程应铨，时为清华大学建筑系讲师。等就天天看字画，而且人人都是乐观的，怀着希望的照样工作。二哥到此，至少可以减少大部分精神上的压迫。

他住在老金家里。早起八时半就同老金一起过我家吃早饭；饭后聊天半小时，他们又回去；老金仍照常伏案。

中午又来，饭后照例又聊半小时，各回去睡午觉。下午四时则到熟朋友家闲坐；吃吃茶或是（乃至）有点点心。六时又到我家，饭后聊到九时左右才散。这是我们这里三年来的时程，二哥来此加入，极为顺利。晚上我们为他预备了安眠药。由老金临睡时发给一粒。此外在睡前还强迫吃一杯牛奶，所以二哥的睡眠也渐渐的上了轨道了。 *以上为梁思成所写，以下为林徽因所写。

徽因续写：

此信根据手稿刊印。

二哥第一天来时精神的确紧张，当晚显然疲倦，但心绪却愈来愈开朗。第二天人更显愉快。但据说仍睡得不多，所以我又换了一种安眠药交老金三粒（每晚代发一粒给二哥），且主张临睡喝热牛奶一杯。昨晚大家散得特别早。今早他来时精神极好，据说昨晚早睡，半夜"只醒一会儿"。说是昨夜的药比前夜的好。大约他是说实话不是哄我。看三天来的进步，请你放心他的一切。今晚或不再给药了，我们熟友中的谈话多半都是可以解除他那些幻想的过虑的，尤以熙公 *熙公 指张奚若，时为清华大学教授。的为最有力，所以在这方面他也同初来时不同了。近来因为我病老金又老，在我们这边吃饭，所以我这里没有什么客人，他那边更少人去，清静之极。今午二哥大约到念生 *念生 罗念生。家午饭。

噜噜嗦嗦写了这大篇，无非是要把确实情形告诉你使你放心，"语无伦次"一点，别笑话。

这里这几天天晴日美，郊外适于郊游闲走，我们还要设法要二哥走路——那是最可使他休息脑子，而晚上容易睡着的办法，只不知他肯不肯。即问

近好

思成　徽因同上

您自己可也要多多休息才好，如果家中能托人，一家都来这边，就把金家给你们住，老金住我们书房，如去年，也极方便。

附 | 张兆和致林徽因、梁思成

一九四九年二月二日

徽因、思成先生：

　　看到王逊带来的信，你们为二哥起居生活安排的太好了。他来信说，住在你们那里一切都好，只是增加了主人的情绪担负，希望莫为他过分操心，就安心了。他又说，正在调整自己，努力改造自己，务使适应新的未来。我相信他的话。希望他在清华园休息一阵子，果然因身心舒畅，对事事物物有一种新看法，不再苦恼自己，才不辜负贤伉俪和岳公*岳公 指金岳霖。、熙公们的好意。

　　听王逊说，徽因先生招了凉，犯气喘，间或还发烧，望能多休息，少说话，别为二哥反疏忽了自己。

　　我们全家下乡究竟有许多不便，过几天我也许来清华玩一天，今甫*今甫 即金甫，杨振声。先生也说要来。我担心你们储粮有限，要面粉我设法托人运来，大米也还有一点。没有空不须给我写信，有什么话告诉张中和好了。

　　解放军进城后，城内秩序已渐趋安定。大家都好。

　　交中和带来的安眠药，仍然请交金先生在必要时发给从文吃。谢谢你们。

兆和　上

二月二日

致朱光潜

一九三七年

> 此信片段录自一九三七年五月一日《文学杂志》创刊号《编辑后记》。

我所见到的人生中戏剧价值都是一些淡香清苦如茶的人生滋味,不过这些戏剧场合须有水一般的流动性,波光鳞纹在两点钟时间内能把人的兴趣引到一个 Make-believe* 的世界里去,爱憎喜怒一些人物。像梅真那样一个聪明女孩子,在李家算是一个丫头,她的环境极可怜难处。在两点钟时间限制下,她的行动,对己对人的种种处置,便是我所要人注意的。这便是我的戏。

* Make-believe 虚幻

致陈岱孙

一九四三年十一月四日

岱老 *岱老 陈岱孙,时任西南联合大学经济学系主任。:

从通信之频繁上看,就可以知道你新设立之"救友 agency*agency 代办处"规模已略可观,此该受贺还是被人同情,观点不一,还是说可贺好一点。

我们复你的信刚刚发出,立刻又有"三表之讯",好事接踵,大可兴奋。如老兄所言:二加二可等于四;我们尽管试做福尔摩斯一次。

据我的观察,现时救人救肚子,这三表如同维他命一样都是准备我们吃的。表之自然用处早已是为滋补生命而非记录时间。为其如此,故据在行者说国内表已到了饱和点,故如非特别讲究或时髦的,有时颇不易"变化其气质",正如这里牛肉之不易蒸烂!而在美国因战时工业之故,表价则相当之高。博士*博士 指金岳霖。到底书生家死心眼,还始终以为表所含的滋补最为丰富!实可惋惜。——我的意思是恐怕一表分数人吃,无多大维他命也。

关于注明准备送到李庄之二表,我的猜想是其中有一个为博士给我们红烧的,另一个或许 Nancy 效法送思永 *思永 梁思永,梁思成之弟,时任中央研究院历史语言研究所研究员。家清蒸去,送者大约是两人,受其惠者亦必会是两人及两人以上无疑。这年头无论什么救济法都不免僧多粥少也。既有此猜疑,故最好先观望一些时候等他们信来,如果有思永的一个，我们尚须得其同意如何处置。

关于内中最可能属于我们的一个，梁公思成意见甚多，对其去留、烧煮、煎烤问题颇不易决定。原因是虽然我们现在蛰居乡僻，山中方七日，世上可能千年百年的时间，我们到底还需要保存时间观念，家中现时共有旧钟表六七个，除来四川那一年咬着牙为孩子上学所卖的一个闹钟外，其它已完全罢工者四，勉强可以时修、时坏、时行、时歇者二。倒着便走、立起便停者有之，周中走得好好的、周末又不走了的亦有之；玻璃破而无法配者有之，短针没有、长针尚在者有之；此外尚有老太太的被（在昆明时）工友偷去而因丢在地上、赃物破获、表已粉碎者，及博士留有女友（E.F.）相片在壳后而表中缺两钻者。此间虽有莫宗江*莫宗江 时为中国营造学社成员。先生精于修表且有家伙一套，不时偏劳，不用我们花钱，但为挣扎保存时间观念而消耗去的时间与精力实不可计量！

愈是经过了困难，思公对表兴趣愈大，现已以内行自居，天天盼着弄到一只好表可以一劳永逸。据他结论如下：

（一）表分各种"made"*made 制造及各种"grade"*grade 档次

（A）"made"最知名的是 Omega、Cyma、Mavado、Tissot、Longines（都不是美国本身出，all swiss made*all swiss made 全是瑞士造）及 Elgin（美国所出）。

（B）各种"made"之中都可有上中下各等"grades"。所谓上者乃是从十九至廿一钻，中者十五或十七钻，下者在十五钻以下、七八个至十三钻等，但多半不写在表后。

（二）表可以以各种价钱决定其等级

（A）在战前上海，一个表，外壳平平，注：许多表价钱都落在外壳之装饰上（steel、chromium*steel、chromium 钢、铬等），而价钱在百元至百五十元之间便是个可以非常经久之好表。外壳平淡、价钱在五六十元间乃中等好表，三四十乃至以下便都是如 Ford、Chevrolet*Ford、Chevrolet 福特、雪弗兰阶级之汽车。

（B）在战初的香港，一个表（外壳平常）价在七八十港币以上乃上等表，价在三四十以上乃中等，以下就是下等了。而梁思成本人就在那时买了一个廿二元港币之时髦表，洋洋得意了仅两年，此表便开始出花样，现在实已行将就木、病入膏肓的老太爷，老要人小心服侍还要发发脾气，最近连躺着也不走了！

话回原题上来，现在的问题是博士三表照以上标准观察的话，据你看大约是那一种？如果是十七钻，真大可以留下"自足用"之，尤其是在我们现时之情形下，今冬粮食费用都可支持若干时日，而表的问题则实在非常狼狈。

此次胡博士*胡博士 指胡适，当时旅居美国。曾送傅胖子*傅胖子 指傅斯年，时任中央研究院历史语言研究所所长。十七钻之 Omega 一只，外貌又时髦内容又是相当之"中等"，如果金博士所购亦有此规模，则不但我们的一个可留，你经手那一只大概亦可多榨出一点油水脂肪也。

以上关于表之知识大可帮你们变化其气质时用也。

上次所云有人坐船来替费正清，此人名 George Kalé，我曾说博士或托其带现金，那完全是我神经过敏（jump into a conclusion*jump into a conclusion 贸然断定）。因为博士说 when Kalé arrives,your financial difficulty may be relieved*when Kalé arrives,your financial difficulty may be relieved. Kalé 到后，你们的拮据状况谅可缓解。等等，我又听到 JohnDavies 为端公*端公 钱端升，时任西南联合大学政治学系教授。带现票子在皮

包内,因飞机出事跳伞时胁下皮包猛然震落等等(后来竟然寻到),我便二同二放在一起,以为博士或亦托人带票子来。路远通信牛头不对马嘴,我总想博士必会做出许多很聪明或很不聪明的事。

此信之主要点除向"救友 agency"道谢外,便是请代检查表之等级以备思公参考决定解决之法。如果是个中表(那便是我们所盼之"好表"),再烦人带到重庆交 John*John 费正清(在替手未来前,他总不会离开),而思成自己便快到重庆去了。

不过多半此表是十数元美金者,在美国表是贵东西,十数元之表大约不会太好的,如何请老兄检查,我们等你回话。(如果是 cheeper grade*cheeper grade 便宜货,当然以在昆明出脱为上算。)

不会写短信的人写起来信总是如此,奈何?还有一点笑话新闻之类,可许我翻一页过去再写一点,因为既有写长信之名,应该也有多新闻之实。

近一年来李庄风气崇尚打架,所闻所见莫不是打架;同事与同事,朋友与朋友,职员与上司,教授与校长,inter-institute*inter-institute 机构之间,inter-family*inter-family 家庭之间。胖子*胖子 傅斯年之脾气尤可观,初与本所各组,后与孟和公*孟和公 陶孟和,时任中央研究院社会科学研究所所长。近与济之公*济之公 李济,时任中央研究院历史语言研究所研究员。,颇似当年老金所玩之蟋蟀,好勇斗狠之处令人钦佩!!!这里许多中年人牢骚,青年人发疯自不用说,就是老年人也不能"安之"。济之老太爷已一次游重庆,最近又"将"儿子"一军",吵着重游旧地。方桂*方桂 李方桂,时任中央研究院历史语言研究所研究员。把老太太接来之后,婆媳间弄得颇僵,(媳妇便先赴渝去看自己母亲,)老太太住了些日感到烦闷又要回重庆,因此方桂又大举奉母远行。故前星期当这里博物院

*博物院 指中央博物院职员押运石器时代遗物去重庆展览之时,同船上并有七十六岁之李老太爷一人,七十三岁之李老太太一位。一舱四位就占去两李家的老人两位,虽不如石器时代之古,责任上之严重或有过之,同行之押运员当然叫苦连天。(好在方桂自己也去,只是李老太爷一人需要 extra service*extra service 特别照顾)。

　　近来各人生活之苦及复杂本来可以增加大家之间彼此同情,可是事有不然者。据我们观察,大家好像愈来愈酸,对人好像倾向刻薄时多、忠厚处少,大可悲也。我们近来因受教授补助金之医药补助过两次,近又有哈佛燕京*哈佛燕京 指哈佛燕京学社(Harvard-Yenching Institute)之款,已被目为发洋财者,思成感到中研院史语所之酸溜溜,曾喟然叹曰:洋人固穷,华人穷则酸矣,颇有道理。好在我们对于这里各机关仍然隔阂,对于各种人之寒酸处不甚有灵敏之感觉,仍然像不大懂事之客人,三年如一日,尚能安然无事,未曾头破血流如其他衮衮诸公,差足自慰。此两三段新闻写得不够幽默,比起实在内容差得太远,但无论如何仍是 gossip*gossip 闲话,除至熟好友如继侗*继侗 李继侗,时任西南联合大学生物学系教授。、叔玉*叔玉 萧蘧,时任西南联合大学经济学系教授。、熙若*熙若 张奚若,时任西南联合大学政治学系教授。诸公,实不足为外人道也。

徽因
十一月四日

致陈岱孙

一九四四年五月二十三日

> 此信原件系陈宇先生提供，在本集中首次发表。原信署有月日，未署年。具体写作时间据陈岱孙致陈宇书信确定。

笔尖断了半边，如果字看不出来请原谅。

岱老：

许久了，想再写信聊天，却因大病一场直至今日始能起坐执笔！这次我病历两月之久，所幸者却因这次之病发现病源，对症下药，可望完全肃清，并且亦得了将来预防之法及所宜注意病之来源，不可谓不是不幸之幸。李化民果是好大夫也。回想三年前得病之初亦同这次一样，而当时未曾检查，未知何菌作祟，拖延过久，波及肺部旧病。而"一搭刮子"都赖 T.B.*作怪，平白困卧三年之久，亦冤枉也哉。

> *T.B. 肺结核

今天汇来之款，原因已详于思成信中，今不赘述。所要老兄知道的是，我们由现在到年底，都有办法了，千万勿记挂，即使到时又要"差"点。事实上我们还有两表健在——不动产雄厚如此，还愁什么？而昆明方面朋友多而急需现款的必大有人在，故急汇上以备老兄及时分配与立刻等候接济诸家。前次之八千元（亦为老金薪水之一部者）暂时不还，留等老金回来时看情形了。最近我们得到几处接济，都挤在一起，故一时必须分配开来。最希望老兄不要误会，以为我们客气见外或排架子的表现。我们一切甚好，今年只急过一次，而正巧您老兄的救济正在那时来到，快慰得大叫起来。忽穷忽富，我们的情形仍然像打疟疾也。

老金来信颇稀，但尚 regular*。惟每函都说老不得朋友们的信。"He felt neglected by all friends." ect.* "他感到被所有的朋友们忽视了"，等等。似乎始终未收到你说费力汇去之美金一笔。知你悬念，最近我有信去问此事，但此信五月初才发出。（是由美使馆转费太太再转的。）他能否在六月十日动身以前接到尚属疑问！

其他消息则有回纽约治疗眼病施用手术一事，说是需要"住院十日，换药十日"共廿日，病人生活才能自由。（信为四月十七日所写。）并云，回国时行李限制五十磅，怕连冬衣都带不成，希望坐船等。此后我们尚未接过信。

我们常听人家由美回到重庆，却从未收到过有托带东西来。近来再冰失掉一支自来水笔（老 parker*），而我这支笔尖断了半边，经我磨了再用，实甚"别扭"。听老金说，曾托人带过一枝 parker 51*送我，至今连影子都不知在那里呢！

老金说清华许多人在那里的都难受，都急国内朋友生活，都像热锅上蚂蚁，都不耐烦隔着老远，爱莫能助，都觉在国外做不成什么，空空虚虚的那么悬着似的等等。而许多哥儿小姐们听到我们的苦时，莫不觉得是我们不能干，我们自己不好，不会想法子。那样子使金博士相当的 impatient*等等云云。

一时没有消息报告了，仍然惦挂着昆明朋友，豫中战事令人焦心得很，奈何？此问

近好。

徽因

五月廿三

致陈岱孙

一九四四年八月五日

此信根据手稿刊印。

岱老：

你以元老的资格给我们的信早已收到。又有款来的新闻自是好新闻。那时正值思永相当的窘迫，得了这新闻自是感激 Agency 组织之扩大与周密，老朋友关心之实际化。

当时一得消息，我连忙派了再冰＊再冰 梁再冰，林徽因、梁思成之女。小姐做联络员上山去报告她的三叔，谁知这小姐本来有点不好过，赶了一个来回之后便病倒了，那时我又在发热，家中便又陷入纷乱，而思公便忙了起来。这下子倒弄成了我们两人都没有回你一信的事实。

日子过得真快，再冰一病也就三星期，这一波未平时便又被从诫＊从诫 梁从诫，林徽因、梁思成之子。少爷将了一军：原来重庆清华中学招生就在七月廿九。一切迫在眉睫，于是老子连孩子本人都临时抱起佛脚，请了先生补补温温。此外做母亲的便找女工来为小学生赶制蚊帐及衣服！这年头买不起布，所以便拆了这件变成另一件，居然在十日之内穿的、盖的、用的一切也都有了几件可以拿出去洗而不会立刻破成碎段的。这在我们家庭中已是桩很吃力的事。那时又正是寒暑表到了九十几度的时期。大家出钱的出钱，出力的出力，而又都出了汗。

这也都是说我们未写回信之"尚可原谅之处"，想必理会得到。

我们的确很惨，也很懒，也很可原谅的忙不过来。

上次寄回款的原故是因为我们骤然收到两三处给我们接济，一时感到过于阔绰及自私，所以先寄还你那边接济其他需款之尤急者。这次如果寄来，则我们不但自当接受，并且也大有需要。儿子上学，爸爸送去，这一下子是去了全部可动之财产。所以当日之阔绰情形已成过去。而今后之穷酸情形正在侵入中。

两只金表之从重庆转到李庄，大家检查观摩叹息了，但亦尚未卖出。原来还是个十九钻石者，真可惜外貌之不扬若是。思公带了一个到重庆，预备如果临时有在陈之忧时出脱，另一个在宜宾候主顾。一切又都该向你道谢也道歉，请你别烦厌这重复的几句话。思公七月廿七到达重庆的，忘了说了。

金博士大糊涂之处依然。曾来信告诉我六月十二日一定离开美国。我这死心眼人在相当懒的情况下便计算着四月底为这边最后发信时期。偏偏四月一个月我病得快死了（比第一年有过无不及），非常怕告诉他这边情形。而因此说瞎话如同"身体甚佳"这一套，又怕地狱中割舌头，所以便以无消息即为好消息的原则保守缄默。等到病稍好时已五月初，于是急得写封信由美使馆Panfield转去。以为可以快！谁知为朋友转信在使馆"袋"中是违背定规。这位Jim Panfield急得没法，只好代我将信中大意转给费家，再请费家转金博士等等。这边乱了一阵而他老先生最后的信（昨日收到），六月底费尚在纽约，信里说须至八月才走！（当中有过两信，奇怪我们怎么没有信等等。）他居然现在得到J.P.转去消息才知道我以为赶不及而停止发信由邮局寄等情形。自认糊涂把一切看得那么确定。

至于他坐什么样交通工具回国,一字未提!坐船之议也未说起。只提过行李限制量,船比飞机大得多一事而已。据他说眼已割好,虽然看得清楚,而两眼不合作这情形是否暂时亦未说。

　　来信说种胜利菜园,非常羡慕。我们每年六棵番茄在花台中,今年全数失败!

　　照例我把信写到无法签名时为止,这封也是如此。

徽因谨签名于此了
八月五日

致陈岱孙

一九四四年九月二日

岱老：

上次人太糊涂，给你的信忘却写上"航空"两字，现在一直在幻想着它已失落在十八盘三十六盘等深山之中！

以徐锡良名义汇来巨款已收到两周。肉已多买几斤，且吃过一只肥鸡。钱之作用今年又多了一层认识。梁思永一家穷愁相当，经此"汇"之后眉头确见开展。感谢不尽。

如果上次的信真的失落，那么在此再报告一下：梁氏父子到京里投考状元去也。至少梁从诫是去投考。昨有信来，两校均已录取，成绩不坏，可是中间又费踌躇，不知决进何校为宜。一慕母校之名，一贪沙坪坝有友人照应之便，结果仍入了南开。儿子一路如刘姥姥进入大观园，闻见莫不感新异，老头儿却眼见车费饭费之大贵，天天叫苦连天，叹息不已。本要立刻回李，又不幸得到"中基"结束消息，只好守在首都等等碎骨头啃。整年挣扎汗流满背，现在一半寄居博物院之篱下，滋味甚苦，"中基"结束正不知下文如何！！

今夏我的养病等于零，精神上太劳苦，体温又上去，真不愿在博士回来时告他此种不争气的消息，但不说则必需说瞎话，正不知如何是好。不过博士大约也是预备割舌头的，他并不告我们坐船而瞎说大约八月中才离美等等！我真希望海上真的安全，他这种走法实是加增友人惦挂,严格说,并不慈悲。

林耀六月廿六在前线机中弹失踪至今无消息。大约凶多吉少。闻讯怆然累日,一切不堪回想。抗战七年直接伤亡消息以空军为最重,我已多次惊弓之鸟,见到不常见之空军友人姓名在信封上,就知道常见的名字已不能自己签名来信!难过之极。

端公信不日就回。你的菜园安吉否,念之。

极念熙若一家,却因自己无信,不敢问候。

徽因匆匆
九月二日

致陈岱孙

一九四四年十一月二日

> 此信原件系陈宇先生提供，在本集中首次发表。原信未署年月日，具体写作时间据陈岱孙致陈宇书信及与林徽因书信写于同页的梁思成书信确定。

岱老：

　　思成自夸信短之意，as if this is a virtue*as if this is a virtue 好像这是一种美德。！！正在此时，又接到老兄十月廿三信，亦是辞短意达。有新闻有 advice*advice 建议，有 business*business 要点，有说的也有问的，我的确相信能写短信是个本领。不过能写短信而老不写信还需要人催，催了还要躲懒，如思成者，可否算是有这种 vice*vice 恶习！款已到多日，真是感谢不尽。余剩之款当以尊 advice 汇给老金或交费正清。不过何日请得出国库则不可必。请出后如何汇款则又须请教。我们已经拿你当算命先生看了！

　　费正清在等替手，此人坐船来。似带着有百元美金现款，（是博士急人之急又出的花样。）此款到正清手时，我或托他交昆明一友，您老先生（again*again 再次）设法出卖，如价好，千万交熙若若干及其他等用钱老友，然后胡乱寄点来，我们此冬已绝对有办法也。

徽因

这一段算不算短？如果不是签名签不下也可以自豪了。

致费慰梅、费正清
一九三五年春

> 林徽因致费慰梅、费正清书信原件均为英文。本集收录部分,并附译文。该信约写于一九三五年春。

Dearest Wilma and John,

I feel that I ought to tell you that there was a mysterious present in the form of two pots of flowers sent to me last night from an unknown who signed his or her card in such a way that was most flattering to me. But however pleasant this present may be to me l cannot thank this person in any way. Isn't it a shame?

I thought you will be interested to know.

Phyllis* 林徽因英文名。

[译文]

亲爱的慰梅和正清:

我觉得我应该告诉你们,昨晚一位不知名的人送给我一份神秘礼物——两盆鲜花,他或她的签名方式很是令我欢心。但无论这份礼物对我来说多么令人愉快,我却无法以任何方式感谢这位送礼之人,是不是有些丢脸?

我想你们会有兴趣知道此事。

菲丽丝

致费慰梅、费正清

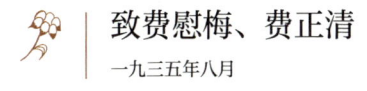

一九三五年八月

August 1935

Dearest Wilma and John,

...*此处有删节。I was sentimental or not *字迹遮盖无法辨认。 somehow I was touched when it began to play melodies I was familiar with when I was a very young girl onboard the *字迹遮盖无法辨认。 across the Indian Ocean home.

*字迹遮盖无法辨认。moonlights + dancing perform tropical*字迹遮盖无法辨认。+ sea air, all crowded on *字迹遮盖无法辨认。+ that little bit known as youth which lasted like a short breezy moment of a song, came to haunt one like a vision, half sad + half twinkling, but loaded one's heart only with heavy sense of loss.

...*此处有删节。

You see how I can ramble away like this! If not for the fact that I am sick in bed, this kind of sentimentality is almost unforgivable + seems trashy in the extreme. But I am sick in bed, + it is spring, + if you excuse me saying it, if one can whirl around in soft dresses + light steps when there is moonlight + starlight + candle-light + music, life would not be so utterly without inspiration and fresh sweep of energy that transports one to some full meaning somewhere. In fact, one can live the more happily with- *该信到此为止。

Well, so long now. Are you free
Sunday or Friday? We might invite the Rowly's.

Phyllis

[译文]

亲爱的慰梅、正清:

……是否说我有些多愁善感,当我听到一首熟悉的乐曲时内心深感触动,当我还是年轻小姑娘时,在横跨印度洋回家的船上曾听到这段旋律。好像那月光,热带翩翩的舞蹈,海风,一起涌进了我的心灵,而那一小片所谓的青春,像一首歌中轻快而短暂的一瞬,幻影般袭上心头,半是悲伤,半是闪烁,让人百感交集,怅然若失。

你们看我又在想象中漫游! 若不是生病在床,我此刻或许不会这样多愁善感,似乎感觉自己格外无用。可是在这春天的日子,躺在病床上,你是否可以允许我去想象,想着自己穿上柔软的衣裙,月色星光下,秉着烛光,伴着音乐轻轻地起舞旋转——如果我们的生活中失去灵感和鲜活能量的倾注,让人感受到那些地方的生活意义和特别趣味，我们的日子将变得似有缺失而不完整。的确，我们本该活得更加快乐。

嗯，再见了。你们是周日还是周五有空？我们可以邀请罗利一家。

菲丽丝
一九三五年八月

致费慰梅

一九三五年九月七日

Sept 7, 1935

Dearest Wilma,

...*此处有删节。 I came home most unhappy, but I could not run over again or write because my mother suddenly was feeling faint. There was a general disturbance in the house after that I had to dig into the past with my half-brother trying to establish an understanding to make the present close contact possible and tolerable! I was exhausted and worn.

This time or rather for the last three days, it was my own mother who drove me into human hell, I am not using the language too strong but that is not what I started out to write about.

...*此处有删节。 I know I am a happy and lucky person really, but the early battles have injured me so permanently that if any remind of it arose; I became only absorbed in the past misfortune.

Phyllis

[译文]

最亲爱的慰梅:

　　……我回到家里很不开心,但我不能跑开或写作,因为我发现母亲突然有点体力不支,家里有种不祥的气氛。我只好和我的同父异母弟弟深谈以往,以建立一种相互了解,使目前这种密切来往能够维持下去。这搞得我精疲力尽。

　　三天来我自己的母亲简直把我逼进了人间地狱。这话一点也不过分。我给你写信,本不想提及这些烦心事儿。

　　……我知道自己其实是个幸福而走运的人,但是早年的家庭争战已使我受到了永久的创伤,以致如果其中任何一点残痕重现,就会让我陷入过去的厄运之中。

菲丽丝

一九三五年九月七日

致费慰梅

一九三五年十月

> 获悉费慰梅希望前往北平西山进行考察，林徽因用漫画的形式描绘了她的行程，同时写下了这封信。

Oct 1935
W's trip to Hsi-Shan
Sheng Mi Shih T'ang

Les Shan de Shih

Oct 1935

W's trip to Hsi-Shan, Sheng Mi Shih Tang

Les Shan de Shih *Les Shan de Shih 法语 西山。

If you insisted on adventure of course! The picture above finds you bravely at it—Don't you think I have good foresight? You will find a sun and a temple and some trees and you will have a donkey boy who admires your blue "Koo-Kua" and looks at you cook everyday and you will have such a donkey going over such a road, that you will think of your red handled bicycle, your husband and your nice courtyard and Peking, the part that is not hilly and decidedly east.

However, I wish you the best of luck the kind of outfit fun part or can give you namely your blue Koo-Kua.

This note is a best improvement over your exotic one.

Phyllis

[译文]

慰梅的西山神秘池塘之旅
西山

如果你坚持要去探险！上面的图画将绘出你那勇敢的探险之旅。你不认为我颇有先知先觉么？一路上——你将会看到艳阳、一座庙宇和几棵树，你将有一位赶驴的男孩为伴，他欣赏你的一身"蓝裤褂"，看着你每日烧火煮饭，你将骑着那头小毛驴踏上崎岖的山路，不时会想起你那红色车把的自行车，想念你的先生，想念你那可爱的四合院和北平城,那里平坦没有山,就在城东。

真心希望你的探险之旅成功、有趣!或可为你命名"蓝裤褂"之旅。

注:此图是对你那异国情调融入本土的最佳描绘。

菲丽丝

一九三五年十月

致费慰梅、费正清

一九三五年十一月至十二月间

> 此信系节选。一九三五年末，日军全面侵华已迫在眉睫，梁思成、林徽因准备南迁。林徽因在该信中述及此事。

Nov-Dec 1935

Dear Wilma and John,

...*此处有删节。Ssu-cheng and I have been straightening our old papers and things for several hours now. Such amazing lot of odds and ends that piled up along the track of life! We found the task too depressing for words! Specially we are at present hung sadly at the pessimistic end of the line, with a very vague future ahead.

...*此处有删节。If our national calamity were more spectacularly swift or brutal, we would be compelled to meet the situation in some way or other, immediately and actively. There would be difficulties and hardship, but we would not be sitting here with fists aimlessly tightened and our face thickened every minute with disgrace.

Phyllis

[译文]

亲爱的慰梅和正清：

……思成和我已经为整理旧文件和东西花了好几个钟头了。如此惊人的许多零碎杂物，沿着人生足迹已经堆积如山！这些清理工作带给我们的沉重和哀愁的感受实在难以言表！特别是此刻我们正处于举国悲观的气氛中，前景渺茫。

……如果我们的民族灾难来得迅猛而残酷，那我们也只能以这样或那样迅速而积极的方式去回应。我们将面临艰难和痛苦，但我们不能只是手握空拳毫无目的地在那里坐等，我们的脸皮也没有厚到可以任人随时加以羞辱。

菲丽丝

一九三五年十一月至十二月间

致费慰梅、费正清

一九三六年一月四日

> 此信系节选。一九三五年圣诞节，费氏夫妇离开北平回国。这是他们走后收到的林徽因的第一封信。

Jan 4th 1936

3 Pei Tsung Pu Hutong

Dearest Wilma and John,

...*此处有删节。I have been much younger and alive since you two run around with us and impart to me new vitality and outlook on life and future in general. So much so that I am gratefully astonished myself each time.

I viewed over everything I did this winter, Wilma and John, you see I was bi-culturally brought up, and there is no denying in that, the bi-cultural contact and activity is essential to me. Before you two really came into our lives here in No. 3, I was always somewhat lost and had a sense of lack somewhere, a certain spiritual poverty or loneliness which need nourishing what the "blue notes" more than restored, and another thing—all my friends in Peiping are older and more serious minded people, they don't supply much from themselves out, then turn to Shih-cheng and me for inspiration and fresh something. "Gosh", how often I feel drained!

...*此处有删节。The picnics and ridings this autumn or rather early winter, (and the shan-shi's trip too) made a whole world of difference to me.

Imagine if not for all that, how was I to survive all those excitement and confusion and depression of our fragment National Crises!!! The riding was symbolic too ...*此处有删节。 besides the fate of Chi-Hua-Men where had always been for me only Japs and their target, now I can see the country lanes and best flat open wintery atmosphere, delicate bare branches that scatter silver, small quiet temples and the accessional bridge one can cross with romantic pride.

...*此处有删节。

Yours ever, Phyllis

[译文]

最亲爱的慰梅和正清：

……自从你们两人来到我们身边，我似乎变得更加年轻、活泼和富有朝气了。你们给我的生活注入了新鲜活力，让我对生活与未来有了不同的感受和展望。我感到收获颇丰，也时常惊讶和庆幸我自己身上发生的这些变化。每当我回想起今年冬天我所做过的每一件事，正清和慰梅，你们知道，我是在双重文化的教养下长大的，不可否认，保持有双重文化的接触和活动对我是不可少的。在你们来此之前，你们进入（北总布胡同）三号，走进我们的生活之前，我总是觉得若有所失，生活中好像缺点什么，有种精神上的贫乏与孤独感,常需要营养。你们的"蓝色信笺"不仅是补充更是丰富。另外,我在北京的朋友都比我年岁大,多比我老成。他们不大参与和提供这种生机盎然的野外活动,反而总是要从思成和我身上寻求灵感和某些新鲜的东西。天啊,我常有种枯竭之感。

……今秋或初冬的那些野餐、骑马(还有我们的山西之行)使我的世界焕然一新。试想如果没有这些活动,我如何能熬过我们国家正在爆发的被瓜分的危机,和由此带来的紧张、困惑和忧郁!!!骑马颇有些战士的象征意义……说到朝阳门事件,我以为朝阳门一直是日本人的攻击目标……

正值冬日时节,我可以看到乡间小路和广袤的原野,那里散落着银色的纤细枯枝,有寂静的小庙和让人怀着浪漫与自豪去跨越的小桥。

……

你们永远的菲丽丝
一九三六年一月四日

致费慰梅、费正清

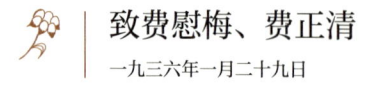

一九三六年一月二十九日

> 此信系节选。沈从文曾陷入一场感情危机,他像对长姊一样向林徽因倾诉自己的苦恼。林徽因在该信中述及此事。

3 Pei Tsung Pu Hutong

Jan 29th, 1936

Dearest Wilma and John,

...*此处有删节。

Heavens! If I would write a story with just such situations and such arguments, if I would write it badly, one would think I invented the situation, badly and so untrue to life! But here it is, take it or leave it, and of all people, should be Chung-wen, the quiet, understanding feeling and guilty person, a novelist himself, a genius at that! And he has got himself into this scrap and is feeling just as hopeless as any young and inexperienced little boy in such matters—and the poet in him rebelled and looked so lost and puzzled by life and its conflicts, that I thought of Shelley and also remembered Hsu Chih-mo in his mad struggles against conventional sorrow, and I can't help feeling fondly amused. I can't describe to you how utterly charming he was that morning and how amusing! And how old and wise and tired I sat there talking to him, scolding him, advising him and discussing with him on life and its inconsistency, on human nature and its charm and tragedies and on idealism and reality! ...*此处有删节。

...*此处有删节。

Little have I thought before that people who lived and were brought up in so different a way as Chung-wen, will have some such feelings that I could so well understand, and have some such problems and troubled by it as I have known in other contexts. This is a new and deep experience for me, and that is why I think proletariat literature is nonsense. Good literature is good literature regardless of the "ideology" of the people. From now on I am going to take a fresh faith in my writing as Lao-Chin has been hoping and trying to convince me of its worth all along. Hurrah!

...*此处有删节。

Lots of love

Phyllis

[译文]

最亲爱的慰梅和正清：

……

上帝！要是我写一篇故事，有这般情节，并（像他那样）为之辩解，人们会认为我瞎编，不近情理。可是，不管你接不接受，这就是事实。而恰恰又是从文，这个安静、善解人意、"多情"而又

"坚毅"的人，一位小说家，又是如此一个天才。他使自己陷入这样一种感情纠葛，像任何一个初出茅庐的小青年一样，对这种事陷于绝望。他的诗人气质造了他自己的反，使他对生活和其中的冲突茫然不知所措，这使我想到雪莱，也回想起志摩与他世俗苦痛的拼搏。可我又禁不住觉得好玩儿。他那天早上竟是那么的迷人和讨人喜欢！而我坐在那里，又恼又疲惫地跟他谈，骂他、劝他，和他讨论生活及其曲折，人类的天性其动人之处及其中的悲剧、理想和现实！……

……

过去我从没想到过，像他那样一个人，生活和成长的道路如此地不同，竟然会有我如此熟悉的感情，也被在别的景况下我所熟知的同样的问题所困扰。这对我是一个崭新的经历，而这就是为什么我认为普罗文学毫无道理的缘故。好的文学作品就是好的文学作品，而不管其人的意识形态如何。今后我将对自己的写作重具信心，就像老金一直期望于我和试图让我认识到其价值那样。万岁！

……

非常爱你们。

菲丽丝
一九三六年一月二十九日
北总布胡同三号

致费慰梅
一九三六年五月七日

May 7th, 1936

Wilma, Wilma, Wilma,

(I have to address the envelope to John because it is more proper for Balliot.)

I have been in the yelling mood ever since your last delightful letter, now that another one has come I must answer you right away. There has been a long time I didn't (or couldn't) write to you people because of a 'gap' caused by your sending letters not via Siberia and each took over fifty days to come (except one which came a little sooner but it must be one that was written later). So everything got terribly upsetting. We loved the "type-written reports" of whereabouts and what-abouts, but emotionally they are a bit unsatisfactory.

You sound worried about my ways of life; running around helping people in general, lots of worry and no exercise etc. Well, sometimes nothing can be done, it is almost fatal I should slave and waste myself on trash always, till—I mean unless circumstance itself takes mercy on me and changes. So far the circumstance is none too good for Phyllis the individual, though very smooth for the same person in all the capacities as a family member. The weather is glorious everybody has room re-papered, re-furnished, decorated to re-assume life in better shape. Let me give you a picture to show how it is.

Wilma, Wilma, is there any use my going on writing news…just look at the beds! Aren't they exciting！！！But the fun is when they are more or less gathered in the marked public spots and when they have breakfast one after another, and tea each in his or her room in different styles！！Next time you come to Peking, ask for the Liangs boarding house!

I will start another sheet.

At this point of course the children came back from school insisted on looking at the "picture of beds" and identify their own etc etc. Bao-bao is always fussing about her dresses because the weather is getting warm. Helen's shirt is a bit "out" now. Chung-chieh has the end of Dolly's green dress for a pair of short knickers, very smart.

No, no, no, I refuse to give you more impression how thoroughly I am buried in domesticity—I still have other points left I think, when "joie de vivre" takes over me which though comes seldom, it still comes!

Yes, I do understand your approach to work. I work in very much the same way, though sometimes quite different. I achieve best when it is "pure product of Joie de Vivre". Most seriously when it is a question of bursting from inside, happily or unhappily. When it is a question of desperate yearning for expression-something I found out or I knew, or I learned to understand, and I wanted to impart the secret seriously and

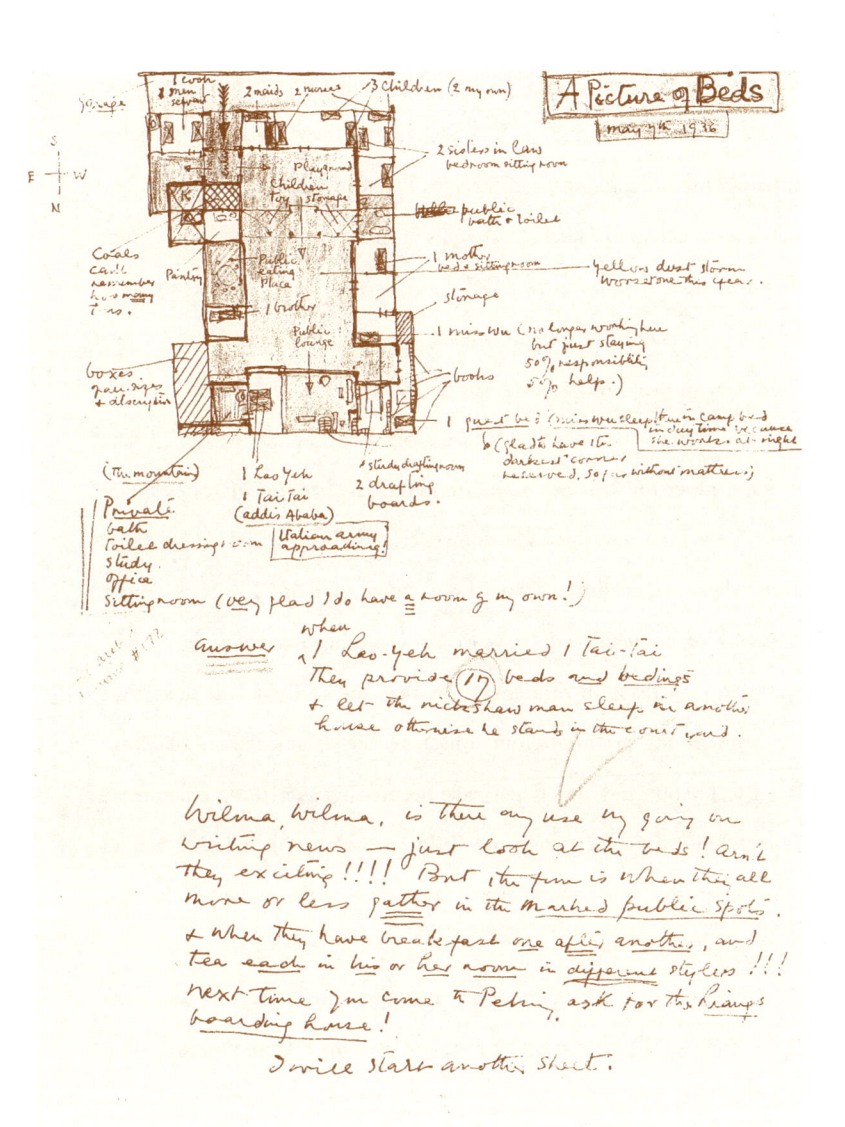

A Picture of Beds
may 4th 1936

[Hand-drawn floor plan with annotations:]

- 1 cook 1 man servant
- 2 maids 2 nurses
- 3 children (2 my own)
- 2 sisters in law bedroom sitting room
- Playground children toy storage
- public bath + toilet
- 1 mother bed + sitting room
- yellow dust storm worse stone this year
- Coals can't remember how many Tis.
- Painting
- Public eating Place
- storage
- 1 brother
- Public lounge
- 1 Miss Wu (no longer working here but just staying 50% responsible, 50% help.)
- boxes paintings + absorption
- books
- 1 guest bed (Miss Wu sleeps in a camp bed in day time because the rooms at night darkest corner reserved, so far without mattress)
- (The mountain)
- 1 Lao-Yeh 1 Tai Tai (addis Ababa)
- 1 study dusting room 2 drafting boards.
- Italian army approaching
- Private: bath, toilet dressing room, study, office, sitting room (very glad I do have a room of my own!)

answer when
1 Lao-Yeh married 1 Tai-Tai
They provide (17) beds and beddings
+ let the rickshaw man sleep in another house otherwise he stands in the courtyard.

Wilma, Wilma, is there any use my going on writing news — just look at the beds! Aren't they exciting!!!! But the fun is when they all more or less gather in the marked public spots. + when they have breakfast one after another, and tea each in his or her room in different styles!!! next time you come to Peking, ask for the Liang's boarding house!

I will start another sheet.

247　　　　　　　　　　　　　　　小说　戏剧　翻译　书信

earnestly to some one. 'Readers' are not 'public' to me, but individuals who are more understanding and sympathetic than relatives and friends surrounding me and who are eager to listen to what I have to say and become saddened or gladdened because of what I say. When I am doing domestic little trifles, I always feel that it is a pity I am neglecting some one else infinitely more interesting and important somewhere else unknown to me. Thus I hasten to finish the work in hand in order to go back 'talking' to the others, and get often irritated if the work I have in hand never finishes, or coming in fresh bunches and increases all the time. Thus I am never good at domestic work, because half of my mind is elsewhere and cursing the work I was doing. (Though I may even enjoy the work or doing it terribly well.) On the other hand if I am doing a real piece of writing or something like that and realize at the same time I was neglecting my home, my conscience never got pricked at all, in fact I feel happy and wise that I have been doing something much more worthwhile—it is only when my children looking ill or losing weight that I start feeling bad and wake up at middle of the night wondering I have been fair or not.

My English is getting very poor and rusty. I will stop here and write again when 'joie de vivre' takes over me and even my English pushes forth in real neat way.

Bao-bao has written you countless letters I am sending you this one.

Tell John, my article somehow never comes to anything, and only Gods know why I still hope to finish it. Don't get disgusted yet. Pray for me.

Love and love and love

Phyllis

You must both write more Chinese. We will help, anyway you suggest.

[译文]

慰梅，慰梅，慰梅：
（信封上我得写给正清，因为这对于白莉奥来说更合适些。）

  自从收到你上封让人高兴的信以来，我一直情绪高涨，现在又来了一封，我必须马上回你。很长时间我没有（准确地说是不能）给你们写信，因为这中间有个"时间差"，那是因为你们的信不是经西伯利亚邮来的，以致一封信要走五十几天（只有后来的一封稍快一点）。所以好些事弄得让人非常扫兴。我们特别喜欢那些关于各种各样事情的"打字报告"，只是感情上还有点不够满足。

  看来你对我的生活方式——到处为他人作嫁，操很多的心而又缺乏锻炼等等——很担心。是啊，有时是一事无成，我必须为一些不相干的小事操劳和浪费时间，直到——我的意思是说，除非命运对我发慈悲而有所改变。看来命运对于作为个人的菲丽丝不是很好，但是对于同一个人，就其作为一名家庭成员而言的各个方面来说，还相当不错。天气好极了，每间屋子都重新裱糊过、重新布置并装修过了，以期日子会过得更像样些。让我给你画张图，告诉你是怎么回事。*以下林徽因画了一张当时梁宅——即北平北总布胡同三号的平面图，名曰《床铺图》，注明每间屋子什么人住、放了几张床（图中方向为上南下北）。下面林徽因写道："答案：当一个'老爷'娶了一个'太太'，他们要提供十七张床和十七套铺盖，还要让黄包车夫睡在别人家，不然他只能在院子里站着。"当年除梁、林、两个子女和林老太太外，还有五六位亲戚朋友常住梁家，信中所说早饭、喝茶等等就是指他们。当时梁家共有包括厨师和黄包车夫在内的六个用人。图中北耳房是厕所，林徽因注："自用；浴室；厕所和更衣室；书房；办公室；起居室（非常高兴我总算有一间属于自己的房间！）"图中梁、林的卧室注："一个老爷；一个太太。亚地斯亚贝巴，意大利军队正在逼进。"一九三六年五月，墨索里尼统治下的意大利法西斯军队正在入侵阿比西尼亚（今埃塞俄比亚），兵临其首都亚地斯亚贝巴城下。

　　慰梅，慰梅，我给你写什么新闻还有什么用——就看看那些床吧！它们不叫人吃惊吗！！！！可笑的是，当它们多多少少按标出的公用地点摆放到一起之后，住这里的人会一个接一个地要吃早点，还要求按不同的样式在她的或他的房间里喝茶！！！下次你到北京来，请预订梁氏招待所！

　　我要开始另一页了。

　　此刻孩子们从学校回来了，他们非要看这张《床铺图》，还要认出他们自己的床等等等等。宝宝总是挑剔她的衣服，因为天气已经热了。海伦的衬衫已经有点过时。从诫从达丽的绿衣服里得到一条短灯笼裤，很帅。

　　不，不，不，我不能让你认为我已陷入了家务琐事之中——我想，当"joie de vivre"*"joie de vivre"，"生活的欢乐"，原文为法文。占据了我的身心时，我还有别的方面。虽然这种情况不多，但还是有的！

是的，我当然懂得你对工作的态度。我也是以这种态度工作的，虽然有时候和你很不一样。当那是"joie de vivre 的纯粹产物"时，我的文章便文采斐然。上乘之作是那些发自内心的快乐或悲伤的产物，是当我发现或知道了什么，或我学会了去理解什么而急切地要求表达出来，而且严肃而真诚地想要与别人分享这点秘密的产物。对于我来说，"读者"并不是"公众"，而是一些比我周围的亲戚朋友更能理解和同情我的人，他们急于要听我所要说的，并因我之所说的而变得更悲伤或更欢乐。当我在做那些家务琐事的时候，总是觉得很悲哀，因为我冷落了某个地方某些我虽不认识，对于我却更有意义和重要的人们。这样我总是匆匆干完手头的活，以便回去同别人"谈话"，并常常因为手上的活老干不完，或老是不断增加而变得很不耐烦。这样我就总是不善于家务，因为我总是心不在焉，心里诅咒手头的活（尽管我也可以从中取乐并且干得非常出色）。另一方面，如果我真的在写作或做类似的事，而同时意识到我正在忽视自己的家，便一点也不感到内疚，事实上我会觉得快乐和明智，因为做了更值得做的事——只有在我的孩子看来生了病或体重减轻时我才会感到不安，半夜醒来会想我这么做究竟是对还是不对。

我的英文越来越糟糕和荒疏。我要停笔了，等到下一次"joie de vivre"降临，连带我的英文都变得利落一点的时候再写。

宝宝给你写了无数的信，现在寄给你一封。

告诉正清，我的文章老也写不成，上帝才知道为什么我还在想完成它。先别对我不耐烦，为我祈祷吧。

爱你、爱你、爱你

菲丽丝
一九三六年五月七日

你们俩要多写中文，只要你们提出要求，我们都会帮助的。

致费慰梅

一九三六年五月二十九日

此信系节选。一九三六年夏,林徽因、梁思成前往河南、山西考察。

29th May, 1936

Lung Men

Dearest Wilma and John,

...*此处有删节。I am sitting right under the largest open-air rock-cut cave of Lung Men with the nine largest statues sitting and standing in various calm and dynamic poses staring at me (and I them!) ...Oh I am so breathless from excitement and so thrilled with the whole serene "what-ever-it-is" in the scene. ...*此处有删节。I am overwhelmed with that kind of awe which comes only through this kind of magnificent experience.

...*此处有删节。

Love, Phyllis

[译文]

最亲爱的慰梅和正清：

　　……我正坐在龙门最大的露天石窟下面，九尊最大的雕像姿态各不相同，面容祥和体态灵动，或坐或立地凝视着我看（我也仰望着他们！）..哦！看着眼前万物静籁中所有美好的一切，一种油然而生的折服与敬畏震撼着我，我兴奋得透不过气来，这种震颤的感觉只能来自一个亲历者那美妙的经历。

　　……

爱你们 菲丽丝
一九三六年五月二十九日
龙门

致费慰梅

一九三六年六月三日

3rd June, 1936

Kai-Feng

Dearest Wilma and John,

...*此处有删节。No time to write detailed letter, but this ought to be able to give you an idea where and how we are. We are going to tour through 23 Hsiens of Shun Yung after this. We have to eat and sleep (necessarily well in order to have strength to go on). I am never lost sight of Wilma's famous "Lao-yi-lao, nao-yi-nao!" In fact, I cling to that sagacious outburst, in order to keep on youthful appearance and complexion. ...*此处有删节。We thought about you and John all during this trip, which reminds us all the happy time we trod the mud to Longshi.

Love, Phyllis

[译文]

亲爱的慰梅和正清：

……没时间写信详说，只能略告知我们去了哪里及工作情况。我们将继续考察（河南、山东）二十三县。我们要尽可能吃好睡好（以便有足够的精力继续工作）。我念念不忘慰梅提醒我的名句："恼一恼，老一老！"事实上，这一路我都恪守这明智的倡议，以保持我青春的面容……旅途中，我们也常想着与你和正清一起踩着烂泥走到（山西）灵石的欢乐时光。

爱你们 菲丽丝

（一九三六年）六月三日

开封

致费慰梅

一九三七年九月十九日

> 该信附于同日梁再冰致费慰梅信后,作为对梁再冰文字的说明。在信的边角上是林徽因潦草的字迹:"林徽因报平安,乘船从天津到青岛。"写信日期据梁再冰信确定。

Darling People, So much so much has happened, we don't know a way how to begin telling. Anyway we are safe, came to Tientsin a week ago and are leaving by boat to Tsingtao via 济南 *此处原文系中文。 to wherever we can reach after 5 changes preferably 长沙 *此处原文系中文。 with as little air raids as possible in between. Then the war will be won and over for us for ever and ever.

We love you still.

Phyllis

[译文]

亲爱的人们：

  发生了太多的事，不知从何说起。我们总还算是平安。我们一周前抵达天津，正乘船离开，准备途经济南去青岛，之后能走到哪儿算哪儿；计划已经变了五次，最好是到长沙或其间空袭尽可能少的地方。到那时，战争会取得胜利并将会永远永远结束。

  我们依旧爱你们。

菲丽丝

附 | **梁再冰致费慰梅**
　　一九三七年九月十九日

> 一九三七年九月,梁思成、林徽因一家踏上战争逃亡之路,梁再冰(宝宝)在天津给费慰梅写下该信。

费姨:

　　你好不好?我和妈妈爹爹都好,你怎么样,平安不平安?我很是想你。我们现在住在天津意租界西马路二十五号梁宅。我们现在预备去长沙,因清华大学也搬去了,还有好多我们的朋友也都搬去了,所以我们也去,你说好不好?费爸爸也好吗?再见。

九月十九日　再冰写
祝你幸福。

致费慰梅

一九三七年十一月二十四日

> 此信系节选。抗日战争爆发后，一九三七年十一月梁家在南迁途中，暂住长沙。林徽因在该信中描述了他们当时的境况。

November 24, 1937

Letter c/o Yunnan University Will send you the address when we really start for Yunnan.

<notation of Wilma's: '37? Kunming

Dear Dear Dearest Wilma and Family and the rest of people nearby,

You must be worried by now! But you must not. If things were to come to the worst for us, we are only in a way being released from the present rather terrible strenuous dark and unhappy existence. ...*此处有删节。The thing is to live to see it through or to be released when life becomes more and more of a horrible experience. ...*此处有删节。

We can not help not coming out one way or the other, can we?! Meanwhile as a matter of fact, we will always struggle to live. As for instance we did yesterday.

Our house scored almost a direct hit from a bomb during the first air raid of Chang Shia. The bomb dropped 15 yards away from the door of the house in which we had three rooms as our temporary home. We were all home at the time, mother, two children, Ssu-cheng and I. Both children were sick in bed. The bombers came unexpectedly (there was some negligence about giving alarm signals beforehand). ...

No one knows how we managed not being blown to bits. Our house was in pieces just as we hurried downstairs after hearing some hellish crash and burn for the two bombs first dropped further away from us. It was by sheer instinctive action each of us picked up one child and rushed for the stairs. But before reaching the ground, the nearest bomb exploded which blew me up with 小弟 *此处原文系中文，小弟指梁从诫。 in my arms and then threw me down again on the ground unhurt. Meanwhile the house started to crack and every bit of the much-glassed Chang Sha house, door and panels, roof, ceilings all came tumbling, showering down on top of us. We rushed through the side door (fortunately the wall did not give away or come down) and were out on the street choked with black smoke.

... *此处有删节。

While we were running toward the dug out inside the temporary ground of "Tsing Hua, Peitan *Peitan "北大" 的音译。 and Nankai Joined Colleges" another bomber started to descend. We stopped running thinking there was not a chance for us to get away this time, and we preferred to be close together rather than leaving out a few to live to feel the tragedy. This last bomb did not explode but dropped at the end of the street, on which we were running!

All our things (very few now) are being excavated out of the glassy debris and we now stay temporary with friends here and there.

... *此处有删节。 During little gaps we still gathered to eat together not in restaurants but enjoying my own cooking on a little stove in that 3 room suite in which we did practically everything that used to be spread out over the entire No. 3 Pei Tsung Pu Hutong. Much laughter and sighs over the past were exchanged but as a whole we still kept up our spirits. In fact in the evenings you will find the old Saturday friends wandering here and there looking for a bit of family warmth in those houses where wives and children have come to share the "national crisis".

...*此处有删节。 We have come to decide to leave this place for Yunnan < 昆明 > (Where Jim Penfield has been.) because the evacuation of Nanking has increased the population here in such a way that no more houses are available...

Our country is still not well-organized enough to give any of us any active war work, so we are merely war nuisance so far. So why not clear out and go further back in the corner. Someday even that place is going to be bombed, but still we have no better place to go at present.

...*此处有删节。

All my love to all

Phyllis

[译文]

信致云南大学,当我们出发赴云南时,会把地址发给你们。
最最亲爱的慰梅、正清和你们的家人,以及周围的朋友们:

你们现在一定在为我们担心,但请放心!即使情况对我们来说变得越来越糟,我们只能在这可怕紧张的黑暗中和悲观的现实里,尽可能让自己保持冷静和放松。……当生活变成了越来越可怕经历的时候,我们要么把事情看得清楚明白,要么放松下来。……我们不得不以一种或另一种面貌出现,不是吗?!现而今,最重要的事情是——我们必须要奋力地活下去。如同我们昨天做的那样。昨天在日机对长沙的第一次空袭中,我们的住房就几乎被直接击中。炸弹就落在距我们的临时住房大门十五码的地方,在这所房子里我们住了三间。当时我们——外婆、两个孩子、思成和我都在家。两个孩子都在生病。轰炸机不期而至。(事先警报有些疏忽。)……

没人知道我们怎么没有被炸成碎片。听到地狱般的断裂声和头两响稍远一点的爆炸,我们便往楼下奔,我们的房子随即四分五裂。全然出于本能,我们各抓起一个孩子就往楼梯跑,可还没来得及下楼,离得最近的炸弹就炸了。它把我抛到空中,手里还抱着小弟,再把我摔到地上,却没有受伤。同时房子开始轧轧乱响,那些到处都是玻璃的门窗、隔扇、屋顶、天花板,全都坍了下来,劈头盖脑地砸向我们。我们冲出旁门,来到黑烟滚滚的街上。(幸运的是墙壁没有崩塌。)

……

当我们往联合大学的防空壕跑的时候,又一架轰炸机开始俯冲。

我们停了下来，心想这一回是躲不掉了，我们宁愿靠拢一点，省得留下几个活着的人去承受那悲剧。这颗炸弹没有炸，落在我们正在跑去的街道那头。我们所有的东西——现在已经不多了——都是从玻璃碴中捡回来的。眼下我们在朋友那里到处借住。

……在空袭之前我们仍然常常聚餐，不在饭馆，而是在一个小炉子上欣赏我自己的手艺，在那三间小屋里我们实际上什么都做，而过去那是要占用整整一栋北总布胡同三号的。我们交换着许多怀旧的笑声和叹息，但总的说来我们的情绪还不错。每天晚上我们就去找那些旧日的"星期六朋友"，到处串门，想在那些妻儿们也来此共赴国难的人家中寻求一点家庭温暖。

……我们已经决定离开此处到云南去……我们的国家仍没有组织到可使我们对战争能够有所效力的程度，以致至今我们还只是"战争累赘"而已。既然如此，何不腾出地方，到更远的角落里去呢。有朝一日连那地方（指昆明）也会被轰炸的，但眼下也没有更好的地方可去了。

……

致以我全部的爱 菲丽丝
一九三七年十一月二十四日

致费慰梅、费正清

一九三八年三月二日

> 此信系节选。一九三八年,从长沙前往昆明的途中,林徽因病倒在湘贵交界的晃县,持续高烧,两周后才缓解。

March 2nd, 1938

Darlingest—of all people far and near,
still spelt Wilma and her John,

...*此处有删节。* I hesitate to start telling you things...*此处有删节。* after our bus in 长沙*此处原文系中文。* station at five o'clock in the morning of Dec 8th. The whole journey from Chang Sha to Kunming should only cover seven to ten days by buses, but it took us 39 days, most of the time in bitterly cold weather. Half of the time in curious anticipation of "苗"*此处原文系中文。* bandits in wild mountainous districts. We have to pass through in very broken buses "of all kinds of makes and years". The two biggest episodes worthy of special mention were my getting acute Bronchitis (which was rapidly becoming something more serious such as Pneumonia) in a place called 晃县*此处原文系中文。* at the border of 湖南*此处原文系中文。* province next to 玉屏县*此处原文系中文。* of Kuei Chow province ...We have to stop fifteen days in 晃县*此处原文系中文。* waiting for busses which were at the time all taken away to help moving the aviation school cadets.

...*此处有删节。* We also waited for my recovery from a bad case of influenza-

Bronchitis-fever of unknown origin or whatever it was which cost me hell of a time to pull through (one or two days the fever ran up to 41 and more and stayed in that dizzy height for the rest of the day without signs of giving me health to cope with the situation). The next trip incident happened two days after my getting out of fever.

...*此处有删节。 We resumed the journey in most desperate circumstance, we started at one a.m. to get onto the bus, and by three a.m. We packed in all our belonging (few enough) and ourselves into the car ... fighting with a crowd to get some seats in a sixteen seats bus (which finally packed 27 people), and by 10 in the morning the car finally started moving, (that is) a windowless and starter-less and "everything-less" after that puff and shook, and have every difficulty in climbing even a flat stretch of road, left alone real high dangerous mountain ranges.

...*此处有删节。 The bus chosen to break down on top of a wild Kuei Chow mountain, famous for bandits! ...Again miraculously enough we reached a group of houses on the side of high cliff and were taken in for the night. Anyhow the main point is that we were again spared of a worse situation...
*此处有删节。

After this, episodes after episodes of broken cars, unexpected stops filled by unattractive inns to put up etc., with occasional magnificent scenery to make one's heart more twisted than ever in the face of it. The jade mountain stream, autumn red leaves and while it needs, sailing clouds above, old fashion iron chained bridge, ferries, and pure Chinese old city like 安顺*此

处原文系中文。 are all the things I like to tell you in great details mingling with footnotes of my own peculiar emotional reach at the time if possible.

Phyllis, with love.

[译文]

最最亲爱的慰梅、正清以及远近所有的朋友们：

……我勉强向你讲述我们的境况，那是十二月八日早晨五点在长沙汽车站的事。从长沙到昆明，乘汽车本来只需七天到十天，但我们竟用了三十九天，多数时间是在极冷的天气下行进。一半时间是猜测或担心在荒野山间会不会遇到"苗族盗匪"，而我们坐的是用各种材料、也不知是什么年代生产的非常破旧的汽车。值得告诉你们两件最重要的事，在湖南省和贵州省交界的玉屏县旁边的晃县，我得了急性气管炎（这个病迅速地恶化为肺炎）。……我们只能在晃县停留十五天等汽车，当时所有的汽车都被派去运输在航空学校培训的学员。

……我们还在等待我这糟糕的不知缘故的肺炎（或闹不清是什么病）康复，有一两天体温甚至超过四十一度，后来的几天，也没有迹象能恢复到可以适应目前状况的地步。只是在我退烧之后两天，我们才继续逃难。

……我们在令人绝望的情况下又重新上路。每天凌晨一点，摸黑抢着把我们少得可怜的行李和我们自己塞进长途车,到早上十点这辆车终于出发时,仅有十六个座位的空间已经挤上二十七名旅客。这是个没有窗子、没有点火器、样样都没有的玩意儿,喘着粗气、摇摇晃晃,连一段平路都爬不动,更不用说又陡又险的山路了。

……车在一座以土匪出没而著称的山顶出了故障!……又一次,奇迹般地,我们来到峭壁边上的一片房子,允许我们去过夜。无论怎样,我们庆幸自己没有陷入一次更糟糕的境遇。

此后,又有关于这些破车意外的抛锚、臭烘烘的小客栈等等的一个又一个插曲。间或面对壮丽的风景,使人比任何时候都更加心疼。玉带般的山涧、秋山的红叶和不失时机出现的飘动着的白云、古老的铁索桥、渡船,以及地道的像安顺那样的中国小城,这些我真想仔细地一桩桩地告诉你,可能的话,还要注上我自己触景生情的独特心境……

爱你们的菲丽丝
一九三八年三月二日

致费慰梅、费正清

一九三九年四月十四日

此信系节选。到昆明后,梁思成、林徽因在晃县邂逅的那批飞行员从航校毕业,开始正式在空军服役。其中一位的座机在一次空战中被迫降于广西边境。林徽因在该信中述及此事。

April 14, 1939

9 Post office St. Kunming

Dear, dearer and dearest Wilma and John,

...*此处有删节。Everyday young aviator friend was there in the thick of the fight, which was the bravest as we found out later. He went after the enemy planes all the way out to the border with a faulty meter indicating his gas. He did not return till he shot down two and saw them go down, miscalculated his gas. He had a forced landing two stations out and did not come back till the third morning by a slow train. We slept badly during the two nights he was missing, but were more than elated to see him again with a slightly injured jaw and to hear first hand news of the battle and its results, while the whole town is still rather vague about it.

I tell you these young boys are courageous pure heart souls with very direct and simple faith in our country and enviable, but trained to use their skills simply to give up their lives simply if it needs be. They are very reticent boys; every one of them who knew us have somehow grown attached to us in a very naive way, lots of affection have sprang up between us.

Many of them have no relatives in Kunming. They come to us or write to us like to their closest family. Many we know are away doing active work; some are here protecting our very lives in Kunming. One of them I wrote to you about who plays very good Violin, most affectionate and winning one is now engaged to be married. Don't ask me what is going to happen to his girl if he marries and if something happens to him. We just can't answer things like that.

...* 此处有删节。

To make up for the long silence I let this letter go out like this!!

With love to you both from Phyllis、思成 * 此处原稿即为中文。

[译文]

最最亲爱的慰梅和正清：

……每天，我们这位年轻的飞行员朋友都在进行激烈的战斗，后来我们发现他是最勇敢的一个。他凭借显示错误的燃油表一路尾随敌机追至边界，直到击中了两架，眼看着它们迅速往下栽落，这才返回。因为错算了燃油量，他在一个有两个火车站距离的地方迫降，直到第三天早晨，他才乘一趟慢车回到昆明。在他失踪的两天夜里我们都睡不好觉，但又看到他，只是下巴受了点轻伤，真是喜出望外。了解到这次空战的一手消息和结果，而全城对此都还浑然不知。

  这些孩子士气很高、心地单纯,对我们的国家和这场战争抱着直接和简单的信心。他们所受的训练就是让他们在需要时能够不假思索使用自己的技能并献出自己的生命。他们个个都沉默寡言。不知怎么,他们都以一种天真的孩子气依恋着我们。我们之间产生了很深的亲情。

  他们中的大多数在昆明没有亲人。他们来看我们或给我们写信,好像是他们的家里人。其中很多人去了前线,有的则在昆明保卫着我们的生命。有一位我告诉过你的,小提琴拉得很好,人特别可爱,最近决定要结婚了。不要问我如果他结了婚又出了事,他的女朋友会怎样。我们就是无法回答这类问题。

  ……

  作为对我许久沉默的补偿,我给你们写了这样一封信!!

爱你们的菲丽丝和思成
一九三九年四月十四日　昆明巡津街九号

致费慰梅、费正清

一九四〇年九月二十日

Sept. 20, 1940
Kunming

Dearest Wilma and John,

Reading your latest letter of August made me tearfully aware again of your characteristic lump of unalterable affection for all of us here, who after such long silent interval of time, and in the face of such vast span of space, do not think that we deserve more than a fraction of the lump. Pains and pleasures and memories of all kinds sprang up from nowhere and got stuck in my eyes and nose and throat. The feeling is a welcome thrill for me, but it tore a hole in me, and forced me to sink in tears and make the best I can. I can't even swim, as Alice in Wonderland could in her own tears. Tears can drown me if there is a suspicion of sentimental current about!

I happened to be sick, or rather retired to bed with a terrible headache resulted from long days of struggle in the kitchen, when your letter to me was brought from the city by Lao-Chin, who casually waved the note-papers before me. It was nearing twilight. As soon as I read the first paragraph tears blocked out all lights before me, I just could not help it. My reaction was:

How very "Wilma" is Wilma still. Whatever that may mean, it is something I am not able to express, except by being somewhat a fool sobbing into my pillow. To make the matter more heart-wringing, Lao-Chin came into the already darkened room, first talked of this and that then led the subject to the most despairing problem of our immediate decision to move out of Yunnan as we are ordered by the ministry of education, then launched into our embarrassing financial situations. I was not at all intelligent about what he was driving at till he said something about having somehow come into possession of a hundred dollars in gold which we—the Liang family—can make use of etc, Ssu-cheng immediately enquired whether he got it through writing an article in English, which fact Lao-Chin denied. At this point I have already guessed the truth, Lao-Chin is never any good for a liar or a well intended conspirator for one thing, and what you two are capable of doing is well known to us, for another, I sensed the conspiracy right away. I began swimming in earnest, Alice-fashion! Since things stood this way you must now face my "long sad tail" as well.

But before I go on, I would like you to be clear about two points. First and foremost You and John are absolutely the dearest of the dearest kind of people which are not many to begin with, second your present has come just at the nick of time when we are really in bad need of it which fact makes it the more heart-wringing, and gratefully appreciated. What amazing consideration you have for us, and what a wretched recipient we feel we are in the whole ocean of oceanic barrier! No tears could help any feelings at this stage, I just feel limp and exhausted with the most inexpressible feeling to express all that is choking me since, if that will convey anything to you, here it is... wordless!

Reading your last letter made me also wonder whether unconsciously all my recent letters to you inclined to be either nonsensical or flippant. If so, please forgive me. The tendency to be incoherently light and nonsensical was perhaps due to the fact that I wanted to maintain a reasonable cheerful strain in whatever I had to tell you, while I was not so cheerful about anything, even it may not lack comical aspects. Reality is too often painful. Unlike our dear old Lao-Chin, with his characteristic expressive command of English, ample sense of humor, thoroughly comfortable acceptance of things, covering all kinds of information at random, who has a warm ready laugh saved for friends at any unexpected comer. I was afraid if I had let myself go, the result would be a disastrously dull long letter, filled with grim details badly put, with nothing to relieve them.

It is so hard to put in a nut-shell letter to you, the picture of our lives here. Situations change too quickly, moods fluctuant in reflection. Emotionally we simply center on nothing but what passed by at the moment before us, with a vague ache for everything we valued and still take to be the best, and the most dependable qualities of life.

This feeling is invaluable and much needed here. We must casually allude to Wilma or John when we talk, and bring them very much to the foreground.

Your letter came this time a day before the moon-festival, the weather at this point was turning cool, with more and more Autumnal glow or flooding light, scenery was glorious. Everywhere fragrance edged the air-wild flowers remind one of thousands of the nicest feelings long forgotten. Any morning and afternoon the sun steals in curious angles to one's aching sense of awareness of quiet and beauty amid a helpless world of confusion and disaster. Wars, especially our own, loom larger than ever, close to our very skin heart and nerve! And now it is festival time, it seems more like an irony of... Logic (Don't let Lao-Chin see this).

Lao-Chin is giggling away in his room after hearing this by accident and said that this combination of words should be nonsense, but somehow isn't my defense is that "logic" should be often lightly used like any other words not tucked away, as he so often made it, like a miser. Lao-Chin is in his summer vacation, so has been for the last month out in the country with us . The more accurate truth being that he is "dormitory-less" like most of the professors of S.W.Univ. during this gap, they termed it "vacation", freed from classes but pestered and forced to worry about moving immediately to Sze-Chung.

We are now residing in a newly built cottage, at the end of a fair-size village 8 kilos N.E. of Kunming city, with considerable sceneries around and no military objective. Next a raised dyke, lined with tall straight pines li *原件有缺。 those in old paintings. Our house includes three large rooms, a kitchen where I principally involved, and a maid's room, which lies vacant, since no servant could be secured all these months now (though theoretically we still can afford, but actually beyond our means, about 70 dollars a month). During this spring, Lao-Chin has one extra "ear-room" built, attached to our main house, on one side. Thus the whole of Peitsung-Pu-Hutung group is at present intact, but heaven knows for how long now!

This house has unexpectedly cost three times the amount it was said to cost us, so exhausted our funds which were little enough. This put Ssu-cheng and me in a rather amused state of embarrassing despair. (This is correct expression I think.) The house at the final stage of construction became a little comical though not unexciting. All those friends, who built similar cottages like ours in this neighborhood, delighted in pointing out to each other, each of our specific phase of ridiculous difficulty. Our house was built last of all, so in the end, we have to struggle for each plank of wood each piece of brick even each piece of nail required. We have to help in carrying material and actual carpentry and masonry, in order to move under the roof which does not even "cover the wind or the rain" according to classical definition you must have heard Ssu-cheng lectured.

However we are now very much in the new house some aspects of it is not without beauty, or comfort. In an amused way we are fond of it even sometimes, it seems that nothing short of a visit from Wilma and John, would do it justice! For it takes true friends to appreciate its real inborn qualities! I must stop here, will type the rest of the eight hand-writing papers out later, because Lao-Chin is waiting for it to go into town to mail his letter to Dolly. I have not a chance yet to write her, which l wanted very much.

My best love to everyone around there in America, specially Winthrop Street. and included. When you write next I may not even be in this house or this province. For we are again going to take hard, land to mountain. Kuei-Chow then to Sze-Chuan.

Phyllis, with love,

[译文]

亲爱的慰梅和正清：

　　读着你们最近来的八月份的那封信，我热泪盈眶地再次认识到你们对我们所有这些人的不变的深情，这深情带有你们的人格特点，而我们，经过这么长久的沉默，又如此天各一方，真觉得自己配不上这份情意。种种痛苦、欢乐和回忆泉涌而来，哽在我的眼底、鼻间和喉头。那是一种欣慰的震撼，却把我撕裂，情不自禁地泪如雨下。我甚至不能像《爱丽丝梦游奇境记》中的爱丽丝那样在自己的泪水里游泳。如果那里面有一股感伤的潮流，泪水就会把我淹死。

　　我赶巧生病了，或者说由于多日在厨房里奋斗使我头疼如裂，只得卧床休息。老金把你们的信从城里带来给我，他不经意地把信在我面前晃了晃。天已经快黑了，我刚读了第一段，泪水就模糊了我的视线，我实在忍不住。我的反应是：慰梅仍然是那个"慰梅"。不管这意味着什么，我无法表达，只能傻子似的在我的枕头上哭成一团。老金这时走进已经暗下来的屋子，使事情更加叫人心烦意乱。他先是说些不相干的事，然后便说到那最让人绝望的问题——即必须立即做出决定，教育部已命令我们迁出云南，然后就谈到了我们尴尬的财政状况。我根本没有明白他在说些什么，直到说起他不知怎么有了一百美元，而这笔钱我们——梁家可以用等等。思成立即问他是不是因为写了一篇英文文章得到了这笔钱，老金不承认。到此我已猜出了真相。他从来不善说谎或搞什么阴谋。我们很清楚你们两人能够为我们做什么。所以我立刻明白了这阴谋之所在。于是我禁不住像爱丽丝一样嚎啕大哭起来。既然如此，那你也就得听我讲讲我那辛酸的故事。

在我继续往下讲之前,你们得先明白两点。第一,也是最重要的,你和正清首先绝对是少有的最亲近和最亲爱的那种人。第二,你们的礼物来得正是我们最最需要的时候,这使我们更加心情激动并特别特别感激。你们怎么会为我们想得这么周到。在大洋此岸的芸芸众生之中,作为受惠者我们觉得自己是多么微不足道。泪水不足以表达我此时的感受。我只因为无力表达所有积在心中使我窒息的感受而感到麻木和极度疲倦。如果有什么能向你们表达,那就是——无言。

读了你们最后的来信使我想,我最近给你们的信是不是无意中太无条理、太轻率了。如果是这样,请原谅我。我想不论告诉你们什么事都保持一种合理的欢乐语气,而我又并不是对什么事都那么乐观的,尽管有些事并不乏某些喜剧色彩,其结果可能就使得我的信有一种不协调的轻浮和无条理。现实往往太使人痛苦。不像我们亲爱的老金,以他具有特色、富于表现力的英语能力和丰富的幽默感,以及无论遇到什么事都能处变不惊的本领,总是在人意想不到的地方为朋友们保留着一片温暖的笑。我很怕如果放任自己这样写下去,这封信将会灾难性地变得又长又枯燥,塞满生硬的细节而无法解脱。

很难言简意赅地在一封信里向你们描述我们生活的情景。形势变化极快,情绪随之起伏。感情上我们并不特别关注什么,只不过是随波逐流,同时为我们所珍惜,认为生活中所不可或缺的某些最好的东西感到朦胧的悲伤。这种感觉在这里是无价的和不可缺少的。在我们谈话时总是不经意地提到慰梅和正清,并把他们放在显著的地位。

你们这封信来到时正是中秋节前一天,天气开始转冷,天空布满越来越多的秋天的泛光,景色迷人。空气中飘满野花香——久已忘却的无数最美好的感觉之一。每天早晨和黄昏,阳光从奇异的角度偷偷射进这个充满混乱和灾难的无望的世界里,人们仍然意识到安静和美的那种痛苦的感觉之中。战争,特别是我们自己的这场战争,正在前所未有地阴森森地逼近我们,逼近我们的皮肉、心灵和神经。而现在却是节日,看来更像是对——逻辑——的一个讽刺(别让老金看到这句话)。

老金无意中听到了这一句,正在他屋里格格地笑,说把这几个词放在一起毫无意义。不是我要争辩,逻辑这个词就应当常像别的词一样被用得轻松些,而不要像他那样,像个守财奴似的把它包起来。老金正在过他的暑假,所以上个月跟我们一起住在乡下。更准确地说,他是和其他西南联大的教授一样,在这个间隙中"无宿舍"。他们称之为"假期",不用上课,却为马上要迁到四川去而苦恼、焦虑。

我们正在一个新建的农舍中安下家来。它位于昆明市东北八公里处一个小村边上,风景优美而没有军事目标。邻接一条长堤,堤上长满如古画中的那种高大笔直的松树。我们的房子有三个大一点的房间,一间原则上归我用的厨房和一间空着的佣人房,因为不能保证这几个月都能用上佣人,尽管理论上我们还请得起,但事实上超过了我们的支付能力(每月七十美元左右)。这个春天,老金在我们房子的一边添盖了一间"耳房"。这样,整个北总布胡同集体就原封不动地搬到了这里,可天知道能维持多久。

出乎意料地,这所房子花了比原先告诉我们的高三倍的钱。用去我们刚刚够花的积蓄,使思成处在一种可笑的窘境之中(我想这种表述方式大概是对的)。在建房的最后阶段事情变得有些滑稽，虽然也让人兴奋。所有在我们旁边也盖了类似房子的朋友 *指当时在龙头村自建这种土坯小房的还有原中央博物院考古学家李济、西南联大政治学教授钱端升等。，饶有兴致地互相交流，指出我们盖房每个阶段的滑稽之处。我们的房子是最晚建成的，以致最后不得不为争取每一块木板、每一块砖，乃至我们需要的每根钉子。为了能够迁入这个甚至不足以"蔽风雨"——这是中国的经典定义，你们想必听过思成的讲演的——屋顶之下，我们得亲自帮忙运料，做木工和泥瓦匠。

无论如何，我们现在已经完全住进了这所新房子，有些方面它也颇有些美观和舒适之处。我们甚至有时候还挺喜欢它呢。但看来除非有慰梅和正清来访，它总也不能算完满。因为它要求有真诚的朋友来赏识它真正的内在质量。我必须停笔了，将把其余的八页手写稿打出来。因为老金等着要把他给达丽的信寄走。我没有机会给她写信了，但我很想写。

向在美国，特别是在温丝罗普街 *温丝罗普街 费慰梅和费正清在美国康州坎布里奇市住宅所在街名。的朋友们致以我最真诚的爱。等你下次来信时我也许已不在这所房子，甚至不在这个省里了，因为我们将乘硬座长途汽车去多山的贵州，再到四川。

            爱你的 菲丽丝

          一九四〇年九月二十日 昆明

致费慰梅、费正清

一九四〇年十一月

Nov, 1940

Kunming

Dearest Wilma and John,

In September I wrote you a long long letter and half of it was typed one and mailed. Then later a short note introducing a certain Mr Bien who wrote a short story and wanted your help. I am in a persistent mood and write to you these days but I am always busy in a sense you would not quite know from what you have known of our lives before and so always have to postpone the writing. It is terribly sad. There are such a lot of things worth telling here not about ourselves but about all sorts of friends who had all sorts of work and novel living conditions, now the war is more than three years old—you can hardly imagine what that means.

My heart is still so forced and bound up with you in your American home that sometimes it is hard to bear our separate over such long period of time. The end of this terrific war seems still a bit far off even we apply as much of wish-hope as we can onto any news we can gather from the papers. Japs are near exhaustion, but not near enough to please us. I am not a person to look back much, but even I am now only homesick, and we are going to Sze-chuan! Could that be another 2 or 3 year's affair?! Time seems to drag so. Bombings are getting very bad now but don't worry, we are alright. We have much more chance to be safe than to be hurt really. We just felt numb or alert as the case turned out to be. Japs bombers or the machine gunning from this pursuit plane, are all like quick rains one can set one's teeth against compresses lips and let it pass over. Right over head or farer away they are all the same, a sick sensation in that day. Poor Lao-Chin who has to have classes in the mornings in the city—often started from this village at five thirty in the morning then to run into an air-raid before the classes even started then to walk out with a crowd toward another city-gate, toward another hill, in another direction, till five thirty in the afternoon and then to walk in round—about routes to get back to this village without having food or work or rest or anything for that matter! Such is life. George was fool enough to go to Shanghai to attend private business and was captured by the Japs and was all beaten up and went through horror in prison. His wife is still here, we just saw her off Hong Kong bound. George is now released but when to return here is doubtful under watchful eye. Such is also life. But friend "Icy Heart" is flying to Chung King to take up an official job there (as nonsensical and useless as anything can be) and she is taking her whole household and people on an areoplane and whole household of things on a chartered truck through maneuvering when hundreds of people on real important jobs are not allowed to travel on account of our limited gasoline problem at present. She must be very valuable to our country indeed! Sorry to disclose such an unattractive news! Things vary here from the very gutty to the very discouraging wasteful not. Such is life too.

We are leaving for Sze-Chuan by riding a truck astride-wise with 31 people ranging from 70 years old to a new born baby with only 80 kilo luggage allowance for the entire family*以下原件不清。 And I am leaving all my friends I have known ten years. It is too*以下原件不清。

All my love ever ever

Phyllis

[译文]

最亲爱的慰梅和正清*写此信时，梁、林为躲避日军轰炸，住在昆明郊外龙头村。：

九月间我给你们写了一封很长很长的信，其中一半是打字的并已经寄出。后来又有一封短笺，介绍某位卞先生，他写了一篇短篇小说，想请你们帮助。这些天我始终有一种要给你们写信的冲动，但总是忙于一些你们按我过去的生活所不能完全理解的事，所以总是拖了下来。这让我非常伤心。有那么多的事值得向你们讲，不是关于我们自己，而是关于各种各样的朋友的，他们有过各种各样的工作和新的生活境遇。现在战争已经进行了三年多——你们很难想象这意味着什么。

我的心依然强烈地和在美国家中的你们联系在一起，我们这样长久地分离有时真叫人难以忍受。尽管我们对所收集到任何一点报纸消息满怀希望，但是看来这场可怕的战争离结束还很远。日本鬼子消耗得差不多了，但还没消耗到能让我们高兴的程度。我不是一个老往后看的人，即便这样我现在也总是想家，而我们现在要到四川去了！那会不会又是两三年的事呢？时间好像在拖延。

　　轰炸越来越厉害，但是不必担心，我们没有问题。我们逃脱的机会比真的被击中的机会要多。我们只是觉得麻木了，但对可能的情况也保持着警惕。日本鬼子的轰炸或歼击机的扫射都像是一阵暴雨，你只能咬紧牙关挺过去，在头顶还是在远处都一个样，有一种让人呕吐的感觉。可怜的老金每天早晨在城里有课，常常要在早上五点半从这个村子出发，而还没来得及上课空袭就开始了，然后就得跟着一群人奔向另一个方向的另一座城门、另一座小山，直到下午五点半，再绕许多路走回这个村子，一整天没吃、没喝、没工作、没休息，什么都没有！这就是生活。乔治*即叶公超，时为西南联大外语系教授。蠢到会为了家事跑回上海，结果被日本鬼子抓了起来，在监狱里挨了打，经历了可怖的事。他的妻子还在这里，我们刚把她送往香港。乔治已被释放，但在监视之下什么时候能回到这边还很难说。这也是生活。但是朋友"Icy Heart"*"Icy Heart"指冰心女士。却将飞往重庆去做官（再没有比这更无聊和无用的事了），她全家将乘飞机，家当将由一辆靠拉关系弄来的注册卡车全部运走，而时下成百有真正重要职务的人却因为汽油受限而不得旅行。她对我们国家一定是太有价值了！很抱歉，告诉你们这么一条没劲的消息！这里的事情各不相同，有非常坚毅的，也有让人十分扫兴和无聊的。这也是生活。

我们将乘卡车去四川,三十一个人,从七十岁的老人到一个刚出生的婴儿挤一个车厢,一家只准带八十公斤行李……*原信字迹不清故省略。而我将离开这些认识了十年的朋友,这太……*原信字迹不清故省略。

永远爱你们

菲丽丝

一九四〇年十一月

致费慰梅、费正清

一九四一年八月十一日

August 11, 1941

Li-Chuang

Dearest Wilma and John,

Even though I am almost 100% sure that the Japs will not drop any bombs over this little out-of-the-way village-town Li-chuang, yet the 27 planes that flew right over our heads an hour ago with that indescribable droning sound give me still the creeps—that queer sensation of being afraid of being hit any moment. They have gone up-stream, bombed somewhere, probably 宜宾 *此处原文系中文。, and back again now over our head with the same leisurely flight with that menacing drone, and deadly purposiveness. I was going to say that this makes me sick, then I realized that I am already very sick, and this only makes me momentarily sicker, with a slight rise of temperature and uncomfortable quickening of heart beats. ...You can tell from what I have just described that none of us can ever be remote from war, at any point in China today. We are integrally bound up with it whether or not we are doing the actual fighting.

...*此处有删节。I am fortunate enough to have a country maid who is good and faithful, very young and nice-tempered. But if you have only 7 old pillow cases and about that number of sheets of different sizes and strength among 5 members of the family, and knowing that white cloth is as unavailable as gold leaf in the market, you would not like the shock of seeing half of the sheet and two of the pillow cases in shreds after one vigorous—evidently conscientious—washing. Or when you know that buttons are unavailable in any shop, you won't like to see many 1/2-buttons dangling on shirt fronts after the laundry. We don't like to see either old shirts too strained and haggard after each washing when the price of any shirt is $40 up. This applies ad infinitum, to food as well as household articles of any kind, in the hand of this maid. Of course, whenever we can, we use the unbreakable, but nothing seems to be unbreakable, and everything is either terribly costly or irreplaceable.

Slow tempered and always prefers to handle any work one item at a time, Ssu-cheng is least capable of taking care of household odds and ends. And odds & ends there are galore, rushing at him like different train pulling into Grand Central at any time. I am still the station master of course, though he may be the station! I might be run over, but he can never be. Lao-Chin is that sort of visitor who is either seeing people off or meeting someone at the train, slightly disturbing to the traffic, but making the station a little more interesting place and the station master a little more excitable.

At this point, Lao-Chin thinks he ought to say something since his presence here is made known to you.

Phyllis with all her love

August 13

"Grand Central Station"

In the presence of the Station Master, and the Station typing, the passenger is too dazed to say anything except watching the trains rushing by. I must say that it is very strange railway management. I have passed through the Grand Central Station in New York many a time without having seen even once the station master, but here both architecturally and otherwise, the station master and station may be mistaken for each other.* 本段为金岳霖附言。

Now it is the Station's turn. With the main ridge—purlin considerably defected due to faulty construction, and with ugly, steel buttresses designed and executed by PUMC, now considerable weathered after 7 years of service, the heavy war-time traffic underneath seems to shake my very foundations. So much for the station aspect.* 本段为梁思成附言。

[译文]

最亲爱的慰梅和正清：

尽管我百分之百地肯定日本鬼子绝对不会往李庄这个边远小镇扔炸弹，但是，一个小时之前这二十七架从我们头顶轰然飞过的飞机仍然使我毛骨悚然——有一种随时都会被炸中的异样的恐惧。它们飞向上游去炸什么地方，可能是宜宾，现在又回来，仍然那么狂妄地、带着可怕的轰鸣和险恶的意图飞过我们的头顶。我刚要说这使我难受极了，可我忽然想到，我已经病得够难受了，这只是一时让我更加难受，温度升高、心跳不舒服地加快……眼下，在中国的任何角落也没有人能远离战争。不管我们是不是在进行实际的战斗，也和它分不开了。

……我们很幸运，现在有了一个农村女佣，她人好，可靠，非常年轻而且好脾气，唯一缺点是精力过剩。要是你全家五口只有七个枕套和相应的不同大小和质地的床单，而白布在市场上又和金箔一样难得，你就会在看到半数的床单和两个枕套在一次认真地洗涤之后成了布条，还有衬衫一半的扣子脱了线，旧衬衫也被揉搓得走了形而大惊失色。这些衬衫的市价一件在四十美元以上。在这个女佣人手里各种家用器皿和食物的遭遇都是一样的。当然我们尽可能用不会打碎的东西，但是看来没有什么是不会碎的，而且贵得要命或无可替换……

思成是个慢性子，愿意一次只做一件事，最不善处理杂七杂八的家务。但杂七杂八的事却像纽约中央车站任何时候会到达的各线火车一样冲他驶来。我也许仍是站长，但他却是车站！我也许会被碾死,他却永远不会。老金(正在这里休假)是那样一种过客,他或是来送客,或是来接人,对交通略有干扰,却总能使车站显得更有趣,使站长更高兴些。

就这点来说,既然你已知道老金已在这里,他觉得自己还有几句话要说。

爱你们的菲丽丝
一九四一年八月十一日　李庄

当着站长和正在打字的车站,旅客除了眼看一列列火车通过外,竟茫然不知所云,也不知所措。我必须说这是一种非常奇怪的铁路管理。我曾不知多少次经过纽约中央车站,却从未见过那站长。而在这里却实实在在地既见到了车站又见到了站长。要不然我很可能会把它两个搞混。(金岳霖附言)

八月十三日　中央车站

现在轮到车站了:其主梁因构造不佳而严重倾斜,加以协和医院设计和施工的丑陋的钢铁支架经过七年服务已经严重损耗,从我下面经过的繁忙的战时交通看来已经动摇了我的基础。(梁思成附言)

致费正清

一九四三年六月十八日

> 此信系节选。一九四三年春,研究中国古代科技史的英国学者李约瑟来到李庄访问中央研究院历史语言研究所、中央博物院和中国营造学社。

June 18th 1943

Li-chuang

Dearest John,

...*此处有删节。Professor Needham has been and fed on a fried duck and departed. At first most people were inclined to bet with each other, on whether or not Professor N. was ever to smile during his stay in Li-chuang. I admit that Li-Chuang is not an over exciting place, but still we might have reason to expect one little smile from so ardent a lover of Chinese early science, who had taken all the trouble to come to China during such a war. Finally one smile broke through the conversation, when the worthy professor was in the company of Mr. and Mrs. Liang who sat up in bed, he was much delighted that Mrs. Liang speaks English with an Irish accent, he said. I was not aware that the English likes the Irish so much before! Later in the afternoon, on the last day of his visit, when tea was served with little cakes in the National Museum (according to Mrs. Liang's suggestion of course) Prof. N. was said to be even lively. Such was the proof of the English people's love of tea.

...*此处有删节。

Many have remarked that Liang Ssu-cheng should be given the Nobel Prize for peace this year for having successfully brought about a very friendly handshake between Dr Tao Meng-ho, and Dr Fu Hsi-nien. It was moment just before Prof N. was to deliver a lecture in the academia Auditorium. Many clapped their hands in secret, according to report. Dr Li Chieh went up to shake Liang Ssu-cheng's hand and awarded him privately the Nobel Prize for peace.

Yet after reading Tolstoy's pains-taking record of human beings between the years of 1805 to 1812 in an area between Petersburg and Moscow, I had to admit that human beings in Li-chuang and Chungking or Kunming or Peiping or Shanghai, between the years 1922 to 1943 are terribly similar to those described in "War and Peace" of a century ago in outlandish Russia even. So why not reconcile with it all. I mean life and people in general.

Love Phyllis

[译文]

亲爱的正清：

……李约瑟教授刚来过这里，吃够了炸鸭子，已经走了。开始时人们打赌说李教授在李庄时根本不会笑。我承认李庄不是一个会让人过分兴奋的地方，但我们还是有理由期待一个在战争时期不辞辛苦地为了他所热爱的中国早期科学而来到中国的人会笑一笑。终于，在这位著名教授和梁先生及夫人（当时卧病在床）见面时露出了笑容。他说他非常高兴，因为梁夫人的英语竟有爱尔兰口音。而我从不知道英国人对爱尔兰还有如此好感。据说最后一天下午，在中央博物院的院子里受到茶点招待时（当然是根据梁太太的建议），他更为活跃。可见英国人爱茶之甚。

许多人曾说，梁思成本应被授予今年的诺贝尔和平奖，因为他在李约瑟中央大礼堂演讲会上，成功地使平时有隙的陶孟和与傅斯年握手言和。大家为这个消息悄悄鼓掌。李博士走上前握着梁思成的手，私下里授予他"诺贝尔和平奖"。

……

在读了托尔斯泰关于一八〇五到一八一二年在彼得堡和莫斯科之间的各色人等的详尽描写之后，我必须承认，在一九二二和一九四三年之间，李庄、重庆或昆明或北平或上海的各种人物，与《战争与和平》中所描写的一个世纪以前，甚至在遥远的俄罗斯的人们是何等地相似。所以，为什么不让他们都和解呢——我是一般地指生活和人们。

爱你的菲丽丝
一九四三年六月十八日　李庄

致费正清

一九四六年一月

此信系节选。第二次世界大战结束后，林徽因自重庆致信费正清。

Jan 1946

Chongqing

Dearest John,

...* 此处有删节。Because China is my country, and I have suffered in seeing it being torn this way and that way for so long, and I myself with it. We have suffered and born great many pains all these years to live in the midst of one revolution then another during all the years of one's life, is no joke at all, maybe that is the reason when I detect someone being just casual about something the consequence of which could affect millions of us, it makes me seriously unforgiving.

I have waited patiently in bed for the last four years for nothing but the "victory day", what followed this V. day I did not stop to think—I daren't think too much on it, now it has come, and together it brought our civil war, and what is worse, a real tear and wear for a long time to come. It is more than unlikely I would live to see one peaceful day (in the sense I have always hopefully been looking forward to seeing it realized). It is rather hard for me just to fret in ill-health till I pass out. It isn't that I didn't have the better living of the mass in mind; it isn't that I don't believe in revolutionize great many of our systems etc. It is the war, war, big and small, war, here and there, war, day in and day out, that I can't bear any more.

...* 此处有删节。

Ever Whei

[译文]

最亲爱的正清：

……正因为中国是我的祖国，长期以来我看到它遭受这样那样撕裂，心如刀割。我也在同它一道受难。这些年来，我忍受了深重的苦难。一个人一生经历了一场接一场的革命，生活变得如此沉重。正因为如此，每当我觉察有人把涉及千百万人生死存亡之危视为等闲时，就无论如何也不能饶恕他……

我在病榻上苦熬了四年，一心盼着这个"胜利日"。接下去是什么样，我可没去想。无时无刻不在想，可我又不敢多想。如今，胜利果然到来了，却又要打内战，一场旷日持久的消耗战。我很可能活不到和平的那一天了（长久以来，我一直在盼着和平那天的到来）。如果我就这样在疾病的折磨中焦虑烦躁地死去，真是太惨了。这并不是说我不曾期盼享有大众心目中的那美好的生活，也不是说我不相信需要彻底变革我们的许多体系。但是战争，大大小小的战争、遍布四处的战争、日复一日的战争，我不能再忍受了。

……

永远爱你的徽因
一九四六年一月　重庆

致费慰梅

一九四六年二月二十八日

> 此信系节选。一九四六年二月,林徽因带病重访昆明时,致信当时在重庆美国使馆新闻处工作的费慰梅。

Feb, 28th 1946

Kunming

staying with Chang Shiro to Mar, 2

Dearest Wilma,

...*此处有删节。I am at last again in Kunming, of the three things I came here for, one at least has been thoroughly realized, as you know, I came here to have a good opportunity to become well, then I came to see the uniquely glorious lights and colors of this sun-soaked wind-teased and flower-filled city and lastly, and not least, I came not only to see again but to communicate with my old friends, the first two objectives were not yet realized, since I am still as sick as, and even less well than when I was in Chongqing, and have been confined to bed ever since my arrival. But of the last, I do now enjoy more than ever, when I had hoped that I would be able to enjoy, but even the most extravagant hopes I had entertained when I was alone in Lichuang and be compared with the real and over-whelming delightful experience of these days.

It took 11 days to get all sorts of odd information of both the lives progressing along under to special circumstances of Kunming and the lives lived in their inevitable pattern in Li-chuang community straightened out for the convenience of the conversing friends now at last meet and gather here, the old bridge of deep mutual love and understanding set up and expanded in less time than any of us has expected it to take. In two days or so, we know very perfectly where each of us has been emotionally and intellectually.

Views on national political situations, family economics, persons and societies, in and out of wars in general, were freely discussed and none of us has difficulty understanding how each of us come to feel and think that way. Even when the conversations were most ramble, there is always between the several of us that soothing flow of limpid current of mutual confidence and interest, not to say the added new gratification and fresh stimulations which are the result of this sudden coming together at an eventful time.

…*此处有删节。 Not until this time was I aware of the delights of ancient (say TANG or Sung) poets who had lacked means to travel, suddenly encountered their friends en route to their meager official poets here and there in a little inn, or on the same river in boats, or in a temple with monks as their hosts. How they had poured out their souls to each other in their long talks!

Our age may be different from theirs, but our meeting this time has many similar points, we have all aged greatly, gone through peculiar form of poverty and sicknesses endured long war and poor communications and are now apprehending great national strife, and a difficult future.

Besides, we meet at a place distant from our home and where we were compelled to live by circumstances and not by choice, the longing for going back to the place where we spent are happiest times, are somewhat like the Tang people for their 长安*此处原文系中文。, and Sung people for their 汴京*此处原文系中文。, we are torn and shattered, we emerged through various trials with new integrity good, bad or indifferent; we have not only tasted life, but have been tested by its grimness and hardship. We loose much of our health though none of our faith, we know now certain enjoyment of life and suffering are one.

...*此处有删节。How am I to describe it all?!!! Everything that is most beautiful standing sentry all around the garden, up in the clear blue sky and down below the cliffs and beyond to where the hills are. ...*此处有删节。This is my tenth day in this new house. I have already grown so used to this place that now I have lost the urge to describe to you the variety of furniture, the ingeniousness furnishing in this room, the room is so spacious and the window so large that it has an effect of early Gordon Greig stage design. Even the sunlight in the afternoon seemed to have obeyed his instruction by coming through the window in a certain illusive manner with splashes of faint moving shadows thrown on the ceiling by the swaying branches outside.*本部分文字系林徽因对张奚若为她安排居住的唐家花园的描述。

If only Lao-Chin and I would invent dialogue to suit, it could have been a part of a masterpiece of a drama. I am sure. But he sat at present at a little round table with his back against the light and myself (hat on as usual), and intent on his writing.

...The height and whatever it is that is so trying to me, made me so short breathed that often I felt like one who had just run for many miles. I had to be ever so much more quiet than when I was down in Sichuan, in order to give myself the rest I need. Since I am not allowed to talk at all, then I manage to have a little more than allowed my ration. This so called "conversation" is often slack and broken and really not doing justice to this setting, but then such is life.

Kunming is still being Kunming, and this garden knows its own charms. The only questions remained be myself which is unfortunately still too cock-eyed in health and spirit. ...*此处有删节。 I am mostly alone, very quiet and getting a good deal of rest...*此处有删节。

All my love to you and J.
Phyllis

[译文]

最亲爱的慰梅：

　　……我终于又来到了昆明！我来这里是为了三件事，至少有一件总算彻底实现了。你知道，我是为了把病治好而来的，其次，是来看看这个天气晴朗、熏风和畅、遍地鲜花、五光十色的城市。最后也同样最重要的是，和我的老朋友们相聚，好好聊聊。前两个目标还未实现，因为我的病情并未好转，甚至比在重庆时更厉害了——一到昆明我就卧床不起。但最后一件事真令我的享受远远超过了我的预期。这次和老朋友们重逢带给我的巨大喜悦，远远超过了我独自一人在李庄时曾抱有的最奢侈的希望。我们花了十一天时间听着各种离奇趣事，既有昆明当地的特殊境遇下老友们的生活近况，也有李庄那里的同仁挚友的生活现状与变化，这信息互通使得老友间相互更了解也便于继续交谈。总之我们此刻终于又见面了，大家相聚在这里，我们之间曾拥有的那长久的相互的爱和理解，那座架在我们之间的心灵的桥梁，在这一瞬间里，在比我们预期的还要短暂的时间里，就这样重建和扩展起来。两天左右的交谈，我们已完全知晓了解了每个人的情感和学术近况。我们自由地讨论着对国家的政治形势、个人和社会、家庭与经济的看法，无论是战争的还是战争以外的事情，我们每人都很容易理解彼此为什么会有那样的感觉和想法。即使谈话漫无边际，我们之间总有一种相互信任和共同的兴趣，这种感受如清流般荡漾令人心旷神怡。更不用说我们在这多事之秋突然重逢，大家又相聚在一起所带来的额外鲜活的满足和抑制不住的兴奋。

……直到此时我才明白，那些缺少旅行工具的唐宋时代的诗人们在遭贬谪的路上，突然在什么小客栈，或在河上的同乘一条小船，或在某处由和尚款待的寺庙里，与他们的朋友不期而遇，他们该有怎样的欢乐，他们会怎样地在长久的交谈中互诉衷肠。

我们的时代也许和他们不同，但是我们这次相聚却很相似。我们都老了，都有过贫病交加的经历，忍受了漫长的战争和音信的隔绝，现在正忧虑着国难大乱，感到前途艰难。

此外，我们相遇在远离家乡之地，在一个因战争形势所迫而不得不住下来的地方相聚。我们渴望回到我们一生中曾度过的最快乐的时光的地方，就如同唐朝人思念长安、宋朝人思念汴京一样。今天我们遍体鳞伤，经历了惨痛的煎熬，使我们身上出现了或好或坏或别的什么新品质。我们不仅体验了生活，也经受了艰辛生活的考验。我们的身体虽然受到严重损伤，但我们的信念如故。现在我们深信，生活中的苦与乐其实是一回事。

……我该如何描述这里所有的一切啊？！！！所有最美丽的东西都在守护着这个花园，如洗的碧空、近处的岩石和远处的山峦……这是我住进这所新房子里的第十天。我已经很适应住在这里，我竟然失去了向你描述房间里各样家具和精巧陈设的冲动。这里的房间很宽敞，窗户如此之大，具有一种如戈登·克雷早期舞台设计的效果。甚至午后的阳光也像是听从他的安排，幻觉般地让窗外摇曳的桉树枝丫把它们缓缓移动的影子映洒在天花板上！

如果我和老金能创作出合适的台词，我敢说这真能成为一出精彩戏剧的布景。但是此刻他正背着光线和我，像往常一样戴着他的遮阳帽，坐在一个小圆桌旁专心写作。

这里的海拔或是环境也许对我非常不利，弄得我喘不过气来，常觉得好像刚刚跑了几英里。所以我只能比在四川时还更多地静养。他们不允许我多说话，尽管我还有不少话要说。我也尽可能地少说话，可是这样被放慢和碎片的"定量谈话"真有点辜负了那美丽的周边一切，可这就是生活。

昆明就是昆明，这座花园自有它的魅力，唯一的问题仍然在我自己，不幸的是我的身体和精神状态还是不大好，我大部分时间都是一个人，这里非常安静，确实得到了充分的休息……

爱你和正清。

菲丽丝

一九四六年二月二十八日

和张奚若在一起到三月二日昆明

致费慰梅

一九四六年七月九日

July 9th 1946

Chungking

Dear "Wilmaest" Wilma,

...*此处有删节。

By the way, this letter is being typed by Liang Tsai Ping at my dictation in the presence of Phyllis, she disagreed with me in every in every turn, but I have enough moral courage to stick it out. (The only objection I made was when she said: "so long there is sunshine Kunming is, because it gives the impression that without sunshine Kunming could be unpleasant." While in my opinion, Kunming is invariably, perpetually, insistently, eternally beautiful, sun or rain, in a fact the scenery outside of my window was specially exquisite just before and right after a big thunder storm, the atmosphere in my room was indescribably romantic during the rain-pour, for sudden darkening of heaven and earth, while one was in a lonely house within a huge silent garden, was something to be remembered in one's lifetime. I only lamented the fact that some philosophers having been endowed with unusual shares of wisdom, nature has begrudged them their fair share of sensitivity for appreciating things transient and beautiful.

　　...＊此处有删节。

Phyllis

[译文]

亲爱的慰梅：

　　……这封信是梁再冰在我口授之下打字写成的，我这位女儿动不动就不同意我说的事情，但是我还是有着足够的耐心和勇气坚持把信写下去。唯一一次她的反对无效，我坚持自己的主张——当她写道："昆明明媚的阳光总是让人感到美好，似乎没有阳光的昆明会让人感到不快。"但在我看来昆明是永恒不变的，它永远是那么美丽，不论是晴天还是下雨。其实我窗外的一道特别动人的景色就出现在一场雷雨之后，倾盆大雨之中，我房间里有一种难以言状的浪漫氛围——天空和大地突然一起暗了下来，一个人在一个外面有个寂静的大花园的冷清的屋子里，这是一个人一生难忘的珍贵记忆。我只是感叹某些哲学家虽然被赋予不寻常的智慧，但却对大自然短暂而美丽瞬间缺少欣赏和敏感，这真让人觉得可惜和颇感不满。

　　……

菲丽丝
一九四六年七月九日

致费正清

一九四七年二月一日

Feb 1st 1947

Tsing Hua Yuan Peiping

Dearest John,

...*此处有删节。The political chaos and the awareness of great sufferings all noted add grey clouds to an already colorless horizon. I was almost always sad with no positive objective of any kind. The stupid thought-control of the right; the purposeful thought manipulation of the left, one enough to leave one very thoughtful for a long time. The kind of liberalism your country has enjoyed is a long way from us and our economic life, for those who are lucky enough to be above starvation, means counting tens of thousands of dollars merely to see where one is that day for the next day he will be penniless again. When life in general is a huge minor management, mine in bed is rather meaningless, it is so cheerless that it can easily be dispensed with.

Ever Love
Phyllis Whei Yin etc.

[译文]

最亲爱的正清：

　　……政治的混乱和觉悟的痛苦给清晰的地平线又增添了乌云。我几乎总是在消极地悲伤。右派愚蠢的思想控制和左派对思想的刻意操纵足以让人长时间地沉思和沉默。我们离你们国家所享有的那种自由主义还远得很，而对那些有幸尚能温饱的人来说，我们的经济生活意味着一个人今天还腰缠万贯，明天就会一贫如洗。当生活整个乱了套的时候，我在病榻上的日子更毫无意义。这样的日子了无生趣，完全可以忽略不计。

始终爱你

菲丽丝　徽因

致费慰梅

一九四七年十月四日

> 此信系节选。一九四七年十月,林徽因入院作术前检查;此后,林徽因情况略有好转,她终于游了一次颐和园。该信写于此时。

October 4th, 1947

In a Hospital In Town, Peiping.

Dearest Wilma,

...*此处有删节。Any way, I, better tell you why I am here in this hospital. Don't get uneasy. I am only here for a general overhauling; just to mend a few hinges here and there—perhaps stop a few roof-leaks and put in a few mosquito-screens—to put them all in our architectural terms. Yesterday evening, troops of interns, young resident doctors, went over with me the history of my case, like going over the history of two wars. We drafted Agenda (like John F, so often did) and formed various sub-committees on the problem of my eyes, teeth, lungs, kidneys, diet, amusements of philosophy. We left out nothing, so we came to as much conclusion as all the big conferences came to about the world situation today. Meanwhile, a great deal of work have been started, to see what is wrong and where, all the modern forces of technical knowledge are to be employed. If tuberculosis is not co-operating, they should be. This is the logic of it.

I will stop all this nonsense and tell you about my room here in this building. This beautiful creation of the Early—Republic—"Min-kuo"—"Yuan Shih-kai"ish—foreign—contractor—German—Baroque four-storied building! My two tall and narrow formal windows face the South and overlooking the entrance court where one sort of expects 1901 automobiles, carriages and Chinese early Republic-Mandarins to adorn the cement Baroque steps and paths…* 此处有删节。

…* 此处有删节。I took an opportunity to go to the Summer Palace with Bao-bao and her youngster friends (among them the brilliant young poet of whose poems Wang Tso-liang reviewed in "Life and Letters", published in London). Any way I got as far as the gate of the Summer Palace by rickshaw, then the problem of getting about inside the Summer Palace arose, and finally had to take a sedan chair, costing seventy thousand dollars for a round trip, going right through on the top of the ridge of the hills at the back of the Palace where I loved most and was with the Steins once. It was a success; the weather was marvelous after a night of rain. We could see miles around. The kids were very happy accompanying me on foot. I felt royally important to have so much service and attention from them.

Lao-Chin and Ssu-cheng were sweet enough to keep house for us while we were gone for the day. Even my mother went along with us. I have a few snapshots taken quite worthy of the occasion. You see, I emerge from under deep waters and take what may be termed "unnecessary activities", without it, I might have passed-out long ago, like an oil lamp in exhaustion-sort of faded away, winked, blinked and gone!

Phyllis

[译文]

最亲爱的慰梅：

......

无论怎样，我最好告诉你我为什么到医院来。别紧张。我只是来做个全面体检。作一点小修小补——用我们建筑术语来说，也许只是补几处漏顶和装几扇纱窗。昨天下午，一整队实习和住院大夫来彻底检查我的病历，就像研究两次大战史一样。我们（就像正清常做的那样）拟定了一个日程，就我的眼睛、牙齿、肺、肾、饮食、娱乐和哲学乐趣建立了不同的分委员会。巨细无遗，就像探讨今日世界形势的那些大型会议一样，得出了一大堆结论。同时许多事情也在着手进行，看看都是些什么地方出了毛病；用上了所有的现代手段和技术知识。如果结核菌现在不合作，它早晚也得合作。这就是其逻辑。

我将打住所有的废话，和你聊聊我的病房所在的这座楼。它是民国初年建的一座漂亮建筑：一座"袁世凯式"、由外国承包商盖的德国巴罗克式四层楼房！我的两扇朝南的狭长前窗正对着前庭，可以想象一九〇一年时那些汽车、马车和民国初年的中国权贵们怎样穿梭踏足那装点着水泥铺成的巴罗克式的台阶和通道。……

……我找了个机会同宝宝和她的年轻朋友们去了趟颐和园。[他们中有位才华横溢的诗人,他(王佐良)的诗作曾在伦敦出版的《生活与书信》一书受到关注和评价。]那一天,我坐着人力车抵达了颐和园的门口,接下来的问题就是到了颐和园里面怎么办了。最终我不得不花七万元*国民党统治时期的旧币。雇了一顶可以往返的滑竿,一直来到宫殿后面的山顶。这是我最爱的地方,当年曾带史坦因夫妇去过。这次出游是一次大成功。夜雨之后,天气好极了。可以看到四周围几英里以外的地方。孩子们走路陪着我,我高兴极了。看见他们前呼后拥,我觉得自己简直像个大贵族。

老金和思成也表现得特别好,在我们出游时替我们看家。……你看,我这又是从深渊里爬出来透了口气,来做些所谓"不必要的活动";没有这些活动我也许早就不在了,像盏快要熄灭的油灯那样,一眨,一闪,然后就灭了!

你永远的

菲丽丝

一九四七年十月四日

于北平的医院

致费慰梅
一九四七年十一月十日

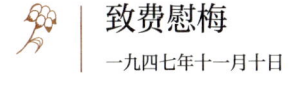

此信系节选。一九四六年七月末，梁思成、林徽因全家回到他们思念已久的北平。不久，梁思成受到普林斯顿大学的邀请，前往美国进行学术访问，其间受聘为联合国大厦设计委员会委员，参与了大厦的设计工作。一九四七年夏，林徽因病情突然恶化，需做肾切除手术。梁思成匆匆赶回北京。在给费慰梅的信中，林徽因描述了梁思成带给她的礼物。

10th November, 1947

Dearest Wilma,

...*此处有删节。On one grand occasion, Mr Liang showed me off fully equipped with collapsible, reversible, and connectable and disconnectable mechanisms to the teeth, sitting in bed with an adjustable canvas back support, fitted in front by an adjustable writing-and-reading stand and Autograph plugged into an electric transformer which dually plugged into an ordinary plug of this house, a magnifying glass in hand, and a speaker in other was to behave as a carefree young lady of the modern age, as much as Charlie Chaplain once was, while eating a piece of corn-on cob by an ingenious machinery.

...*此处有删节。

Up to this point I am advised to conclude this letter right here with "yours indefinitely", since I am tired and I would not be able to finish all that I wanted to say. But I simply must report on the autograph, or what you call the "recording machine" specially. Yes, we did hear all the greeting speeches recorded in the discs used. I must say they were confusing. Ssu-cheng sounded like Dr. Mei Yi-chi, Wilma sounded like John and John's throat voice was approaching Paul Robeson's. the best and most distinguished of all the speeches is that of Alien's, and no wonder. I feel terribly proud to have a professional artist 'broadcast' in my collection.* 本段描述的是梁思成从美国归来带给林徽因的录音机。

So far I have done very little with this machine in the way it was intended to be used but let my children record playful conversations when there were gatherings. I felt like Emperor Chien-lung on occasions when he was presented with various foreign clocks. I dare say he let his court ladies play with them for a while. Now I really must conclude this letter, and hence...

(as it was so kindly suggested to me by the brilliant professor of logic)

Yours indefinitely
Phyllis

[译文]

最亲爱的慰梅：

……在一个庄严的场合，梁先生向我展示了他带回的那些可以彻底拆、拼、装、卸的技术装备。我坐在床上,有可以调整的帆布靠背,前面放着可以调节的读写小桌,外加一台经过插入普通电源的变压器的录音机,一手拿着放大镜,另一手拿着话筒,一副无忧无虑的现代女郎的架式,颇像卓别林借助一台精巧的机器在啃老玉米棒子。

……

现在,我被建议停笔,以"你永远的"结束这封书信。因为我累了,我无法说完我想说的所有事情。我必须回答一下你们特别为我录制的声音——在你所谓的"录音机"里。我确实听到了录在磁盘上的各种问候。只是那声音听着全都不对头了,思成听起来像梅贻琦先生,慰梅像费正清,而费正清近乎保罗·罗伯逊。所有演讲者中最好和最精彩的当然是阿兰的,这也难怪。能在我的收藏中拥有一位专业艺术家的"广播",我感到非常自豪。

不过迄今我还不曾享用过这些时髦设备,只有让孩子们录些闹着玩儿的谈话。我觉得好像乾隆皇帝在接受进贡的外国钟表。我敢说他准让嫔妃们好好地玩儿了一阵子。现在我真的要停笔了,因为……

(是聪明过人的哲学教授好心地建议我停笔。)

你永远的

菲丽丝

一九四七年十一月十日

致费慰梅

一九四七年十二月二十日

> 此信系节选。一九四七年十二月二十四日，林徽因做了肾切除，进手术室前，她向费慰梅诀别。

Saturday Dec 20th, 1947

Dearest Wilma,

...*此处有删节。Goodly dearest, dearest, Wilma how nice it is wondering you could suddenly drop in and present me a lot of flowers and write torrent of nonsense, and laughter? I am no longer like last year, I am now smile cheerful and a possible company.

...*此处有删节

Love all love
Phyllis

[译文]

最亲爱的慰梅：

　　……再见，最亲爱的慰梅。要是你能突然闯进我的房间，带来一盆花和一大串废话和笑声该有多好。我不再像去年一样，我现在乐观地微笑，还可能给你作伴。

　　……

非常爱你

菲丽丝

一九四七年十二月二十日　星期六

致费慰梅、费正清

一九四八年十一月八日至十二月八日

> 此信系节选。这是一九四八年十二月上旬，林徽因收到费正清的新著《美国与中国》后，给费慰梅、费正清所写的最后一封信。

Nov 8, 1948 to Dec 8, 1948
Peking

Dearest Wilma and John,

...*此处有删节。Now that I feel that we have perhaps only a month or two to write freely to you all in U.S.A without postal service difficulties or whatever hitch there might be, I feel a bit choked or tongue-tied. Even this letter... I only hope that it will get to you before Christmas or for Christmas.

Many many thanks for all the books you sent us, especially the last which is John's own masterpiece and what a book! We certainly enjoyed and admired and gasped and discussed and were all very very much impressed. Sometimes we said to each other in affectionate patronizing phrases that John certainly grasps our "special celestial" complications here, or feels "that feel of things" there and anyway certainly this is no "foreign devil" stuff not even the slightest, to a modern Chinese—this time. Shiro said affectionately that he enjoyed John's book and that "There truly is not a single sentence that is an outsider's misinterpretation... he understands a lot", etc. Lao-Chin said that it is very "sane and scientific" summing up of us and that " There is John who has a fundamental understanding. Fundamentally he is not like other foreigners." And I must say that—Ssu-cheng and I are surprised that—it is so absolutely free from foreign happy misunderstanding and well-wishing-wish-hope-or-despair. What I particularly admire in it is the way John puts Western things in Western terms and Chinese things in Chinese terms and yet in the same Western language intelligible both to the American who read about China in his own tongue and the Chinese who read about his own country in the other tongue. We all enjoy this enormously.

Besides, we often point out to each other with the greatest admiration and without the least shame that we learned this and that fact about China from John and for the first time in our lives (!) For instance "It is interesting... I never knew that corn or sweet potato came to China this late, or... etc. (specially events among Sino-Western relations).

In other words, we all so very much enjoyed what John must have enjoyed writing. The Liangs have not been so pleasantly surprised since Wilma Fairbanks's reconstruction of the Wu Liang Shrines.

My only regret, if I have any, is that no Chinese art has been touched on in the summary though I don't quite see what art has got to do with foreign relations issues! Still, art is so much a part of us that when talking about us in general it is still somehow" there too, "mixed with semiconscious complications in us. ..."[*此处有删节]。 When I say "art" I mean "poetry" also of course, and by that I mean also perhaps the particular sensitivity and aesthetic-emotional experiences aroused by or reached through our language—our peculiar written characters, word-pictures, phrase structures, literature and literary traditions and heritages. Our peculiar language is really three parts rhetoric and poetry and only one part clear and precise speech! ...*此处有删节。 What I mean is perhaps that his rich self-contained "language poetry-art-combination" also made us what we are and think and feel or dream.

It can very well become the obstinate nut-shell very hard for a westerner to crack open in order to reach us even when he does understand our social structure, Confucian pattern, bureaucratic tradition of the past and political problems of the present, etc...

Of course I am just wondering and more or less thinking aloud to myself this moment and perhaps you are right, "Art" does not come within the scope of what John's book deals with this time.

...*此处有删节。 In short, I think art at least is as important in influencing our mental make-up as diet is over our physical make-up. I am sure the fact that we eat rice and bean-curd can't help making us a little different from those who take great big pieces of steak and drink several glasses of milk, often with cream cake or pie. In the same way, the man who sits grinding his ink-stone patiently making up a landscape is almost a different species from the young rebel who stays in the Paris Latin-quarter familiar with his Balzac type or post-impressionist paintings and the latest Matisses and Picassos (or the young man who travels down to Mexico to have a look at the Mexican frescoes).

...*此处有删节。 All the above was my private bit of book-reviewing for the sake of arguing, —affectionate argument worked up to tease John. It is going to cost me hell to send this letter!

As far as political views are concerned I agree with John entirely this time. This means that I have come up closer to his views since we last argued in Chongqing,—or rather, I have changed a bit by following the day to day issues at hand in the last two years and I feel John is faired too. I am very very happy that this is so. By the way, being very ignorant on many things, I am very grateful to John's instructive, informative bird's eye view of so many many phases of Chinese life, system or history. Being familiar with ourselves, we don't often try to get a clear perspective or to articulate about it. So John's book is fascinating reading to us all and we are going to make the younger generation read through it too.

...*此处有删节。

Maybe we won't see each for a long time now! Things will be very different for us though we don't know how different next year or next month. But as ever as the younger generation have something interesting to do and could keep fit and have work that is all that matters!

My love to you and John, always always
Phyllis

[译文]

最亲爱的慰梅和正清:

……现在我觉得我们大概只有一两个月能自由地给在美国的你们写信了,也许是因为不能通邮或别的什么障碍,感到有点窒息或舌头打结。即使是这封信,……我希望它能在圣诞节前或过节时寄到。

非常非常感谢你们寄来所有的书,特别是最后一本,是费正清自己的杰作,多好的书啊!我们当然欣赏、钦佩、惊奇和进行了许多讨论,大家都对这书有非常非常深的印象。有时我们互相以热情赞美的话说,费正清显然是把握了我们华夏臣民的复杂心态,或知道我们对事物的不同感觉,所以,此刻对于一个现代中国人而言,它一点也不是那种洋鬼子的玩意儿。张奚若热情地说,他喜欢费正清的书,"几乎没有多少外国人的误解……他懂得的真不少"等等。老金说这对我们是"合理而科学的"。我们的总体评价是,"费正清对中国的文化和历史有着他基本的认识和理解,他和别的外国人真是不一样"。而我和思成非常惊讶,它真的全然没有外国人那种善意的误解、一厢情愿的期望或失望。我尤其欣赏费正清语言应用的精准——能够在谈到西方事物时使用西方词汇、谈到中国事物时则用中国词汇,而同一个西方语言却既能让美国读者以自己的语汇来读关于中国的事,又能让中国读者用另一种语汇来读关于自己国家的事。我们对这一点都特别欣赏。

并且,我们对此书也怀着兴趣并无需感到惭愧地承认,其中有许多关于中国的事实我们竟是从他的书中才生平第一次知道(!)例如，有趣的是，我从不知道玉米和白薯是这么晚才来到中国的；还有特别是那些关于中西方关系的事件。

换句话说，我们都极为赞赏正清的这本得意之作。自从慰梅重建武梁祠以来，梁氏夫妇还没有这么高兴过呢。

我唯一的遗憾，如果说有的话，是在这本总结性的著作中没有涉及中国艺术，尽管我也看不出艺术与国际关系何干。即便如此，艺术是我们生活中那样重要的一部分，如果要一般地谈论我们的话，艺术也是不可少的，那是我们潜意识中的一个组成部分。……当我提到艺术的时候，当然也指诗，但可能也指由我们的语言、我们特有的书法、构词、文学和文化传统所引发和达到的情感的敏感和审美情趣的体验。我们特殊的语言实际上由三部分组成：修辞，诗，只有一部分才是直接的了当的言语！……我想说的也许是，正是这种内涵丰富的"语言——诗——艺术的综合"造就了我们，使我们会这样来思索、感觉和梦想。

它似乎是一种固执的坚果壳，对试图接近我们的西方人而言难于打开，即使他的确懂得我们过去的社会结构、儒家思维模式、官僚传统和当前的政治问题等等……当然，此时我也很疑惑，并多少自言自语地认为或许你是对的。这次，"艺术"还没有进入正清著作所涉及的范畴。

……简言之，我认为艺术对我们精神的塑造和我们的饮食对我们身体的塑造一样重要。我深信，我们吃米饭和豆腐会不可避免地使我们同那些大块吃牛排、大杯喝牛奶，外加奶油蛋糕或馅饼的人有所不同。同样，坐在那里研墨，耐心地画一幅山水画的人，肯定和熟悉其巴尔扎克风格或后印象主义画派和晚期马第瑟和毕加索，与住在巴黎拉丁区的叛逆青年（或专程到墨西哥去旅行以一睹墨西哥壁画的年轻人）也全然不是一个类型……

……以上全是我自己私下里的一点书评，不过是为了想争论一下，而正清向来对热闹的争论总是很来劲的。寄这封信可能让我耗费许多了！

说到政治观点，我完全同意正清。这意味着自从上次我们在重庆争论以来我已经接近了他的观点——或者说，因为两年来追踪每天问题的进展，我已经有所改变，而且觉得费正清是对的。我很高兴能够如此。顺便说一句，因为我对许多事情无知，我非常感谢费正清对中国生活、制度和历史中的许多方面的高瞻远瞩、富有教益的看法。因其对自己的事很熟悉，我常不愿去做全面的观察或试图把它闹清楚。所以读正清的书对我们极有吸引力，我们也要让年轻一代来读它……

也许我们将很久不能见面——我们这里事情将发生很大变化，虽然我们还不知道是什么样的变化，是明年还是下个月。但只要年轻一代有些有趣的事可做，有工作，这才是最重要的。

始终爱你和正清
菲丽丝
一九四八年十一月八日至十二月八日

致傅斯年

一九四二年五月十三日

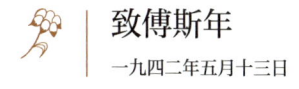

今为实际生活所需，如不得已而接受此项实利，则最紧要之条件，是必需［须］让我担负工作，不能由思成代劳顶替。

与思成细商之后决定，用我自己工作到一半的旧稿，用我驾轻就熟之题材，用半年可完之体裁，限制每日工作之时间，作图解及翻检笨重书籍时，由思成帮忙，则接受，不然，仍以卖物为较好之出路，少一良心问题。

此信片断录自二〇一四年社会科学文献出版社出版的《傅斯年遗札》（第三卷）。

致傅斯年

一九四二年十月五日

孟真＊孟真 傅斯年。先生：

接到要件一束，大吃一惊，开函拜读，则感与惭并，半天作奇异感！空言不能陈万一，雅不欲循俗进谢，但得书不报，意又未安。踌躇了许久仍是临书木讷，话不知从何说起！

今日里巷之士穷愁疾病，屯蹶颠沛者甚多。固为抗战生活之一部，独思成兄弟年来蒙你老兄种种帮忙，营救护理无所不至，一切医药未曾欠缺，在你方面固然是存天下之义，而无有所私，但在我们方面虽感到 lucky＊lucky 幸运。终增愧悚，深觉抗战中未有贡献，自身先成朋友及社会上的累赘的可耻。

现在你又以成永兄弟危苦之情上闻介公＊介公 蒋介石。，丛细之事累及泳霓先生＊泳霓 翁文灏。，为拟长文说明工作之优异，侈誉过实，必使动听，深知老兄苦心，但读后惭汗满背矣！

尤其是关于我的地方，一言之誉可使我疚心疾首，凤夜愁痛。日念平白吃了三十多年饭，始终是一张空头支票难得兑现。好容易盼到孩子稍大，可以全力工作几年，偏偏碰上大战，转入井臼柴米的阵地，五年大好光阴又失之交臂。近来更胶着于疾病处残之阶段，体衰智困，学问工作恐已无分，将来终负今日教勉之意，太难为情了。

素来厚惠可以言图报，惟受同情，则感奋之余反而缄默，此情想老兄伉俪皆能体谅,匆匆这几行,自然书不尽意。

　　思永已知此事否?思成平日谦谦怕见人,得电必苦不知所措。希望泳霓先生会将经过略告知之,俾引见访谢时不至于茫然,此问双安。

徽因　拜上
十月五日午后

附 傅斯年致朱家骅

一九四二年四月十八日

骝先 *骝先 朱家骅。时为国民政府教育部长。吾兄左右：

兹且一事与兄商之。梁思成、思永兄弟皆困在李庄。思成之困，是因其夫人林徽音女士生了T.B.，卧床二年矣。思永是闹了三年胃病，甚重之胃病，近忽患气管炎，一查，肺病甚重。梁任公 *梁任公 梁启超。家道清寒，兄必知之，他们二人万里跋涉，到湘，到桂，到滇，到川，已弄得吃尽当光，又逢此等病，其势不可终日，弟在此看着，实在难过，兄必有同感也。弟之看法，政府对于他们兄弟，似当给些补助，其理如下：

一、梁任公虽曾为国民党之敌人，然其人于中国新教育及青年之爱国思想上大有影响启明之作用，在清末大有可观，其人一生未尝有心做坏事，仍是读书人，护国之役，立功甚大，此亦可谓功在民国者也。其长子、次子，皆爱国向学之士，与其他之家风不同。国民党此时应该表示宽大。即如去年蒋先生赙蔡松坡 *蔡松坡 蔡锷。夫人之丧，弟以为甚得事体之正也。

二、思成之研究中国建筑，并世无匹，营造学社，即彼一入耳（在君 *在君 丁文江。语）。营造学社历年之成绩为日本人羡妒不置，此亦发扬中国文物之一大科目也。其夫人，今之女学士，才学至少在谢冰心辈之上。

三、思永为人，在敝所同事中最有公道心，安阳发掘，后来完全靠他，今日写报告亦靠他。忠于其职任，虽在此穷困中，一切先公后私。

总之，二人皆今日难得之贤士，亦皆国际知名之中国学人。今日在此困难中，论其家世，论其个人，政府似皆宜有所体恤也。未知吾兄可否与陈布雷＊陈布雷 时为国民党要员，蒋介石侍从室主任。先生一商此事，便中向介公一言，说明梁任公之后嗣，人品学问，皆中国之第一流人物，国际知名，而病困至此，似乎可赠以二三万元（此数虽大，然此等病症，所费当不止此也）。国家虽不能承认梁任公在政治上有何贡献，然其在文化上之贡献有不可没者，而名人之后，如梁氏兄弟者，亦复甚少！二人所作皆发扬中国历史上之文物，亦此时介公所提倡者也。此事弟觉得在体统上不失为正。弟平日向不赞成此等事，今日国家如此，个人如此，为人谋应稍从权。此事看来，弟全是多事，弟于任公，本不佩服，然知其在文运上之贡献有不可没者，今日徘徊思永，思成二人之处境，恐无外边帮助要出事，而此帮助似亦有其理由也。此事请兄谈及时千万勿说明是弟起意为感。如何？乞示及，至荷。专此

敬颂

道安

弟斯年谨上

四月十八日

弟写此信，未告二梁，彼等不知。

因兄在病中，此写了同样信给泳霓，泳霓与任公有故也。弟为人谋，故标准看得松。如何？

弟年又白

致金岳霖

一九四三年十一月下旬

老金：

多久多久了，没有用中文写信，有点儿不舒服。

John *John 费正清。到底回美国来了，我们愈觉到寂寞，远，闷，更盼战事早点结束。

一切都好。近来身体也无问题的复原，至少同在昆明时完全一样。本该到重庆去一次，一半可玩，一半可照 X 光线等。可惜天已过冷，船甚不便。

思成赶这一次大稿 *大稿 指梁思成用英文撰写的《图像中国建筑史》。，弄得苦不可言。可是总算了一桩大事，虽然结果还不甚满意，它已经是我们好几年来想写的一种书的起头。我得到的教训是，我做这种事太不行，以后少做为妙，虽然我很爱做。自己过于不 efficient *efficient 有效率。，还是不能帮思成多少忙！可是我学到许多东西，很有趣的材料，它们本身于我也还是有益。

已经是半夜，明早六时思成行。

我随便写几行，托 John 带来，权当晤面而已。

徽寄爱

致梁思庄
一九三六年夏

思庄：

来后还没有给你信，旅中并没有多少时间。每写一封到北平，总以为大家可以传观，所以便不另写。

连得三爷*三爷 指林徽因的三弟林恒，时住梁家。、老金等信，给我们的印象总是一切如常，大家都好，用不着我操什么心，或是要赶急回去的。但是出来已两周，我总觉得该回去了，什么怪时候，赶什么怪车都愿意，只要能省时候。尤其是这几天在建筑方面非常失望，所谓大庙寺不是全是垃圾，便是已代以清末简陋的不相干房子，还刷着蓝白色的"天下为公"及其他，变成机关或学校。每去一处都是汗流浃背的跋涉，走路工作的时候又总是早八至晚六最热的时间里。这三天来可真真累得不亦乐乎。吃得也不好，天太热也吃不大下。因此种种，我们比上星期的精神差多了。

上星期劳苦功高之后，必到个好去处，不是山明水秀，就是古代遗址眩目惊神，令人忘其所以！青州外表甚雄，城跨山边，河绕城下，石桥横通，气象宽朗，且树木葱郁奇高。晚间到时山风吹过，好像满有希望，结果是一无所得。临淄更惨，古刹大佛本有数处。我们冒热出火车，换汽车，洋车*洋车 即黄包车。。好容易走到，仅在大中午我们已经心灰意懒时得见一个北魏石像！庙则统统毁光！

你现在是否已在北屋暂住下，Boo*Boo 梁思庄的女儿吴荔明的乳名。住那里？你请过客没有？如果要什么请你千万别客气，随便叫陈妈预备。 思马—*思马— 梁思成的五妹思懿的绰号。外套取回来没有？天这样热，I can't quite imagine*I can't quite imagine 我不能想象。人穿它！她的衣料拿去做了没有？都是挂念。

匆匆

二嫂

一九三六夏

整天被跳蚤咬得慌，坐在三等火车中又不好意〈思〉伸手在身上各处乱抓，结果混［浑］身是包！

致梁思懿
一九三六年十月二十九日

独行　*《林徽因集（增订本）·诗歌散文卷》中收有此诗，发表时名为《十月独行》，与该信中所录个别字词、标点略有不同。

我像个灵魂，失落在街边，
望着十月的天上十月的脸；
我向雾里黑影上涂热情，
悄悄的我看一团流动的月圆。

我也看人流着过去；来回
黑影中冲波浪，翻起星点。
数着桥上栏杆，龙样头尾，
我像坐条寂寞船，自己拉纤。

我像哭，像自语，我惶惑又抱歉
自己的焦心，同情，一把心紧似琴弦！
我说哑的，哑的琴我知道：一出曲子
未唱，幻望的手指终不来到上面！

廿五，十月廿九日

此信根据手稿刊印。

思一 *思一 梁思懿:

  谢谢你来函及诗,更谢谢那寄诗的美意。一次炉火的光焰,一支蜡似乎照出大家一团音韵的杂感。印象的轮廓比寻常有意思得多。昨天到燕京,惜未见到你。回来默念初冬的夜景,今天也有一首诗 *一首诗 指信首所录的《独行》。,送给你看看。另有一首送念慈 *念慈 周念慈,梁思顺之女。看。聊以表示或记念那一晚同读诗的好景。

二嫂

致周念慈

一九三六年十月二十九日

看叶子 *《林徽因集（增订本）·诗歌散文卷》中收有此诗，因其系本信一部分，故本卷依然收录。

红红的叶子，又到了秋天
我纵知道自己想念，
我却画不出心里的方向——
我疑心你已变了模样！（注）*此为林徽因自注。

黄黄的叶子像火烧焦；
我听到隔墙有人摇落笑，
我拾起这偶来的别人欣喜，
惋惜底保存在自己眼泪里。

Nancy dear——Perhaps you will like this little thing. The yellow & red in your campus, & the jolly sighting some jolly girls & boys passing were inspiration for this. The first stanza you can leave to your imagination but if you must speculate, speculate kindly. The "你" there can be from A to Z or somewhere in the middlish. Read also my other poem sent to 五姨 *五姨 指周念慈的五姨梁思懿。. The first chat night will remain a pleasant memory.

Auntie

[译文]

南希宝贝：

　　或许你会喜欢这首小诗。灵感源自你校园里的红黄之色，以及那欢欣的青年男女们走过的欢闹情景。第一小节你尽可大胆联想，不过假若你要猜，请温柔地猜。诗中的"你"范围很广，（其姓名首字母）也可能是在字母表里靠近中间的某处。你也读一读另一首我写给五姨的诗。那晚的围炉夜话将是永存心底的愉悦回忆。

舅妈

致梁再冰

一九三七年七月

宝宝：

妈妈不知道要怎样告诉你许多的事，现在我分开来一件一件的讲给你听。

第一，我从六月二十六日离开太原到五台山去，家里给我的信就没有法子接到，所以你同金伯伯，小弟弟 *金伯伯，小弟弟 指金岳霖和梁从诫。所写的信我就全没有看见。（那些信一直到我到了家，才由太原转来。）第二，我同爹爹不止接不到信，连报纸在路上也没有法子看见一张，所以日本同中国闹的事情也就一点不知道！

第三，我们路上坐大车同骑骡子，走得顶慢，工作又忙，所以到了七月十二日才走到代县，有报，可以打电报的地方，才算知道一点外面的新闻。那时候，我听说到北平的火车，平汉路同津浦路已然不通，真不知道多着急！

第四，好在平绥铁路没有断，我同爹爹就慌慌张张绕到大同由平绥路回北平。现在我画张地图你看看，你就可以明白了。

请看第二版　第三版 *原信如此。附图标号为①②。

底下一张是河北省同山西省的地图，要细看。这张图是我们走过的一圈路。叫二哥给你讲杨六郎雁门关的故事。

注意万里长城，太原，五台山，代县，雁门关，大同，张家口等地方，及平汉铁路，正太铁路，平绥铁路，你就可以明白一切。

① 這張是我們走過的一圈路。

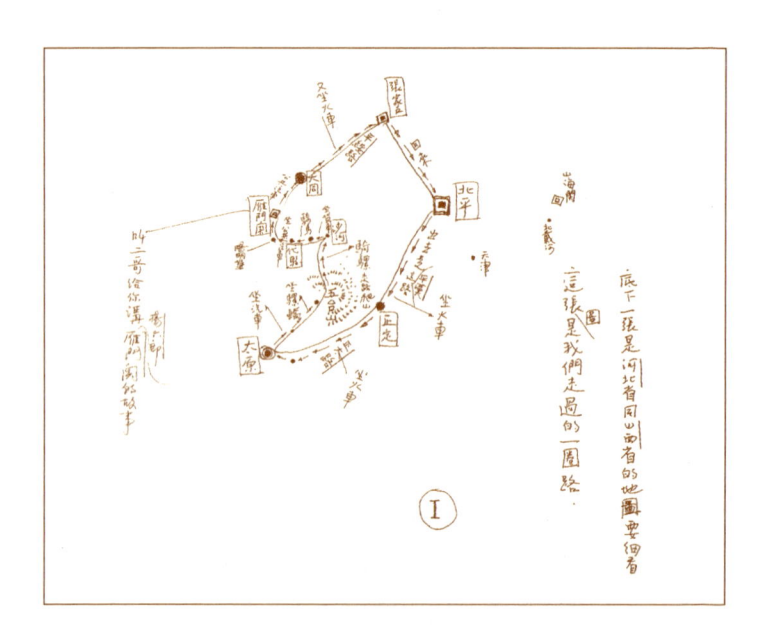

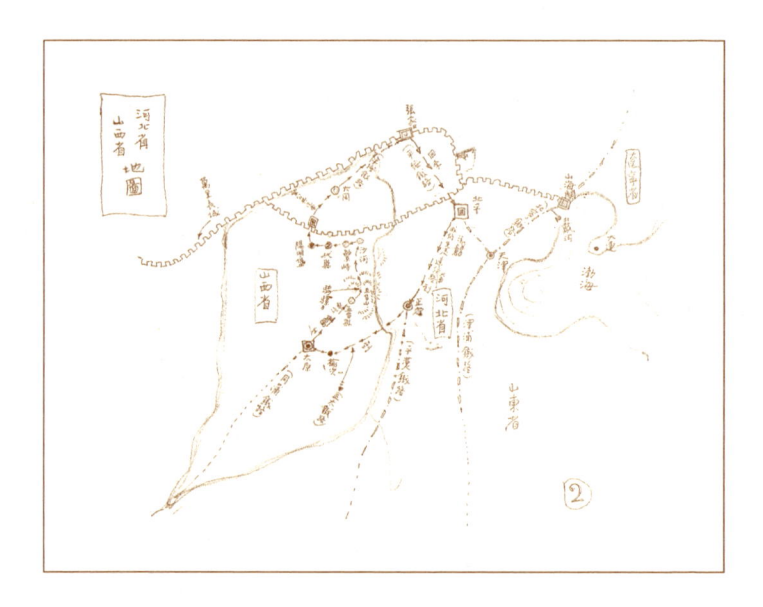

底下一張是河北省同山西省的地圖要細看

② 河北省山西省地圖

第五（现在你该明白我走的路线了），我要告诉你我在路上就顶记挂你同小弟，可是没法子接信。等到了代县一听见北平方面有一点战事，更急得了不得。好在我们由代县到大同比上太原还近，由大同坐平绥路火车回来也顶方便的（看地图）。可是又有人告诉我们平绥路只通到张家口，这下子可真急死了我们！

第六，后来居然回到西直门车站（不能进前门车站），我真是喜欢得不得了。清早七点钟就到了家，同家里人同吃早饭，真是再高兴没有了。

第六＊第六 原信有两个"第六"。，现在我要告诉你这一次日本人同我们闹什么。

你知道他们老要我们的"华北"地方，这一次又是为了点小事就大出兵来打我们！现在两边兵都停住，一边在开会商量"和平解决"，以后还打不打谁也不知道呢。

第七，反正你在北戴河同大姑、姐姐哥哥们一起也很安稳的，我也就不叫你回来。我们这里一时也很平定，你也不用记挂。我们希望不打仗事情就可以完；但是如果日本人要来占北平，我们都愿意打仗，那时候你就跟着大姑姑那边，我们就守在北平，等到打胜了仗再说。我觉得现在我们做中国人应该要顶勇敢，什么都不怕，什么都顶有决心才好。

第八，你做一个小孩，现在顶要紧的是身体要好，读书要好，别的不用管。现在既然在海边，就痛痛快快的玩。你知道你妈妈同爹爹都顶平安的在北平，不怕打仗，更不怕日本。过几天如果事情完全平下来，我再来北戴河看你，如果还不平定，只好等着。大哥＊大哥 指梁再冰的大表哥。、三姑过两天就也来北戴河，你们那里一定很热闹。

第九，请大姐*大姐 指梁再冰的大表姐。多帮你忙学游水。游水如果能学会了，这趟海边的避暑就更有意思了。

第十，要听大姑姑的话。告诉她爹爹妈妈都顶感谢她照应你，把你"长了磅"。你要的衣服同书就寄来。

妈妈

致梁再冰

一九四一年六月

此信书于一幅送给女儿梁再冰的漫画旁。由于当时梁再冰过于爱看小说,有高度近视的危险,林徽因故以此方式对其委婉劝导。

鼓励你读书的嬷嬷很不希望这个可敬的袋鼠成了你将来的写照。喜欢读书的你必需记着同这漫画隔个相当的距离,否则……最低限度,我是不会有一个女婿的。

你的妈妈在病中

卅年六月里

致梁思成
一九五三年三月十二日

*此信系节选,根据手稿刊印。

思成:

……*此处有删节。

我现在正在由以养病为任务的一桩事上考验自己,要求胜利完成这个任务。在胃口方面和睡眠方面都已得到非常好的成绩,胃口可以得到九十分,睡眠八十分,现在最难的是气管,气管影响痰和呼吸又影响心跳甚为复杂,气管能进步一切进步最有把握,气管一坏,就全功尽废了。

我的工作现时限制在碑*碑 当时正在设计中的人民英雄纪念碑。建会设计小组的问题,有时是把几个有限的人力拉在一起组织一下,分配一下工作,技术方面讨论如云纹,如碑的顶部;有时是讨论应如何集体向上级反映一些具体意见,作一两种重要建议。今天就是刚开了一次会,有阮邱莫吴梁*阮邱莫吴梁 其中莫指莫宗江、吴指吴良镛。连我六人,前天已开过一次,拟了一信稿呈郑副主任和薛秘书长的,今天阮将所拟稿带来又修正了一次。今晚抄出大家签名明天可发出(主要①要求立即通知施工组停扎钢筋,美工合组事难定了,尚未开始,所以②也趁此时再要求增加技术人员加强设计实力,③反映我们对去掉大台认为对设计有利,可能将塑型改善,而减掉复杂性质的陈列室和厕所设备等等,使碑的思想性明确单纯许多)。再冰小弟都曾回来,娘也好,一切勿念。信到时可能已过三月廿一日了。

天安门追悼会*追悼会 指斯大林的追悼会。的情形已见报，我不详写了。

昨李宗津*李宗津 时任清华大学建筑系美术教授，油画家。由广西回来还不知道你到莫斯科呢！

徽因 三月十二日写完

致梁思成

一九五三年三月十七日

思成：

今天是十六日，此刻黄昏六时，电灯没有来，房很黑又不能看书作［做］事，勉强写这封信已快看不见了。十二日发一信后仍然忙于碑的事。今天小吴老莫都到城中开会去，我只能等听他们的传达报告了。讨论内容为何，几方面情绪如何，决议了什么具体办法，现在也无法知道。昨天是星期天，老金不到十点钟就来了，刚进门再冰也回来，接着小弟来了，此外无他人，谈得正好，却又从无线电中传到捷克总统逝世消息。这种消息来在那样沉痛的斯大林同志的殡仪之后，令人发楞发呆，不能相信不幸的事可以这样的连着发生。大家心境又黯然了，但是在此的同时又有那种坚强的情绪，干呀！我们的事业是必然要得到胜利的，我们的力量是无敌的……*此处有删节。

中饭后老金小弟都走了。再冰留到下午六时，她又不在三月结婚了，想改到国庆，理由是于中干*于中干 林徽因、梁思成长女梁再冰的丈夫。说他希望在广州举行。那边他们两人的熟人多，条件好，再冰可以玩一趟。这次他来，时间不够也没有充分心理准备，六月又太热。我是什么都赞成。反正孩子高兴就好。

我的身体方面吃得那么好，睡得也不错，而不见胖，还是爱气促和闹清痰打"呼噜出泡声"，血脉不好好循环冷热不正常等等，所以疗养还要彻底,病状比从前深点,新陈代谢作用太坏,恢复的现象极不显著,也实在慢,今天我本应该打电话问校医室血沉率和痰化验结果的,今晚便可以报告,但因害怕结果不完满因而不爱去问!

学习方面可以报告的除了报上主要政治文章和理论文章外,我连着看了四本书都是小说式传记。都是英雄的真人真事。……*此处有删节。

还要和你谈什么呢?又已经到了晚饭时候,该吃饭了,只好停下来。(下午一人甚闷时,关肇业来坐一会儿,很好。太闷着看书觉到晕昏。)(十六日晚写)

十七日续　我最不放心的是你的健康问题,我想你的工作一定很重,你又容易疲倦,一边又吃 Rimifon *Rimifon 雷米封,一种防治结核病的药。不知是否更易累和困,我的心里总惦着,我希望你停止 Rimifon 吧,已经满两个半月了。苏联冷,千万注意呼吸器官的病。

昨晚老莫回来报告,大约把大台 *大台 指人民英雄纪念碑的基座。改低是人人同意,至于具体草图什么时候可以画出并决定,是真真伤脑筋的事,尤其是碑顶仍然意见纷[分]歧。

徽因匆匆写完　三月十七午

附　林长民致林徽因

一九一二年十二月十九日

> 林长民（一八七六—一九二五）福建闽县人，留学早稻田大学，归国投身「宪政」运动，曾任北洋政府议会副秘书长、司法总长等要职。
>
> 林长民致林徽因信现存数十函，写信时间在一九一二年至一九二一年间，系林徽因所存，贴于本上。
>
> 本集仅收入留有林徽因批注笔迹的林长民相关书信，其余割舍。信函据手迹整理迻录，首次公诸于世，力尽保留原貌；有不合今日的用字、用词、用语习惯，均一仍其旧，个别不辨处以「口」代之。
>
> 此信写时，林徽因八岁，刚随祖父林孝恂由杭州迁居上海，入爱国小学念书，而父亲林长民亦离开在上海供职的《申报》馆去了北京。林徽因便承担了代祖父与父亲通信的责任。

徽儿览此：

　　久不得来书，吾儿身体如何？读书如何？甚念！我近日益忙，少寄家信，祖父 *祖父　名林孝恂，清末翰林，先后任过海宁等地知县、杭州知府。亦必以我为念。我在京一切安好，不知祖父大人安好否？天气已寒，祖父室内炉火常温否？吾儿当留心照应为要。　娘娘 *娘娘　林徽因生母何雪媛，浙江嘉兴人，林长民续弦夫人。林长民原配叶氏不能生育，且早病逝。近体如何？我安好，告娘娘安心。吾儿读书，有暇多寄我信。切切！

父字

十二月十九日

民国元年冬，家人寓沪，爹爹自京所寄。*信末北魏楷体　系林徽因在父亲林长民来函旁小楷批注。下同。

附 | **林长民致林徽因**
　　　一九一三年（约）

徽儿知之：

　　得汝来书，甚喜。娘娘信早经收到。我在京身体诸健，家人勿念。汝好好读书，好好伺候祖父，至要。趾*趾 灵趾，本名麟趾。林徽因胞妹，何雪媛生，未成年即夭折。可爱否？

长民

灵趾 本名麟趾。

附 | 林长民致林徽因
一九一三年五月二十九日

徽儿知之：

两书俱悉。娘与趾妹来京*林长民入仕北洋政府，定居北京，召家人进京，林徽因生母何雪媛携趾成行，祖父年老体衰未便同行，故林徽因仍随祖父住上海。都好，汝留沪读书留侍祖父大人，大是好儿子，我极爱汝。祖父若来京，汝亦同来。京中亦有好学堂，我亦当延汉文先生教汝。现我新居左近有一教会女学堂，当可。

附前：我事忙，不及多作书。汝当随寄信。兹寄去邮票五张赏给汝，到即查收。

即问 家人都好

父字 五月廿九日

民国二年，娘同趾妹来京。徽尚留沪。

附 | 林长民致林徽因
一九一三年七月十三日

此信写时,林长民已在北京租房,地点在前王公厂;林徽因祖父林孝恂患病,正准备迁居北京。

徽儿览此:

连接汝来书,为娘病极悬挂,汝孝顺可爱。娘病已愈,汝当安心。考后当已放暑假,假中作何事?

祖父今夏病体如何?能出门否?汝多陪祖父为要。我在京事虽忙,身体却好。现已预备迎接祖父北来。且看实叔*实叔 林徽因二叔父林天民,正在日本留学。东京归时,如祖父能行,家人可同来也。汝前失去金针一条,我当再买与汝。俟有便人到沪,我当欲寄此物件赏汝。趾趾近日已不心焦。家中无儿童辈与游,趾趾闷中惟思食耳。我于屋中治一花园,铺草地约半亩,汝诸姊妹*当时祖父外孙女均住养在上海林家。来时,尽可游戏。四姊*四姊 王稚姚,林徽因大姑母的女儿,长林徽因三岁。近日病体如何?大姑姑*大姑姑 林泽民,林长民大姐,嫁王永昕。安好否?友璋*友璋 郑友璋,林徽因二姑母女儿,二姑母已逝。姊极聪明,知道理,汝须好好学他,至嘱。母亲病如何?示我为要。

七月十三日 父字

信中所指屋即前王公厂旧居。

附 | 林长民致林徽因
一九一六年四月八日

> 一九一五年袁世凯复辟称帝,倡导宪政的林长民因时局变动决定将全家安置到天津英租界,本人留居北京。

徽儿知悉:

接来信,甚慰。津寓布置略妥,家人姑作安居。我在京亦无所苦,告家人放心。今日派恩恩 *恩恩 林徽因堂兄。龙喜 *龙喜 未详。运皮箱等件前往,到时如要安置房中,木箱运送不便,但可在津将就买用,我当陆续择要送去。家中大小,但要保重身体,勿致疾病累我,切切。京中房租本月未付,姑住此,月满后再作计议。我本拟一两日到津,现有事,不得行,且看几日再去。另交恩恩药水两瓶,系治癣之剂,似可用之于一切皮肤病。其一种白者,极润肤,可告二娘 *二娘 程桂林,林长民继何雪媛后再娶的夫人。试用。涂面用时,但以指头抹上(日两三次)。此药至不易得,须俭省用之。其一种黄者,性极强。涂面恐过痛。告二娘,先试之于两手患处,用时以笔点之,亦不可过多。此药易过气,故我改用玻璃塞口之瓶,笔蘸后立即关紧为要。天津天气如何?诸姑均安好否?为我道念。

竢庐 *竢庐 林长民所用另一字号。老人手书
四月八日

洪宪帝制,全家徙居天津英属红道路。

附 | 林长民致林徽因

一九一六年四月十九日

得汝三信,知汝念我,我独居京寓颇苦寂,但气体尚好耳。大姑丈*大姑丈 林长民大姐夫王永昕(字熙农)。到津,汝当已晤面。我拟俟大姑丈来后到津一行。书箱业已捆好,尚有器具数件,一两日内派恩恩运往。汝读书中辍,光阴可惜。书箱到时,当检出数种,为汝讲解。京中安谧,当不至有他虞。我亦一切慎重*此时袁世凯称帝失败刚过,时局尚不稳定。,家人放心为要。天气寒暖不定,诸人务当保体,勿使致疾。我目为风沙所侵,红肿不退,今日避风不出门,天阴庭阒,颇多感念。盼汝辈多与我书也。娘娘、二娘想都好,妹妹、弟弟汝亦相帮照应。如要笔墨纸张,我来时当带与汝。余面告。

此致

徽儿

父字

四月十九日

二娘信念与听之

爹爹独居京城沟延头。

*此信无抬头。

附 | 林长民致林徽因

一九一六年五月五日

> 此信无抬头。当时，时局迷离，林长民举棋未定。程桂林病愈，林长民往天津接程去北京同住。

本日寄一书，当已到。我终日在家理医、药，亦藉此偷闲也。天下事，玄黄未定，我又何去何从。念汝读书正是及时，诺论悮了，亦爹爹之过。二娘病好，我当到津一作计议。春深风候正暖，庭花丁香开过，牡丹本亦有两三葩向人作态，惜儿未来耳。葛雷*

*葛雷 林长民的外国友人。女儿前在六国饭店与汝见后，时时念汝。昨归国，我饯其父母，对我依依。为汝留口，并以相告家事。儿当学理，勿尽作孩子气。千万。

书付

　　徽儿

桂室老人 *桂室老人 林长民的字号。

五月五日

爹爹到津，复同二娘回京。

附 | **林长民致林徽因**
一九一七年八月八日

此信无抬头。

连日来信,均已接及。二娘热度增高,至为悬念。我星期六方能到津*此时二娘程桂林在天津。*,此信可示二娘。嘱其安心静养,我已有另函致田村*田村 日籍医生,林长民友人。*院长询问病情矣。

此示

徽儿

父字

八月八日

民国五年秋,举家返京。越年,又迁居天津,惟徽独留京。适复辟,徽乃同十叔至津寓(自来水路)。诸姑偕诸姊继至。爹爹从宁归,独回都。

附 | **林长民致林徽因**
一九一七年八月八日

> 此信写于前信同日，无抬头。

　　顷寄一快信，语有未详。连日汝来书均未述及。二娘脉至甚盼函告（食量如何亦告我）。燕玉*燕玉 林燕玉，林徽因同父异母妹，程桂林生。信已收到，汝姊妹兄弟如此亲爱，我心甚喜。我星期六到津时，当厚厚赏汝，并告燕玉勿闹勿哭也。
此示
　　徽儿

父字

八月八日

　　二娘病，不居医院，爹爹在京不放心，嘱吾日以快信报病情。时天苦热，桓*桓 林桓，林徽因同父异母大弟，二娘程桂林生。病新愈。燕玉及恒*恒 林恒，林徽因二弟，亦二娘程桂林生。则啼哭无常，尝至夜阑，犹不得睡。一夜月明，恒哭久；吾不忍听，起抱之。徘徊廊外一时许，恒始熟睡。乳媪粗心，任病孩久哭，思之可恨。

附 | **林长民致林徽因**
一九一七年八月十五日

此信无抬头。

本日晚间,适有要事,不能到津。二娘病体如已略好,我仍于星期六来,可告之。我此间当在觅屋 *林长民拟在北京原住处迁居,寻购住房,以便全家搬离天津。也。

此示

　　徽儿

父字

八月十五日

燕玉汝有病,仍请田村大夫一诊为宜。

燕玉哭闹几日至是病矣。恒恒满头暑疮,多赖娘娘料理。

附 | 林长民致林徽因

一九一七年八月十五日

徽儿知悉：

得十四日来信，知二娘热度复高，甚为焦急。今决定星期日早车搬回北京＊林长民临时定居南府口织女桥。，我于星期六晚车到津相接，信到即嘱恩官＊恩官 即恩恩，见前注。陈嬷＊陈嬷 未详。可能是林家女佣。先行预备；皮箱及随用物先结束＊结束 即捆绑意。，于星期五搬回。其余书箱木器及柜中磁器＊磁器 即瓷器。等件，姑俟以后再搬。明日（星期四）我先派人（龙喜或温瑞＊温瑞 未详。）到津帮忙，皮箱等物运京时，但令龙喜押送可也。恩官仍留津候我，以备人口行时照顾一切。此信可先告二娘安心。诸事汝细心分付＊分付 系吩咐。至要。燕玉病或先请田村一诊。

父字
八月十五日

结束皮箱时，二娘不可多管，病体不能耐也。

匆匆结束归京，忙乱颠倒。爹爹要句加以两环，愈形其迫。

附 | 林长民致林徽因
一九一八年四月十六日

> 此信写时,林长民正在日本考察,准备回国再迁居。

徽儿知悉:

得来函,甚慰。我不在家,汝能为我照应一切,我甚喜也。我在此当有月余日之滞,俟实叔*实叔 见前注。来会,或可同回京。我身体安善,汝可放心。家中应用款,告二娘不必省费。凉篷如须早搭,可照搭;如天气尚未甚暖,则稍缓。我归或迁居也。我致二娘信汝可取阅。

父字

四月十六日

民国七年,爹爹赴日。家人仍寓南府口织女桥。徽自信能担任编字画目录*林长民所存字画若干,林徽因试为父亲整理编目。,及爹爹归取阅。以为不适用,颇暗惭。

附 | 林长民致林徽因
一九一八年四月

> 此信写于林长民访日期间，无抬头，可能附在前信一并付邮。

我到东*东即东京。后，酬应过多。此十余日间，自早至晚，均为酒食所困。廿外拟到箱根一避，月杪归东京。来月再到各地视察。每到游览胜地，悔未携汝来观*林长民为培养林徽因，赴日前曾考虑携其同行。；每到宴会，又幸汝未来同受困也。

爹爹去时拟携徽也。

附 | **林长民致林徽因**
一九一八年五月十九日

徽儿知悉：

得书并大姑手书，至感。我本拟速归，有未了事，故延缓至今，兼以夙患耳。鼻症拟趁此根治，于本月十六日施用手术，不觉痛苦。惟手术后精神颇疲惫，现已过三日，尚有余血未止，刀口未全复。约一星期后可照常也。实叔来此十余日，忽得福州家电，其长女樱子*樱子 林徽因堂姊妹。患急性肺炎遽殇。实叔赶归。此症幸非传染病，我亦不阻之。我归期约在月杪，晤诸姑为我道及。

竢庐
五月十九日

樱子可爱。得此消息，至心痛。民国七年，爹爹赴日，家人在京。

附 | 林长民致林徽因

一九二〇年三月三日

> 此信无抬头。当时林长民作为「国际联盟」中国代表长住英国，此次出国林徽因随行。写信时，林长民赴欧洲大陆开会，林徽因独自留英岛。

前片当已收到，在此适值使领馆对付勤工学生事，访人多不得见。诸事尚得*得字疑待字之误。接洽，大约须星期日方得归。日本驻法大使请我晚餐。我来此无酬应，不知日使何从探得吾踪，真灵敏矣。

徽儿

宗*宗 林长民字宗孟。

三月三日

爹爹赴瑞开国际联盟会，从法归英（寓阿门廿七）。

附 | 林长民致林徽因
一九二一年八月二十四日

此信无抬头。林长民父女行将回国，林徽因往英伦南方海边度假，林长民留伦敦打点行装。

得汝多信，未即复。汝行后，无甚事，亦不甚闲。忽忽过了一星期，今日起实行整理归装。波罗加船展期至十月十四日始开，如是则发行李亦可稍缓。汝若觉得海滨快意，可待至九月七八日与柏烈特 *柏烈特 英国医生，林长民友人。* 家人同归。此间租屋十四日满期，行李能于十二三日发出为便。想汝归来后结束余件，当无不及也。九月十四日以后，汝可住柏烈特家。此意先与说及，我何适尚未定也。但欲一身轻快，随便游行耳。用费亦可较省，老斐理璞 *斐理璞 林徽因随父初到英国时受聘的家庭英语教师，由此其母女住林寓处一年。* 尚未来，我意不欲多劳动他。此间余务有其女帮助足矣。但为远归留别，姑俟临去时图一晤。已嘱其不必急来，其女九月杪入戏剧训练处，汝更少伴，故尤以住柏烈特家为宜。我即他往，将届时 *开船。* 还是到伦与汝一路赴法一切较便；但手边行李较之寻常旅行不免稍多，姑到临时再图部署。盼汝涉泳日谙，身心均适。

八月廿四日　父手书

十九百廿一年夏，徽同柏烈特全家赴英南海边避暑，爹爹未去，独居伦敦。

斐理璞母女居吾家一载，是时母适北行，故爹爹有尚未来之语。

附　林长民致林徽因

一九二一年八月二十五日

徽女爱览：

　　昨函计达，汝日来想游泳有进，我前允受 Cadbuny 招待，今已定于来星期四与璧醒＊璧醒 即璧醒·斐理璞，英语教师老斐理璞女儿。前往，计期正是九月一日，大约星期六日归。汝若与柏烈特家人同回，自无问题。如适于九月一二日归，恐我尚在 Birmingham，也似以稍迟为妙。璧母我已去函，请其不必着急，但俟我父女将行时来此一别可也。整装诸务，亦颇简单，我不欲多劳他。柏氏家人为我道好。

八月廿五日　父手书

　　克柏利＊克柏利 英国一家可可糖厂老板。　柯柯＊柯柯 今通译可可。糖厂主与璧醒·斐理璞为姻戚。一年来，徽所吃柯柯糖不下三木箱，皆克柏利氏或弗来氏出品。

附 | **林长民致林徽因**
一九二一年八月三十一日

此信无抬头。

读汝致璧提*璧提 即璧醍。函,我亦正盼汝早归。前书所云与柏烈特家同回者,为汝多尽数日游兴耳。今我已约泰晤士报馆监六号来午饭(函中述及汝),汝五号能归为妙。报馆组织不可不观,午饭时可与商定参观时日。柏烈特处我懒致信,汝可先传吾意,并云九月十四日以后我如他适,或暂置汝其家,一切俟我与之面晤时决之。先谢其待汝殷勤之谊。

八月卅一日　父手书

柏烈特为医士,有五女。徽离英前居其家月余日,极承亲切照料。

附 | **徐志摩致林徽因**
一九三一年七月七日

徽音：

我愁望着云泞的天和泥泞的地，直担心你们上山 *山 指香山。一九三一年夏，林徽因全家曾到香山静宜园双清小住。一路平安。到山上大家都安好否？我在记念。

我回家累得直挺在床上，像死人——也不知那来的累。适之在午饭时说笑话，我照例照规矩把笑放上嘴边，但那笑仿佛离嘴有半尺来远，脸上的皮肉像是经过风腊，再不能活动！

下午忽然诗兴发作，不断的抽着烟，茶倒空了两壶，在两小时内，居然诌得了一首 *一首 即徐志摩诗《你去》。哲学家 *哲学家 指金岳霖。上来看见，端详了十多分钟；然后正色的说："It is one of your very best." *It is one of your very best 这是你最好的诗之一。但哲学家关于美术作品只往往挑错的东西来夸，因而，我还不敢自信，现在抄了去请教女诗人，敬求指正！

雨下得凶，电话电灯全断。我讨得半根蜡，匍伏在桌上胡乱写。上次扭筋的脚有些生痛。一躺平眼睛发跳，全身的脉搏都似乎分明的觉得。再有两天如此，一定病倒——但希望天可以放晴。

思成恐怕也有些着凉，我保荐喝一大碗姜糖汤，妙药也！宝宝老太 *宝宝老太 指林徽因的女儿和母亲。都还高兴否？我还牵记你家矮墙 *你家矮

此信根据手稿刊印，信和诗均用毛笔抄写在竖格毛边纸上。

墙 应是指林徽因双清住处的围墙。上的艳阳。此去归来时难说定,敬祝

山中人"神仙生活",快乐康强!

脚疼人

洋郎牵(洋)牛渡(洋)河夜

你去

你去,我也走,我们在此分手;
你上那一条大路,你放心走,
你看那街灯一直亮到天边,
你只消跟从这光明的直线!
你先走,我站在此地望着你:
放轻些脚步,别教灰土扬起,
我要认清你的远去的身影,
直到距离使我认你不分明。
再不然,我就叫响你的名字,
不断的提醒你,有我在这里,
为消解荒街与深晚的荒凉,
目送你归去……

不,我自有主张,
你不必为我忧虑;你走大路,

我进这条小巷。你看那株树，
高抵着天，我走到那边转弯，
再过去是一片荒野的凌乱：
有深潭，有浅洼，半亮着止水，
在夜芒中像是纷披的眼泪；
有乱石，有钩刺胫踝的蔓草，
在守候过路人疏神时绊倒！
但你不必焦心，我有的是胆，
凶险的途程不能使我心寒。
等你走远，我就大步的向前，
这荒野有的是夜露的清鲜；
也不愁愁云深裹，但求风动，
云海里便波涌星斗的流汞；
更何况永远照彻我的心底，
有那颗不夜的明珠，我爱——你！

七月七日

徽音

我悲望着澄净的天和泥淖的地，直担心作们上山一路平安。到山大家都安好否，我在记念。

我回家累得直摔花床上像死人一也不知那来那累，通之石午饭时说笑话，你照例照规矩抱笑放上嘴边但那笑仿佛离嘴有半尺未达脸上的皮肉像起径过风脂再无气能活动。

下午忽坐得烦恼作，不断的抽着烟，亲倒空了两壶，花雨小惊居坐撂得了一首，哲学家上来有见端祥了十多分锺业以正色对说："平子之行乎..."

一九三一年七月七日，徐志摩致林徽因书信、诗作手迹（之一）

徽因：但查学家园板美术新作二幅々挑错的东西来说，再而彻遊不敢复信，现在抄了去请教女诗人发求指正。

雨下得好，电话电灯全新，我对符柰很满意。上次扭筋的脚有些至痛，一脾手眼睛龙跳全身的脉搏都似乎十分明的觉得。

再有两天如此一定病倒——但希望天可以放晴。

愚欤恐怕也有些看演，你保爲喝一大碗姜糖陽妙放也。宽々老太都遊高興否，我遊牽记你家陵墙上的艷阳，此方剑时雖说定发祝

山中人神仙生活，快乐毋论。

卿廃人（选）
洋郎奉生慶哥哀（选）

一九三一年七月七日，徐志摩致林徽因书信、诗作手迹（之二）

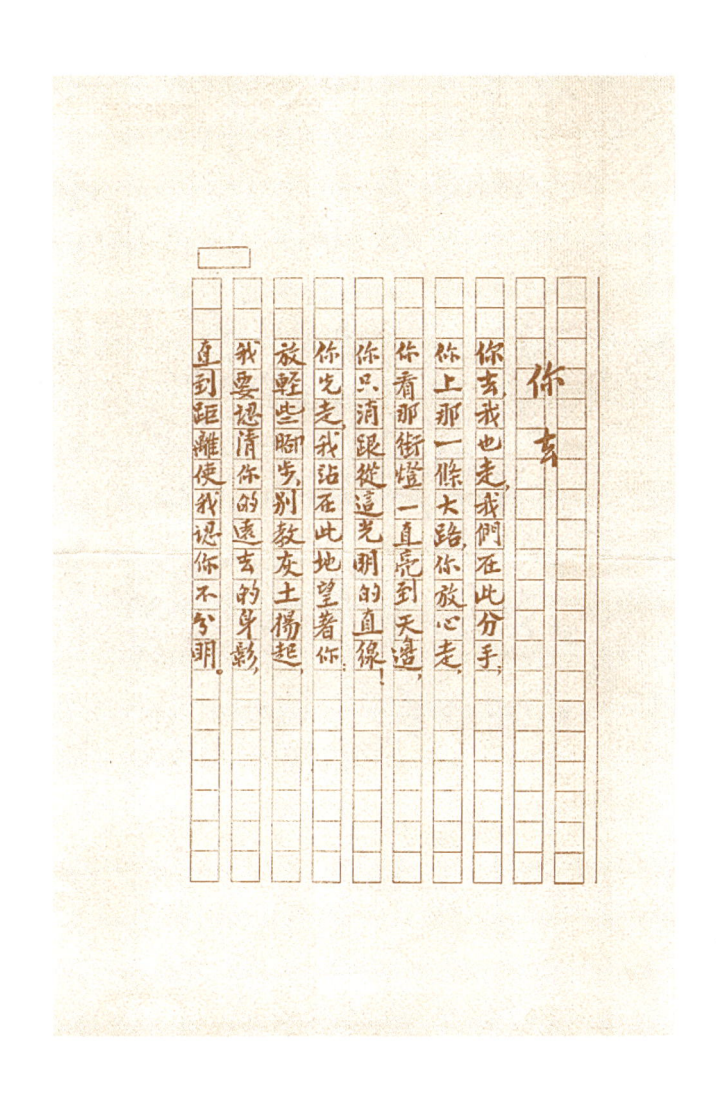

你去

你去,我也走,我們在此分手;
你上那一條大路,你放心走,
你先那街燈一直亮到天邊,
你只消跟從這光明的直線,
你先走,我站在此地望著你,
放輕些腳步,別敎灰土揚起,
我要認清你的遠去的身影,
直到距離使我認你不分明。

一九三一年七月七日,徐志摩致林徽因书信、诗作手迹(之三)

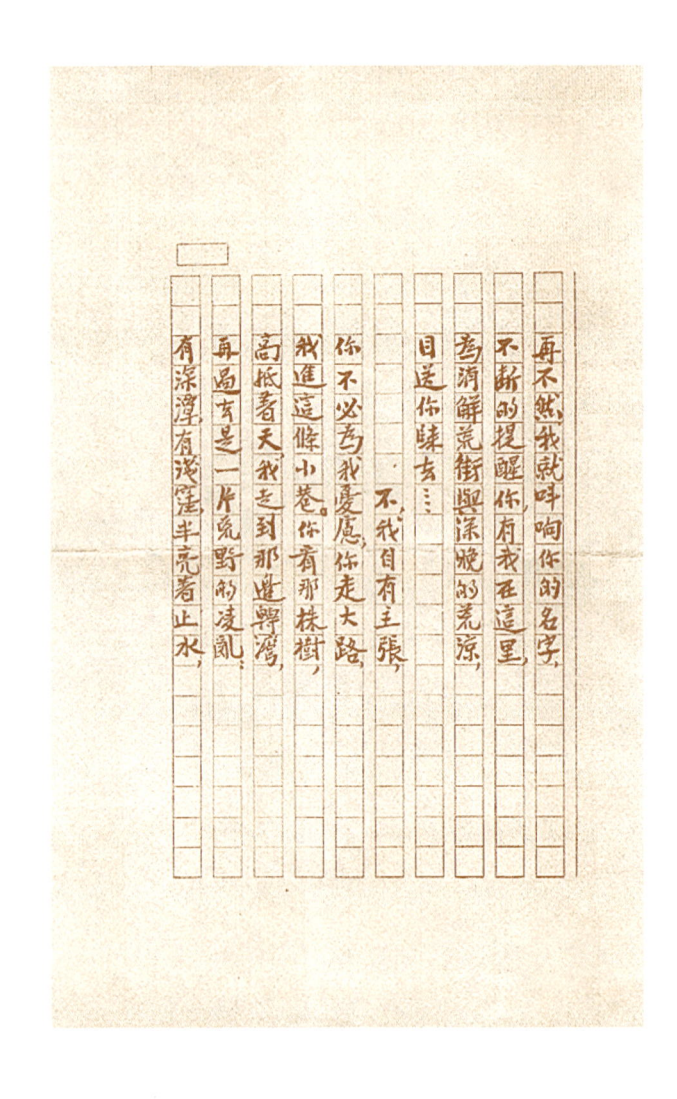

再不然我就叫响你的名字,
不断的提醒你,有我在这里
为消解荒街与深晚的荒凉,
目送你睐去……

不,我自有主张,
你不必为我忧虑,你走大路,
我进这条小巷,你看那株树,
高抵着天,我走到那边转弯,
再过去是一片荒野的凌乱;
有深潭,有浅洼,半亮着止水,

一九三一年七月七日,徐志摩致林徽因书信、诗作手迹(之四)

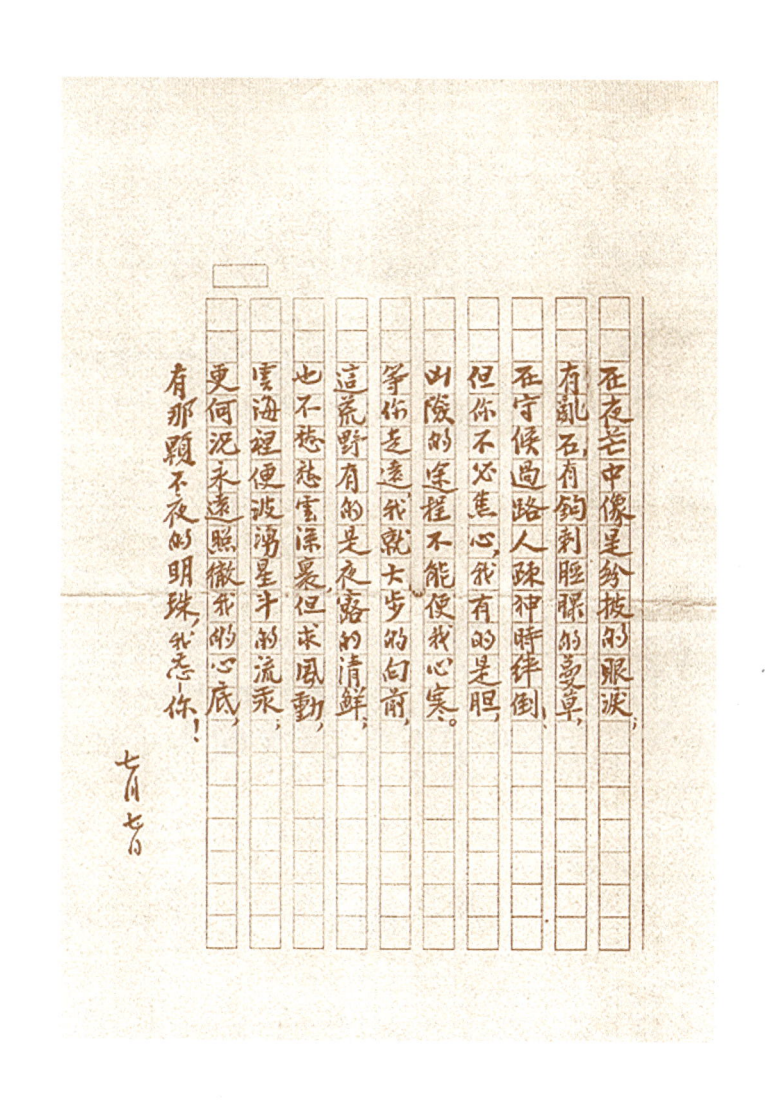

在夜色中像是纷披的眼泪，
有乱石有钩刺胫踝的蔓草，
在守候过路人跌绊时摔倒，
但你不必焦心，我有的是胆，
凶险的途程不能使我心寒。
等你走远，我就大步的向前，
这荒野有的是夜露的清鲜；
也不愁愁云漫裹但求风动，
云海里便波涌星斗的流汞；
更何况永远照彻我的心底，
有那颗不夜的明珠，我爱你！

志摩

一九三一年七月七日，徐志摩致林徽因书信、诗作手迹（之五）

倏忽人间
四月天

梁从诫

本文系作者当年为准备出版林徽因的作品集而撰,发表时有附题——"回忆我的母亲林徽因"。

母亲去世已经三十二年了。现在能为她出这么一本小小的文集——她唯一的一本,使我欣慰,也使我感伤。

今天,读书界记得她的人已经不多了。老一辈谈起,总说那是三十年代一位多才多艺、美丽的女诗人。但是,对于我来说,她却是一个面容清癯、削瘦的病人,一个忘我的学者,一个用对成年人的平等友谊来代替对孩子的抚爱(有时却是脾气急躁)的母亲。

三十年代那位女诗人当然是有过的。可惜我并不认识,不记得。那个时代的母亲,我只可能在后来逐步有所了解。当年的生活和往事,她在我和姐姐梁再冰长大后曾经同我们谈起过,但也不常讲。母亲的后半生,虽然饱受病痛折磨,但在精神和事业上,她总有新的追求,极少以伤感的情绪单纯地缅怀过去。至今仍被一些文章提到的半个多世纪前的某些文坛旧事,我没有资格评论。但我有责任把母亲当年亲口讲过的,和我自己直接了解的一些情况告诉关心这段文学史的人们。或许它们会比那些传闻和臆测更有意义。

早年

我的外祖父林长民（宗孟）出身仕宦之家，几个姊妹也都能诗文，善书法。外祖父留学日本，英文也很好，在当时也是一位新派人物。但是他同外祖母的婚姻却是家庭包办的一个不幸的结合。外祖母（按：林徽因的母亲何雪媛是林长民的第二位夫人。）虽然容貌端正，却是一位没有受过教育的、不识字的旧式妇女，因为出自有钱的商人家庭，所以也不善女红和持家，因而既得不到丈夫，也得不到婆婆的欢心。婚后八年，才生下第一个孩子——一个美丽、聪颖的女儿。这个女儿虽然立即受到全家的珍爱，但外祖母的处境却并未因此改善。外祖父不久又娶了一房夫人（按：林长民的第三位夫人程桂林），外祖母从此更受冷遇，实际上过着与丈夫分居的孤单的生活。母亲从小生活在这样的家庭矛盾之中，常常使她感到困惑和悲伤。

童年的境遇对母亲后来的性格是有影响的。她爱父亲，却恨他对自己母亲的无情；她爱自己的母亲，却又恨她不争气；她以长姊真挚的感情，爱着几个异母的弟妹，然而，那个半封建家庭中扭曲了的人际关系却在精神上深深地伤害过她。可能是由于这一切，她后来的一生中很少表现出三从四德式的温顺，却不断地在追求人格上的独立和自由。

少女时期，母亲曾经和几位表姊妹一道，在上海和北京的教会女子学校中读过书，并跟着那里的外国教员学会了一口相当流利的英语。一九二〇年，当外祖父在北洋官场中受到排挤而被迫"出国考察"时，决定携带十六岁的母亲同行。关于这次欧洲之旅我所知甚少。只知道他们住在伦敦，同时曾到大陆一些国家游历。母亲还考入了一所伦敦女子学校暂读。

在去英国之前，母亲就已认识了当时刚刚进入"清华学堂"的父亲。从英国回来，他们的来往更多了。在我的祖父梁启超和外祖父看来，这门亲事是颇为相当的。但是两个年轻人此时已经受到过相当多的西方民主思想的熏陶，不是顺从于父辈的意愿，而确是凭彼此的感情而建立起亲密的友谊的。他们之间在对中国传统文化的珍爱和对造型艺术的趣味方面有着高度的一致性，但是在其他方面也有许多差异。父亲喜欢动手，擅长绘画和木工，又酷爱音乐和体育，他生性幽默，做事却喜欢按部就班，有条不紊；母亲富有文学家式的热情，灵感一来，兴之所至，常常可以不顾其他，有时不免受情绪的支配。我的祖母一开始就对这位性格独立不羁的新派的未来儿媳不大看得惯，而两位热恋中的年轻人当时也不懂得照顾和体贴已身患重病的老人的心情，双方关系曾经搞得十分紧张，从而使母亲又逐渐卷入了另一组家庭矛盾之中。这种局面更进一步强化了她内心那种潜在的反抗意识，并在后来的文学作品中有所反映。

父亲在清华学堂时代就表现出相当出众的美术才能，曾经想致力于雕塑艺术，后来决定出国学建筑。母亲则是在英国时就受到一位女同学的影响，早已向往于这门当时在中国学校中还没有的专业。在这方面，她和父亲可以说早就志趣相投了。一九二三年五月，正当父亲准备赴美留学的前夕，一次车祸使他左腿骨折。这使他的出国推迟了一年，并使他的脊椎受到了影响终生的严重损伤。不久，母亲也考取了半官费留学。

一九二四年，他们一同来到美国宾夕法尼亚大学。父亲入建筑系，母亲则因该系当时不收女生而改入美术学院，但选修的都是建筑系的课程，后来被该系聘为"辅导员"。

一九二五年底，外祖父在一场军阀混战中死于非命。这使正在留学的母亲精神受到很大打击。

1927年，父亲获宾州大学建筑系硕士学历，母亲获美术学院学士学位。此后，他们曾一道在一位著名的美国建筑师的事务所里工作过一段时间。不久，父亲转入哈佛大学研究美术史。母亲则到耶鲁大学戏剧学院随贝克教授学舞台美术。据说，她是中国第一位在国外学习舞台美术的学生，可惜她后来只把这作为业余爱好，没有正式从事过舞台美术活动。母亲始终是一个戏剧爱好者。一九二四年，当印度著名诗翁泰戈尔应祖父和外祖父之邀到中国访问时，母亲就曾用英语串演过泰翁名作《齐德拉》；三十年代，她也曾写过独幕和多幕话剧。

  关于父母的留学生活，我知道得很少。一九二八年三月，他们在加拿大渥太华举行了婚礼，当时我的大姑父在那里任中国总领事。母亲不愿意穿西式的白纱婚礼服，但又没有中式"礼服"可穿，她便以构思舞台服装的想象力，自己设计了一套"东方式"带头饰的结婚服装，据说曾使加拿大新闻摄影记者大感兴趣。这可以说是她后来一生所执着追求的"民族形式"的第一次幼稚的创作。婚后，他们到欧洲度蜜月，实际也是他们学习西方建筑史之后的一次见习旅行。欧洲是母亲少女时的旧游之地，婚后的重访使她感到亲切。后来曾写过一篇散文《贡纳达之夜》，以纪念她在这个西班牙小城中的感受。

  一九二八年八月，祖父在国内为父亲联系好到沈阳东北大学创办建筑系，任教授兼系主任。工作要求他立即到职，同时祖父的肾病也日渐严重。为此，父母中断了欧洲之游，取道西伯利亚赶回了国内。本来，祖父也为父亲联系了在清华大学的工作，但后来却力主父亲去沈阳，他在信上说："（东北）那边建筑事业将来有大发展的机会，比温柔乡的清华园强多了。但现在总比不上在北京舒服，……我想有志气的孩子，总应该往吃苦路上走。"父亲和母亲一道在东北大学建筑系的工作进行得很顺利，可惜东北严寒的气候损害了母亲的健康。一九二九年一月，祖父在北平不幸病逝。同年八月，我姐姐 *我姐姐 指梁

^{再冰}。在沈阳出生。此后不久,母亲年轻时曾一度患过的肺病复发,不得不回到北京,在香山疗养。

北平

香山的"双清"也许是母亲诗作的发祥之地。她留下来的最早的几首诗都是那时在这里写成的。清静幽深的山林,同大自然的亲近,初次做母亲的快乐,特别是北平朋友们的真挚友情,常使母亲心里充满了宁静的欣悦和温情,也激起了她写诗的灵感。从一九三一年春天,她开始发表自己的诗作。

母亲写作新诗,开始时在一定程度上受到过徐志摩的影响和启蒙。她同徐志摩的交往,是过去文坛上许多人都知道,却又讹传很多的一段旧事。在我和姐姐长大后,母亲曾经断断续续地同我们讲过他们的往事。母亲同徐是一九二〇年在伦敦结识的。当时徐是外祖父的年轻朋友,一位二十四岁的已婚者,在美国学过两年经济之后,转到剑桥学文学;而母亲则是一个还未脱离旧式大家庭的十六岁的女中学生。据当年曾同徐志摩一道去过林寓的张奚若伯伯多年以后对我们的说法:"你们的妈妈当时留着两条小辫子,差一点把我和志摩叫做叔叔!"因此,当徐志摩以西方式诗人的热情突然对母亲表示倾心的时候,母亲无论在精神上、思想上,还是生活体验上都处在与他完全不能对等的地位上,因此也就不可能产生相应的感情。母亲后来说过,那时,像她这么一个在旧伦理教育熏陶下长大的姑娘,竟会像有人传说地那样去同一个比自己大八九岁的已婚男子谈恋爱,简直是不可思议的事。母亲当然知道徐在追求自己,而且也很喜欢和敬佩这位诗人,尊重他所表露的爱情,但是正像她自己后来分析的:"徐志摩当时爱的并不是真正的我,而是他用诗人的浪漫情绪想象出来的林徽音,可我其实并不是他心目中所想的那样一个人。"不久，母亲回国，他们便分手了。等到一九二二年徐回到国内时，母亲同父亲的关系已经十分亲密，后来又双双出国留学，和徐志摩更没有了直接联系。父母留学期间，徐志摩的离婚和再娶，成了当时国内文化圈子里几乎人人皆知的事。可惜他的再婚生活后来带给他的痛苦竟多于欢乐。一九二九年母亲在北平与他重新相聚时，他正处在那样的心境中，而母亲却满怀美好的憧憬，正迈向新的生活。这时的母亲当然早已不是伦敦时代那个梳小辫子的女孩，她在各方面都已成熟。徐志摩此时对母亲的感情显然也越过了浪漫的幻想，变得沉着而深化了。徐志摩是一个真挚奔放的人，他所有的老朋友都爱他，母亲当然更珍重他的感情。尽管母亲后来也说过，徐志摩的情趣中有时也露出某种俗气，她并不欣赏，但是这没有妨碍他们彼此成为知音，而且徐也一直是我父亲的挚友。母亲告诉过我们，徐志摩那首著名的小诗《偶然》是写给她的，而另一首《你去》，徐也在信中说明是为她而写的，那是他遇难前不久的事。从这前后两首有代表性的诗中，可以体会出他们感情的脉络，比之一般外面的传说，却要崇高许多。

一九三一年以后，母亲除诗以外，又陆续发表了一些小说、散文和剧本，很快就受到北方文坛的注意，并成为某些文学活动中的活跃分子。从她早期作品的风格和文笔中，可以看到徐志摩的某种影响，直到她晚年，这种影响也还依稀有着痕迹。但母亲从不屑于模仿，她自己的特色愈来愈明显。母亲文学活动的另一特点，是热心于扶植比她更年轻的新人。她参加了几个文学刊物或副刊的编辑工作，总是尽量为青年人发表作品提供机会；她还热衷于同他们交谈、鼓励他们创作。她为之铺过路的青年中，有些人后来成了著名作家。关于这些，认识她的文学前辈们大概还能记得。

母亲开始写作时，已是"新月派"活动的晚期，除了徐志摩外，她同"新月派"其他人士的交往并不深。她初期的作品发表在《新月》上的也不很多。虽然她在风格上同"新月派"有不少相同的地方，但她却从不认为自己就是"新月派"，也不喜欢人家称她为"新月派诗人"。徐志摩遇难后，她与其他人的来往更少，不久，这个文学派别也就星散了。这里，还要顺带提到所谓徐志摩遗存的"日记"问题。徐生前是否曾将日记交母亲保存，我从未听母亲讲起过（这类事在我们稍长后，母亲就从不在我们姊弟面前隐讳和保密），但我确知，抗战期间当我们全家颠沛于西南诸省时，父母仅有的几件行李中是没有这份文献的。抗战之后，我家原存放在北平、天津的文物、书信等已大部分在沦陷期间丢失，少量残存中也没有此件。新中国成立初期，母亲曾自己处理过一些旧信、旧稿，其中也肯定不含此件。因此，几位权威人士关于这份"日记"最后去向的种种说法和猜测，我不知道有什么事实根据。特别是几年前一位先生在文章中说，我母亲曾亲口告诉他，徐志摩的两本日记"一直"由她保存着，不禁使我感到惊奇。不知这个"一直"是指到什么时候？我只知道，我们从小在家里从来也没有听到过母亲提起过这位先生的名字。

文学上的这些最初的成就，其实并没有成为母亲当时生活的主旋律。对她后来一生的道路发生了重大影响的，是另一件事。一九三一年四月，父亲看到日本侵略势力在东北日趋猖狂，便愤然辞去了东北大学建筑系的职务，放弃了刚刚在沈阳安下的家，回到了北平，应聘来到朱启钤先生创办的一个私立学术机构，专门研究中国古建筑的"中国营造学社"，并担任了"法式部"主任，母亲也在"学社"中任"校理"。以此为发端，开始了他们的学术生涯。

当时，这个领域在我国学术界几乎还是一片未经开拓的荒原。国外几部关于中国建筑史的书，还是日本学者的作品，而且语焉不详，埋没多年的我国宋代建筑家李诫（明仲）的《营造法式》，虽经朱桂老热心重印,但当父母在美国收到祖父寄去的这部古书时,这两个建筑学生却对其中术语视若"天书",几乎完全不知所云。遍布祖国各地无数的宫殿、庙宇、塔幢、园林,中国自己还不曾根据近代的科学技术观念对它们进行过研究。它们结构上的奥秘、造型和布局上的美学原则,在世界学术界面前,还是一个未解之谜。西方学者对于欧洲古建筑的透彻研究,对每一处实例的精确记录、测绘,对于父亲和母亲来说,是一种启发和激励。留学时代,父亲就曾写信给祖父,表示要写成一部"中国宫室史",祖父鼓励他说:"这诚然是一件大事。"可见,父亲进入这个领域,并不是一次偶然的选择。

母亲爱文学,但只是一种业余爱好,往往是灵感来时才欣然命笔,更不会去"为赋新词强说愁"。然而,对于古建筑,她却和父亲一样,一开始就是当作一种近乎神圣的事业来献身的。

从一九三一到三七年,母亲作为父亲的同事和学术上的密切合作者,曾多次同父亲和其他同事们一道,在河北、山西、山东、浙江等省的广大地区进行古建筑的野外调查和实测。我国许多有价值的,原貌尚存的古代建筑,往往隐没在如今已是人迹罕至的荒郊野谷之中。当年,他们到这些地方去实地考察,常常不得不借助于原始的交通工具,甚至徒步跋涉,"餐风宿雨","艰苦简陋的生活,与寻常都市相较,至少有两世纪的分别"。然而,这也给了他们这样的长久生活于大城市中的知识分子一种难得的机会,去观察和体验偏僻农村中劳动人民艰难的生活和淳朴的作风。这种经验曾使母亲的思想感情发生了很大的震动。

作为一个古建筑学家,母亲有她独特的作风。她把科学家的缜密、史学家的哲思、文艺家的激情融于一身。从她关于古建筑的研究文章,特别是为父亲所编《清式营造则例》撰写的"绪论"中,可以看到她在这门科学上造诣之深。她并不是那种仅会发思古之幽情,感叹于"多少楼台烟雨中"的古董爱好者；但又不是一个仅仅埋头于记录尺寸和方位的建筑技师。在她眼里，古建筑不仅是技术与美的结合，而且是历史和人情的凝聚。一处半圮的古刹，常会给她以深邃的哲理和美感的启示，使她禁不住要创造出"建筑意"这么个"狂妄的"名词来和"诗情""画意"并列。好在，那个时代他们还真不拘于任何"框框"，使她敢于用那么奔放的文学语言，乃至嬉笑怒骂的杂文笔法来写她的学术报告。母亲在测量、绘图和系统整理资料方面的基本功不如父亲，但在融汇材料方面却充满了灵感，常会从别人所不注意的地方独见精采，发表极高明的议论。那时期，父亲的论文和调查报告大多经过她的加工过色。父亲后来常常对我们说，他文章的"眼睛"大半是母亲给"点"上去的。这一点在"文化大革命"中却使父亲吃了不少苦头。因为母亲那些"神来之笔"往往正是那些戴红袖章的狂徒们所最不能容忍的段落。

这时期的生活经验，在母亲三十年代的文学作品中有着鲜明的反映。这些作品一方面表现出一个在优越的条件下顺利地踏入社会并开始获得成功的青年人充满希望的兴奋心情；另一方面，却又显出她对自己生活意义的怀疑和探索。但这并不似当时某些对象牙之塔厌倦了而又无所归依的"螃蟹似的"文学青年的那种贫乏的彷徨，她的探求是诚实的。正如她在一封信中所说的：在她看来，真诚，即如实地表现自己确有的思想感情，是文学作品的第一要义。她的小说《九十九度中》和散文《窗子以外》，都是这种真情的流露。在远未受到革命意识熏染之前，能够这样明确地提出知识分子与劳动人民的关系问题，渴望越出那扇阻隔于两者之间的"窗子"，对于像她这样出身和经历的人来说，是很不容易的。

三十年代是母亲最好的年华，也是她一生中物质生活最优裕的时期，这使得她有条件充分地表现出自己多方面的爱好和才艺。除了古建筑和文学之外,她还做过装帧设计、服装设计;同父亲一道设计了北京大学的女生宿舍,为王府井"仁立地毯公司"门市部设计过民族形式的店面(可惜他们设计的装修今天被占用着这间店面的某时装公司拆掉了。名家手笔还不如廉价的铝合金装饰板。这就是时下经理们的审美标准和文化追求!),单独设计了北京大学地质馆,据曹禺同志告诉我,母亲还到南开大学帮助他设计过话剧布景,那时他还是个年轻学生。母亲喜欢交朋友,她的热心和健谈是有名的,而又从不以才学傲视于年轻人或有意炫耀,因此,赢得许多忘年之交。母亲活泼好动,和亲戚朋友一道骑毛驴游香山、西山,或到久已冷落的古寺中野餐,都是她最快乐的时光。

母亲不爱做家务事,曾在一封信中抱怨说,这些琐事使她觉得浪费了宝贵的生命,而耽误了本应做的一点对于他人,对于读者更有价值的事情。但实际上,她仍是一位热心的主妇,一个温柔的妈妈。三十年代我家坐落在北平东城北总布胡同,是一座有方砖铺地的四合院,里面有个美丽的垂花门,一株海棠,两株马缨花。中式平房中,几件从旧货店里买来的老式家具,一两尊在野外考察中拾到的残破石雕,还有无数的书,体现了父母的艺术趣味和学术追求。当年,我的姑姑、叔叔、舅舅和姨大多数还是青年学生,他们都爱这位长嫂、长姊,每逢假日,这四合院里就充满了年轻人的高谈阔论,笑语喧声,真是热闹非常。

然而,生活也并不真的那么无忧无虑。三十年代的中国政局,特别是日本侵略的威胁,给父母的精神和生活投下了浓重的阴影。一九三一年,曾在美国学习炮兵的四叔在"一·二八"事件中于淞沪前线因病亡故;"一二·九"学生运动时,我们家成了两位姑姑和她们的同学们进城游行时的接待站和避难所,"一二·一六"那一天,姑姑的朋友被宋哲元的"大刀队"破伤,半夜里血流满面地逃到我们家里急救包扎；不久，一位姑姑上了黑名单，躲到我们家，父母连夜将她打扮成"少奶奶"模样，送上开往汉口的火车，约定平安到达即发来贺电，发生意外则来唁电。他们焦急地等了三天，终于接到一个"恭贺弄璋之喜"的电报，不禁失笑，因为当时我已经三岁了。

然而，这样的生活，不久就突然地结束了。

一九三七年六月，她和父亲再次深入五台山考察，骑着骡子在荒凉的山道上颠簸，去寻访一处曾见诸敦煌壁画，却久已湮没无闻的古庙——佛光寺。七月初，他们居然在一个偏僻的山村外面找到了它，并确证其大殿仍是建于唐代后期（公元八五七年）的原构，也就是当时所知我国尚存的最古老的木构建筑物（新中国成立后，在同一地区曾发现了另一座很小的庙宇，比佛光寺早七十多年）。这一发现在中国建筑史和他们个人的学术生活中的意义，当然是非同小可的。直到许多年以后，母亲还常向我们谈起当时他们的兴奋心情，讲他们怎样攀上大殿的天花板，在无数蝙蝠扇起的千年尘埃和无孔不入的臭虫堆中摸索着测量，母亲又怎样凭她的一双远视眼，突然发现了大梁下面一行隐隐约约的字迹，就是这些字，成了建筑年代的确凿证据。而对谦逊地隐在大殿角落中本庙施主"女弟子宁公遇"端庄美丽的塑像，母亲更怀有一种近乎崇敬的感情。她曾说，当时恨不能也为自己塑一尊像，让"女弟子林徽因"永远陪伴这位虔诚的唐朝妇女，在肃穆中再盘腿坐上他一千年！

可惜这竟是他们战前事业的最后一个高潮。七月中旬，当他们从深山中走出时，等着他们的，却是芦沟桥事变的消息！

战争对于父母来说意味着什么，他们当时也许想得不很具体，但对于需要做出的牺牲，他们是有所准备的。这点，在母亲一九三七年八月回到北平后给正在北戴河随亲戚度假的八岁的姐姐写的一封（奇迹般地保存了下来的）信里，表达得十分明确。母亲教育姐姐，要勇敢,并告诉她,爸爸妈妈"不怕打仗,更不怕日本人",因此,她也要"什么都顶有决心才好"。就这样,他们在日军占领北平前夕,抛下了那安逸的生活、舒适的四合院,带着外婆和我们姐弟,几只皮箱,两个铺盖卷,同一批北大、清华的教授们一道,毅然地奔向了那陌生的西南"大后方",开始了战时半流亡的生活。

昆明

这确是一次历尽艰辛的"逃难"。

一九三七年十一月,我们在长沙首次接受了战争的洗礼。九死一生地逃过了日寇对长沙的第一次轰炸。那情景,在萧乾先生写的《一代才女林徽因》中,曾引用母亲自己的信,做了详尽的描述。

紧接着,在我们从长沙迁往昆明途中,母亲又在湘黔交界的晃县患肺炎病倒。我至今仍依稀记得,那一晚,在雨雪交加中,父亲怎样抱着我们,搀着高烧四十度的母亲,在那只有一条满是泥泞的街道的小县城里,到处寻找客店。最后幸亏遇上一批也是过路的空军航校学员,才匀了一个房间让母亲躺下。这也是战争期间我们家同那些飞行员之间特殊的友谊的开始。旅途中的这次重病对母亲的健康造成了严重损害,埋下了几年后她肺病再次复发的祸根。

一九三八年一月份,我们终于到达了昆明。在这数千公里的逃难中,做出最大牺牲的是母亲。

三年的昆明生活,是母亲短短一生中作为健康人的最后一个时期。在这里,她开始尝到了战时大后方知识分子生活的艰辛。父亲年轻时车祸受伤的后遗症时时发作,脊椎痛得常不能坐立。母亲也不得不卷起袖子买菜、做饭、洗衣。

然而，母亲的文学、艺术家气质并没有因此而改变。昆明这高原春城绮丽的景色一下子就深深地吸引了她。记得她曾写过几首诗来吟咏那"荒唐的好风景"，一首题为《三月昆明》，可惜诗稿已经找不到了。还有两首《茶铺》和《小楼》，在《林徽因诗集》出版时尚未找到，最近却蒙邵燕祥先生从他保留的旧报上找出（披露在甘肃《女作家》一九八五年第四期上）。

大约是在一九三九年冬，由于敌机对昆明的轰炸越来越频繁，我们家从城里又迁到了市郊，先是借住在麦地村一所已没有了尼姑的尼姑庵里，院里还常有虔诚的农妇来对着已改为营造学社办公室的娘娘殿烧香还愿；后来，父亲在龙头村一块借来的地皮上请人用未烧制的土坯砖盖了三间小屋。而这竟是两位建筑师一生中为自己设计建造的唯一一所房子。

离我们家不远，在一条水渠那边，有一个烧制陶器的小村——瓦窑村。母亲经常爱到那半原始的作坊里去看老师傅做陶坯，常常一看就是几个小时。然后沿着长着高高的桉树的长堤，在黄昏中慢慢走回家。她对工艺美术历来十分倾心，我还记得她后来常说起，那老工人的手下曾变化出过多少奇妙的造型，可惜变来变去，最后不是成为瓦盆，就是变作痰盂！（按：很可以想象林徽因惟妙惟肖描述的样子。）

前面曾提到，母亲在昆明时还有一批特别的朋友，就是在晃县与我们邂逅的那些空军航校学员，这是一批抗战前夕沿海大城市中投笔从戎的爱国青年，后来大多数家乡沦陷。在昆明时，每当休息日，他们总爱到我们家来，把母亲当作长姐，对她诉说自己的乡愁和种种苦闷。他们学成时，父亲和母亲曾被邀请做他们全期（第七期）的"名誉家长"出席毕业典礼。但是，政府却只用一些破破烂烂的老式飞机来装备自己的空军，抗战没有结束，他们十来人便全都在一次次与日寇力量悬殊的空战中牺牲了，没有一人幸存！有些死得十分壮烈。因为多数人家在敌占区，他们阵亡后，私人遗物便被寄到我们家里。每一次母亲都要哭一场。

李庄

一九四〇年冬，由于日寇对昆明的空袭日益加剧，营造学社被迫随中央研究院历史语言研究所再度西迁到四川宜宾附近的一个小江村——李庄。这里距扬子江尽处只有三十公里（宜宾以上即称金沙江），而离重庆却有三天的水路，是个名副其实的穷乡僻壤。我们住进了一处篾条抹灰的简陋农舍。艰苦的生活，旅途的劳顿和四川冬季潮湿、阴冷的气候，终于使母亲的旧病恶性发作，卧床不起。而同时父亲脊椎软组织灰质化的毛病也变得越来越严重。

李庄的生活确实是艰难的。家里唯一能给母亲养病用的"软床"是一张摇摇晃晃的帆布行军床；晚上，为了父亲写书和我们姐弟做功课，全家点两盏菜籽油灯，当时，连煤油灯都是过于"现代化"的奢侈品。记得我在这里读小学时，除了冬天外婆亲手做的一双布鞋外，平时都只能穿草鞋。偶尔有朋友从重庆或昆明带来一小罐奶粉，就算是母亲难得的高级营养品了。父亲爱吃甜食，但这里除了土制红糖之外没有别的。父亲就把土糖蒸熟消毒，当成果酱抹在馒头上，戏称之为"甘蔗酱"。整个李庄没有一所医院，没有一位正式医生，没有任何药品。家里唯一的一只体温计被我失手打破，大半年母亲竟无法量体温。就是在这样的条件下，她的病情一天天沉重，却得不到像样的治疗。眼看着她消瘦下去，眼窝深陷，面色苍白，几个月的工夫，母亲就失掉了她那一向焕发美丽的面容，成了一个憔悴、苍老，不停地咳喘的病人。

同他们过去的生活相比，李庄的日子真可以说是贫病交加了。然而，就在这样的境遇之下，母亲和父亲并没有被困难所压倒，而是拼上性命，继续坚持着他们的学术事业。抗战开始以来，辗转几千公里的逃难，我们家几乎把全部"细软"都丢光了，但是，战前父亲和营造学社同人们调查古建筑的原始资料——数以千计的照片、实测草图、纪录等等，他们却紧紧地抱在胸前，一张也没有遗失。只有那些无法携带的照相底版，还有一些珍贵的文献，他们在离开北平前，曾经存进了天津一家外国银行的地下保险库，当时以为这是最安全的。不料一九三九年天津大水时，地下室被淹，所存资料几乎全部被毁。这个消息是两年后才传到李庄的。姐姐告诉我，当父亲母亲听到这个不幸的消息时都哭了。就在这几间四面透风的农舍里，父亲同几位共患难的同事，请来当地的木匠，做了几张半原始的白木头绘画桌，摊开了他们的资料，决心着手全面系统地总结整理他们战前的调查成果，开始撰写《中国建筑史》。同时，为了实现他和母亲多年的宿愿，又决定用英文撰写并绘制一部《图像中国建筑史》，以便向西方世界科学地介绍中国古代建筑的奥秘和成就。他和母亲一面讨论，一面用一台古老的、噼啪震响的打字机打出草稿；又和他亲密的助手莫宗江一道，绘制了大量英汉对照注释的精美插图。当时，父亲的颈椎灰质化病常常折磨得他抬不起头来，他就在画板上放一个小花瓶撑住下巴，以便继续工作。而母亲只要稍为好过一点就半坐在床上，翻阅"二十四史"和各种资料典籍，为书稿做种种补充、修改、润色文字。今天，还可以从当年那些用土纸写成的原稿上，看到母亲病中的斑斑字迹。一九四二年冬，父亲和母亲的美国老友，当时的美国驻华大使特别助理费正清（John Fairbank）教授来到李庄看望他们，被他们在如此艰苦的环境中仍坚持学术工作的坚毅精神所深深感动。四十年后，他在"自传"中还专门为此写了一段深情的话（见萧乾先生的文章)。

虽然如此,李庄的四年,大概仍是母亲情绪上最抑郁的时期。战争和疾病无情地击倒了她,而这里又是那样一个偏僻、单调的角落。老朋友们天各一方,难得有一两封书信往还。可以想象,她的心境有时是多么悲凉。但病中的母亲这时更勤奋于学习。她在病榻上读了大量的书。我和姐姐至今还能举出不少当时她读过的书名,这是因为当时她常常读书有感却找不到人交谈,只好对着两只小牛弹她的琴。这时期,她读了许多俄罗斯作家的作品,我记得她非常喜欢屠格涅夫的《猎人日记》,而且要求我也当成功课去读它(那时我只有十二岁),还要我们一句句地去体味屠格涅夫对自然景色的描写;米开朗琪罗传,因为是英文的,我们实在没法子读,她就读一章,给我们讲一章,特别详细地为我们描述了米开朗琪罗为圣彼得教堂穹顶作画时的艰辛。讲的时候很动感情,可能因为米开朗琪罗那种对艺术的执着追求特别引起了她的共鸣。她偶尔也还写诗,但流露的大多是惆怅。在她兴致好的时候,间或喜欢让姐姐和我坐在床前,轻轻地为我们朗读她旧日的诗、文,她的诗本来讲求韵律,比较"上口",由她自己读出,那声音真是如歌。她也常常读古诗词,并讲给我们听,印象最深的,是她在教我读到杜甫和陆游的"剑外忽传收蓟北"、"家祭无忘告乃翁",以及"遥怜小儿女,未解忆长安"等名句时那种悲愤、忧愁的神情。母亲非常擅长朗诵。我记得,还在昆明时期,我大概只是小学二年级,她教我《唐雎不辱使命》,自己读给我和姐姐听。一篇古文,被她读得绘声绘色:唐雎的英雄胆气,秦王前踞而后恭的窘态,听来简直似一场电影。五十年过去了,我仍觉得声声在耳,历历在目。在李庄时,她从中研院历史语言研究所借到过几张劳伦斯·奥列弗的莎剧台词唱片,非常喜欢,常常模仿这位英国名演员的语调,大声地"耳语":"to be or not to be, that is the question!"于是父亲、姐姐和我就热烈鼓掌……她这位母亲,几乎从未给我们讲过什么小白兔、大灰狼之类的故事,除了给我们买了大量的书要我们自己去读之外,就是以她自己的作品和对文学的理解来代替稚气的童话,像对成年人一样地来陶冶我们幼小的心灵。

一九四一年,她非常疼爱的三弟,当时刚从航校毕业不久的空军上尉飞行员林恒,在一次对日机的仓促应战中,牺牲在成都上空。噩耗传到她病榻上的时候,母亲几乎痛不欲生。此后不到两年,昆明那批空军朋友中的最后一名幸存者,也是母亲最喜欢的一个,又在衡阳战役中被击落后失踪了。他们的死在母亲精神上的反响,已不限于对亡故亲人和挚友的怀念感伤。她的悼亡诗《哭三弟恒》可以说不是只给三舅一个人,而是献给抗战前期她所认识的所有那些以身殉国的飞行员朋友的。从中可以看出当时她对民族命运的忧思和对统治当局的责难。

战时"大后方"艰苦、暗淡的生活,腐蚀了许多青年人的意志,使他们动摇、彷徨,想放弃学术事业,有人不想再当穷知识分子,而想走升官发财之路。这一切使母亲写出了她唯一的一首政治诗《刺耳的悲歌》。她在诗中以悲怆的笔调抨击了那些看见别人做了官、发了国难财而眼红的青年人,也抨击了政府骗取青年的爱国热情,征召他们去参加目的可疑的什么"青年军"(抗战后国民党利用"青年军"镇压学生运动、打内战,证明了母亲这个"不问政治"的人政治上的敏感性)。极为可惜的是,那诗稿如今竟已不存!

从母亲一九四四年留下的几首短诗中可以看出,她在李庄的最后两年中心情是多么恶劣、消沉。但这并不仅仅是自身病痛所致,更多的,也许还是出于"长安不见"的忧愁。她这时爱读杜、陆后期的诗词,不是偶然的。在她和父亲身上,常表现出中国汉族读书人的那种传统的"气节"心理。一九四六年,抗战已经胜利,有一次我同母亲谈起四四年日军攻占贵州独山，直逼重庆的危局。我曾问母亲，如果当时日本人真的打进四川，你们打算怎么办？她若有所思地说："中国念书人总还有一条后路嘛，我们家门口不就是扬子江吗？"我急了，又问："我一个人在重庆上学，那你们就不管我啦？"病中的母亲深情地握着我的手，彷佛道歉似地小声地说："真要到了那一步，恐怕就顾不上你了！"听到这个回答，我的眼泪不禁夺眶而出。这不仅是因为感到自己受了"委屈"，更多地，我确是被母亲以最平淡的口吻所表现出来的那种凛然之气震动了。我第一次忽然觉得她好像不再是"妈妈"，而变成了一个"别人"。

抗战胜利那年的冬天，母亲离开了李庄，先在重庆暂住，但她总在想念昆明，特别是那里的老朋友们。四六年春，她终于如愿以偿，带病乘飞机再访昆明，住在圆通山后一座花园里。同老朋友金岳霖、张奚若、钱端升等人的重聚，使她得到了几年来最大的快乐，可惜高原缺氧的昆明对她的肺病却很不利。她在这里，也写了几首小诗。

"一二·一"运动后的昆明，使母亲在政治上有了新的认识。那年三月，我这个初中二年级学生在重庆被哄去参加了反苏游行。母亲知道后，从昆明来信把我狠狠地骂了一顿。说我是上当受骗，当时我还不大服气。这是我们在政治上的第一次交锋。同年八月，我们全家离开了重庆，乘西南联合大学的包机，飞向北平。

九年的战时流亡生活，终于结束了！

重回北平

母亲爱北平。她最美好的青春年华都是在这里度过的。她早年的诗歌、文学作品和学术文章，无一不同北平的血肉相关。九年的颠沛生活，吞噬了她的青春和健康。如今，她回来了，像个残废人似的贪婪地要重访每一处故地,渴望再次串起记忆里那断了线的珍珠。然而,日寇多年的蹂躏,北平也残破、苍老了,虽然古老的城墙下仍是那护城河,蓝天上依旧有白鸽掠过,但母亲知道,生活之水不会倒流,十年前的北平同十年前的自己一样,已经一去不复返了。

胜利后在北平,母亲的生活有了新的内容。父亲应聘筹建清华大学建筑系,但不久他即到美国去讲学。开办新系的许多工作暂时都落到了母亲这个没有任何名义的病人身上。她几乎就在病床上,为创立建筑系做了大量组织工作,同青年教师们建立了亲密的同事情谊,热心地在学术思想上同他们进行了许多毫无保留的探讨和交流。同时,她也交结了复原后清华、北大的许多文学、外语方面的中青年教师,经常兴致勃勃地同他们在广阔的学术领域中进行讨论。从汉武帝到杨小楼,从曼斯斐尔到澳尔夫,她都有浓厚的兴趣和自己的见解。

但是,这几年里,疾病仍在无情地侵蚀着她的生命,肉体正在一步步地辜负着她的精神。她不得不过一种双重的生活:白天,她会见同事、朋友和学生(按:林洙就是在这段时间内,作为梁林夫妇多年学生助手程应铨的未婚妻,走入他们的世界的),谈工作、谈建筑、谈文学……,有时兴高采烈,滔滔不绝,以至自己和别人都忘记了她是个重病人;可是,到了夜里,却又往往整晚不停地咳喘,在床上辗转呻吟,半夜里一次次地吃药、喝水、咯痰……。夜深人静,当她这样孤身承受病痛的折磨时,再也没有人能帮助她。她是那样地孤单和无望,有着难以诉说的凄苦。往往越是这样,她白天就越显得兴奋,似乎是想攫取某种精神上的补偿。四七年前后的几首病中小诗,对这种难堪的心境作了描述。尽管那调子低沉阴郁得叫人不忍卒读,却把"悲"的美学内涵表达得尽情、贴切。

一九四七年冬,结核菌侵入了她的一个肾,必须动大手术切除。母亲带着渺茫的希望入了医院。手术虽然成功了,但她的整个健康状况却又恶化了一大步,因为体质太弱,伤口几个月才勉强愈合。

四八年的北平,在残破和冷落中期待着。有人来劝父亲和母亲"南迁",出国,却得不到他们的响应。抗战后期,一位老友全家去了美国,这时有人曾说"某公是不会回来的了"。母亲却正色厉声地说:"某公一定回来!"这不仅反映了她对朋友的了解,也反映了她自己的心声。那位教授果然在新中国成立前不久举家回到了清华园。

一九四八年十二月十三日晚上,清华园北面彻夜响起怆炮声。母亲和父亲当时还不知道,这炮击正在预告着包括他们自己在内的中国人民的生活即将掀开新的一页。

解放军包围北平近两个月,守军龟缩在城内,清华园门口张贴了解放军四野十三兵团政治部的布告,要求全体军民对这座最高学府严加保护,不得入内骚扰。同时,从北面开来的民工却源源经过清华校园,把云梯、杉槁等攻城器材往城郊方向运去。看来,一场攻坚战落在北平城头已难以避免。忧心忡忡的父亲每天站在门口往南眺望,谛听着远处隐隐的炮声,常常自言自语地说:"这下子完了,全都要完了!"他担心的,不止是城里亲友和数十万百姓的安危,而且还有他和母亲的第二生命——这整座珍贵的古城。中国历史上哪里有那样的军队,打仗还惦记着保护文物古迹?

然而,他们没有想到,当时中国真还有一支这样的军队!就在四八年年底,几位头戴大皮帽子的解放军干部坐着吉普来到我们家,向父亲请教一旦被迫攻城时,哪些文物必须设法保护,要父亲把城里最重要的文物古迹一一标在他们带来的军用地图上,……。父亲和母亲激动了。"这样的党、这样的军队,值得信赖,值得拥护!"从这件事里,他们朴素地得出了这样一个结论。直到他们各自生命结束,对此始终深信不疑。

解放

解放了。

母亲的病没有起色，但她的精神状态和生活方式，却发生了重大的变化。新中国成立初期，姐姐参军南下，我进入大学，都不在家。对于母亲那几年的日常生活和工作，我没有细致的了解。只记得她和父亲突然忙了起来，家里常常来一些新的客人，兴奋地同他们讨论着、筹划着……。过去，他们的活动大半限于营造学社和清华建筑系，限于学术圈子，而现在，新政权突然给了他们机会，来参与具有重大社会、政治意义的实际建设工作，特别是请他们参加并指导北京全市的规划工作。这是新中国成立前做梦也想不到的事。作为建筑师，他们猛然感到实现宏伟抱负，把才能献给祖国、献给人民的时代奇迹般地到来了。对这一切，母亲同父亲一样，兴奋极了。她以主人翁式的激情，恨不能把过去在建筑、文物、美术、教育等等许多领域中积累的知识和多少年的抱负、理想，在一个早晨统统加以实现。只有四十六岁的母亲，病情再重也压不住她那突然迸发出来的工作热情。

母亲有过强烈的解放感。因为新社会确实解放了她，给了她一个前所未有的、新的、崇高的社会地位。在旧时代，她虽然也在大学教过书，写过诗，发表过学术文章，也颇有一点名气，但始终只不过是"梁思成太太"，而没有完全独立的社会身份。现在，她被正式聘为清华大学建筑系的一级教授、北京市都市计划委员会委员、人民英雄纪念碑建筑委员会委员，她还当选为北京市第一届人民代表大会代表、全国文代会代表……。她真正是以林徽因自己的身份来担任社会职务，来为人民服务了。这不能不使她对新的政权、新的社会产生感激之情。"士为知己者用"，她当然要鞠躬尽瘁。

那几年，母亲做的事情很多，我并不全都清楚，但有几件我是多少记得的。

一九五〇年，以父亲为首的一个清华建筑系教师小组，参加了国徽图案的设计工作，母亲是其中一个活跃的成员。为自己的国家设计国徽，这也许是一个美术家所能遇到的最激动人心的课题了。在中国历史上，这也可能是一次空前绝后的机会。她和父亲当时都决心使我们的国徽具有最鲜明的民族特征，不仅要表现革命的内容，还要体现出我们这文明古国悠久的文化传统。他们曾担心：有人会主张像某些东欧"兄弟国家"那样，来一个苏联"老大哥"国徽的"中国版"。在最初的构思中，他们曾设想过以环形的璧，这种中国古老的形式作为基本图案，以象征团结、丰裕与和平。现在的这个图案，是后来经过多次演变、修改之后才成型的。一九五〇年六月全国政协讨论国徽图案的大会，母亲曾以设计小组代表的身份列席，亲眼看到全体委员是怎样在毛主席的提议下，起立通过了国徽图案的。为了这个设计，母亲做了很大贡献，在设计过程中，许多新的构思都是她首先提出并勾画成草图的，她也曾多次亲自带着图版，扶病乘车到中南海，向政府领导人汇报，讲解，听取他们的意见……。正因为这样，她才会在毛主席宣布国徽图案已经通过时激动地落了泪。

新中国成立初期她所热心从事的另一件工作，是倡导某些北京传统手工艺品的设计改革。当时有人来向她呼吁，要挽救当时已濒于停顿、失传的北京景泰蓝、烧磁等手工业。她对这件事给予了极大的关注，曾和几位年轻的工艺美术工作者一道，亲自到工场、作坊中去了解景泰蓝等的制作工艺，观看老工人的实际操作。然后她又根据这些工艺特点亲自设计了一批新的构图简洁、色调明快的民族形式图案，还亲自到作坊里去指导工人烧制样品。在这个过程中，她还为工艺美院带出了两名研究生。可惜的是，她的试验在当时的景泰蓝等行业中未能推开,她的设计被采纳的不多,市面上的景泰蓝仍维持着原来那种陈旧的图案。

城墙与屋顶

她的主张不邀时赏的,并不仅是这一件。

现在,当我每天早上夹在车和人的洪流中,急着要从阻塞的大街上挤一条路赶去上班的时候,常常不由得回想起五十年代初期,母亲和父亲一道,为了保存古城北京的原貌,为了建设一个他们理想中的现代化的首都而进行的那一场徒劳的斗争。

他们在美国留学的时代,城市规划在资本主义世界还是一种难以实现的理想。他们曾经看到,在私有制度之下,所谓城市规划,最后只能屈从于房地产资本家的意志,建筑师们科学的见解、美妙的构思,最后都湮没在现代都市千奇百怪、杂乱无章的建筑物之中。因此,当新中国成立初期,他们参加了为北京市做远景规划的工作时,心情是极为兴奋的。他们曾经认为,只有在社会主义制度下,当城市的一切土地都是公有的,一切建筑活动都要服从统一的计划时,真正科学、合理的城市规划才有可能实现。

对于北京的规划,他们的基本观点是:第一,北京是一座有着八百多年历史,而近五百年来其原貌基本保存完好的文化古城,这在全世界也是绝无仅有的。北京的原貌本身就是历代劳动人民留给我们的无价珍宝。而它又是一座"活的"城市,现代人仍然生活于其中,仍在使用和发展着它,但现代人只负有维护古都原貌,使之传诸久远的义务,而没有"除旧布新",为了眼前的方便而使珍贵古迹易容湮灭的权利。第二,他们认为,原北京城的整个布局,是作为封建帝都,为满足当时那样的需要而安排的,它当然不能满足一个现代国家首都在功能上的要求。而如果只着眼于对旧城的改建，也难以成功。他们根据国外许多历史名城被毁的教训，预见到如果对北京城"就地改造"，把大量现代高层建筑硬塞进这古城的框框，勉强使它适应现代首都的需要，结果一定是两败俱伤：现代需要既不能充分满足，古城也将面目全非，弄得不伦不类，其弊端不胜枚举。然而，这些意见却遭到了来自上面的批驳。于是，他们只好眼睁睁地看着北京城一步步地重蹈国外那些古城的命运。那些"妨碍"着现代建设的古老建筑物，一座座被铲除了，一处处富有民族特色的优美的王府和充满北京风味的四合院被拆平了，而一幢幢现代建筑，又"中心开花"地在古城中冒了出来。继金水桥前三座门、正阳门牌楼、东西四牌楼、北海"金鳌玉蝀"桥等等被拆除之后，推土机又兵临"城"下，五百年古城墙，包括那被多少诗人画家看作北京象征的角楼和城门，全被判了极刑。母亲几乎急疯了。她到处大声疾呼、苦苦哀求，甚至到了声泪俱下的程度。她和父亲深知，这城墙一旦被毁，就永远不能恢复，于是再三恳请下命令的人高抬贵手，刀下留城，从长计议。然而，得到的回答却是：城墙是封建帝王镇压人民对抗农民起义的象征，是"套在社会主义首都脖子上"的一条"锁链"，一定要推倒！又有人动员三轮车（如此落后的交通工具！）工人在人民代表大会上"控诉"城门、牌楼等等如何阻碍交通、酿成车祸，说什么"城墙欠下了血债"！于是母亲和父亲又提出了修建"城上公园"、多开城门的设想，建议在环城近四十公里的宽阔城墙上面种花植草，放置凉棚长椅，利用城门楼开办展览厅、阅览室、冷饮店，为市区居民开辟一个文化休息的好去处，变"废"为利。（按：现在学院路上建立在元大都城墙上的土城公园即为此例。）然而，据理的争辩也罢，激烈的抗议也罢，苦苦的哀求也罢，统统无济于事。母亲曾在绝望中问道：为什么经历了几百年沧桑，解放前夕还能从炮口下抢救出来的稀世古城，在新中国的和平建设中反而要被毁弃呢？为什么我们在博物馆的玻璃橱里那么精心地保存起几块出土的残砖碎瓦，同时却又要亲手去把保存完好的世界唯一的这处雄伟古建筑拆得片瓦不留呢？

说起母亲和父亲对待古建筑的立场，我便不能不提到对于"大屋顶"的批判问题，这个批判运动虽然是在母亲去世之后，针对父亲的建筑思想开展的，但这种建筑思想历来是他们所共有的，而且那批判的端倪也早已见于解放之初。这表面上虽是由经济问题引出来的，但实质上却是新中国的新建筑要不要继承民族传统，创造出现代的民族形式的问题。对于这个重大课题，母亲和父亲出于他们自幼就怀有的深厚的爱国主义感情，早在留学时期便已开始探索。他们始终认为，现代建筑的材料与结构原则，完全有可能与中国古代建筑的传统结构有机地结合起来，从而创出一种新的，富有中国气派的民族风格。他们经过反复思考，明确否定了几十年来风行于世界各地的"玻璃盒子"式，或所谓"国际式"的建筑，认为它们抹杀了一切民族特征，把所有的城市变得千城一面；他们也反对复古主义，反对造"假古董"。早在三十年代初，母亲在为《清式营造则例》所写的"绪论"中就已经告诫建筑家们"虽须要明了过去的传统规矩，却不要盲从则例，束缚自己的创造力"。但是在民生凋敝的旧中国，他们一直缺乏实践机会。这方面的摸索，直到新中国成立后才有可能开始。母亲确曾说过，屋顶是中国建筑最具特色的部分，但他们并没有把民族形式简单地归结为"大屋顶"。五十年代前期各地出现的建"大屋顶"之风，是对民族形式的一种简单的模式化理解，或者说是一种误解或曲解，决不符合父亲和母亲的真正主张。而且当时那种一哄而起，到处盖房子都要搞个大屋顶的做法，正是四十多年来我们在各个领域都屡见不鲜的一哄而起和攀比作风的早期表现，是不能完全由父亲和母亲这样的学者来负责的。五十年代前期，在追求所谓"民族形式"的浪潮中出现的不少建筑，的确不仅在经济上，而且在建筑艺术上都很难说是成功的，然而当时那些不由分说的批判，确实曾深深地伤害了他们从爱国主义立场出发的，科学上和艺术上的探索精神，把他们终身遵循的学术信念和审美原则一下子说得一钱不值，大谬不然，这不能不使他们（母亲去世后，主要是父亲）感到极大的惶惑。继对电影《武训传》的批判之后，对"大屋顶"的批判，在以简单粗暴方式对待学术思想问题方面，也在知识界中开了一个极坏的先例。母亲去世很早，没有来得及看到在批判"大屋顶"的同时北京冒出来的那一批俄罗斯式的"尖屋顶"，更没有看到后来会有这么多他们所最恼火的"国际式"高层玻璃盒子，有些上面还顶着个会转圈的"罐头盒屋顶"，以"锷未残"之势，刺破着碧空下古城原有的和谐的建筑天际线；也没有看到在被拆毁的古城墙遗址边上，又长出了那么一排排玻璃与水泥构筑的灰黯的"新式城墙"，否则，她定会觉得自己作为建筑家而未能尽到对历史的责任，那种痛苦我是完全可以想象的。

尽瘁

在新中国成立初期那些年紧张的实际工作中，母亲也没有放松过在古建筑方面的学术研究。其中最重要的一项，就是她和父亲以及莫宗江教授一道，在初步学习了马克思主义的理论之后，将他们多年来对中国建筑发展史的基本观点，做了一次全面的检讨，并在此基础上写出了《中国建筑发展的历史阶段》这篇长文（载一九五四年第二期《建筑学报》），第一次尝试着以历史唯物主义作为指导思想，重新回顾从远古直到现代中国建筑发展的整个历程，开始为他们的研究工作探求一个更加科学的理论基础。

在那几年里，母亲还为建筑系研究生开过住宅设计和建筑史方面的专题讲座。每当学生来访,就在床褥之间,"以振奋的心情尽情地为学生讲解,古往今来,对比中外,谑语雄谈,敏思遐想,使初学者思想顿感开扩。学生走后,常气力不支,卧床喘息而不能吐一言"(吴良镛、刘小石:《梁思成文集·序》)。这里我想特别指出,母亲在建筑和美术方面治学态度是十分严谨的,对工作的要求也十分细致严格,而绝没有那种大而化之的"顾问"作风。这里,我手头有两页她的残留信稿,可以作为这方面的一个例证。为了不使我的这份记述成为空洞的评议,这里也只好用一点篇幅来引录信的原文,也可以算是她这部文集的一个"补遗"吧。一九五三年前后,由北京文物整理委员会编,人民美术出版社出版的《中国建筑彩画图案》,请她审稿并作"序",她对其中彩图的效果很不满意,写信提出了批评,其最后几段如下:

……

(四)青绿的变调和各彩色在应用上改动的结果,在全梁彩色组合上,把主要的对比搅乱了。例如将那天你社留给我的那张印好的彩画样子和清宫中太和门中梁上彩画(庚子年日军侵入北京时由东京帝国大学建筑专家所测绘的一图)正是同一规格,详细核对,比着一起看时,就很明显。原来的构图是以较黯青绿为两端箍头藻头的主调来衬托第一条梁中段,以朱为地,以彩色"吉祥草"为纹样的枋心,和第二条梁靠近枋心的左右梁,红地吉祥草的两段藻头。两层梁架上就只点出三块红色的主题,当中再隔开一道长而细的红色垫板,全梁青绿和朱的对比就清清楚楚明明白白,一点也不乱。

……

从花纹比例上看,纹样细致如丝织品上纹路,产生细密如锦的感觉,非常安静;不像这次所印的那样粗圆,大线路被金和白搅得热闹嘈杂异常的效果。绿线两色调和相处,它们都是中国的矿质颜料的色调,不黯也不跳,白色略带蜜黄,不太宽也不突出。在另外一张彩画上看到箍头两旁所用的(图样)纹样和刘同志等所画的效果上也大不相同,它们是细密的如少数民族的边锦织纹。大约是在比例上被艺人们放大了,所以效果那样不同。总而言之,我曾留下的那一张的确是"走了样的",和玺椀花结带与太和门中梁上一样格式的彩画图案。因为上述各种的差异结果变成五彩缤纷,宾主不分,有人说是"八仙过海,各显其能",聒噪喧腾,一片热闹而不知所云。从艺术效果上说确是失败的"走样"的例子。

从这段信中,不仅可以看出她对自己的专业的钻研是怎样地深入细致,而且还可以看到,她在用语言准确而生动地表述形象和色彩方面,有着多么独到的功夫(这本大型专业参考工具书后于一九五五年出版)。

母亲在生命的最后时刻所参与的另一项重要工作,是人民英雄纪念碑的设计和建造。这里,她和父亲一道,也曾为坚持民族形式问题做过一番艰苦的斗争,当时他们最担心的,是天安门前建筑群的和谐,会被某种从苏联"老大哥"那里抄得来的青铜骑士之类的雕像破坏掉。母亲在"碑建会"里,不是动口不动手的顾问,而是实干者。五三年三月她在给父亲的信中写道:

"我的工作现时限制在碑建会设计小组的问题,有时是把几个有限的人力拉在一起组织一下,分配一下工作,技术方面讨论如云纹,如碑的顶部;有时是讨论应如何集体向上级反映一些具体意见,作一两种重要建议。今天就是刚开了一次会,有阮邱莫吴梁连我六人,前天已开过一次，拟了一信稿呈郑副主任和薛秘书长的，今天阮将所拟稿带来又修正了一次。今晚抄出大家签名明天可发出（主要①要求立即通知施工组停扎钢筋，美工合组事难定了，尚未开始，所以②也趁此时再要求增加技术人员加强设计实力，③反映我们对去掉大台认为对设计有利，可能将塑型改善，而减掉复杂性质的陈列室和厕所设备等等，使碑的思想性明确单纯许多）。……"除了组织工作，母亲自己又亲自为碑座和碑身设计了全套饰纹，特别是底座上的一系列花圈。为了这个设计，她曾对世界各地区、各时代的花草图案进行过反复对照、研究，对笔下的每一朵花，每一片叶，都描画过几十次、上百次。我还记得那两年里，我每次回家都可以看到她床边的几乎每一个纸片上，都有她灵感突来时所匆匆勾下的某个图形，就像音乐家们匆匆记下的几个音符、一句旋律。

然而，对于母亲来说，这竟是一支未能完成的乐曲。

从五四年入秋以后，她的病情开始急剧恶化，完全不能工作了。每天都在床上艰难地咳着，喘着，常常整夜地不能入睡。她的眼睛虽仍然那样深邃，但眼窝却深深地陷了下去，全身瘦得叫人害怕，脸上见不到一点血色。

大约在五五年初，父亲得了重病入院，紧接着母亲也住进了他隔壁的病房。父亲病势稍有好转后，每天都到母亲房中陪伴她，但母亲衰弱得已难于讲话。三月三十一日深夜，母亲忽然用微弱的声音对护士说，她要见一见父亲。护士回答：夜深了，有话明天再谈吧。然而，年仅五十一岁的母亲已经没有力气等待了，就在第二天黎明到来之前，悄然地离开了人间。那最后的几句话，竟没有机会说出。

北京市人民政府把母亲安葬在八宝山革命烈士公墓，纪念碑建筑委员会决定，把她亲手设计的一方汉白玉花圈刻样移做她的墓碑，墓体则由父亲亲自设计，以最朴实、简洁的造型，体现了他们一生追求的民族形式。

十年浩劫中，清华红卫兵也没有放过她。"建筑师林徽因之墓"几个字被他们砸掉了，至今没有恢复。*林徽因墓今已修复。作为她的后代，我们想，也许就让它作为一座无名者的墓留在那里更好？

母亲的一生中，有过一些神采飞扬的时刻，但总的说来，艰辛却多于顺利。她那过人的才华施展的机会十分短暂，从而使她的成就与能力似不相称。那原因自然不在于她自己。

在现代中国的文化界里，母亲也许可以算得上是一位多少带有一些"文艺复兴色彩"的人，即把多方面的知识与才能——文艺的和科学的、人文学科和工程技术的、东方和西方的、古代和现代的——汇集于一身，并且不限于通常人们所说的"修养"，而是在许多领域都能达到一般专业者难以企及的高度。同时，所有这些在她那里都已自然地融会贯通，被她娴熟自如地运用于解决各式各样的问题，得心应手而绝无矫揉的痕迹。不少了解她的同行们，不论是建筑界、美术界还是文学界的，包括一些外国朋友，在这一点上对她都是钦佩不已的。

谈起外国朋友，那么还应当提到，母亲在英文方面的修养也是她多才多艺的一个突出表现。美国学者费正清夫妇一九七九年来访时曾对我说："你妈妈的英文，常常使我们这些以英语为母语的人都感到羡慕。"父亲所写的英文本《图像中国建筑史》的"前言"部分，就大半出自母亲的手笔。我记得五十年代初她还试图用英文为汉武帝写一个传，而且已经开了头，但后来大概是一个未能完成的项目。

总之，母亲这样一个人的出现，也可以算是现代中国文化界的一种现象。一九五八年一些人在批判"大屋顶"时，曾经挖苦地说："梁思成学贯中西，博古通今……古文好，洋文也好，又古又洋，所谓修养，既能争论魏风唐味，又会鉴赏抽象立体……"这些话，当然也适用于"批判"母亲，如果不嫌其太"轻"了一点的话。二十世纪前期，在中西文明的冲突和交汇中，在中国确实产生了相当一批在不同领域中"学贯中西、博古通今"，多少称得上是"文艺复兴式"的人物。他们是中国文化在特定历史条件下的产物。他们的成就，不仅光大了中国的传统文明，也无愧于当时的世界水平。这种人物的出现，难道不是值得我们中国人骄傲的事吗？在我们中华文明重建的时候，难道不是只嫌这样的知识分子太少又太少了吗？对他们的"批判"，本身就表示着文化的倒退。那结果，只能换来几代人的闭塞与无知。

新中国成立后，母亲只生活了短短六年时间，但她的思想感情确实发生了巨大的变化。这是因为，当时的新政权曾以自己的精神和事业，强烈地吸引了她，教育了她。以她那样的出身和经历，那样的生活和思想方式，而能在短短几年里就如此无保留地把自己的全部信任、智慧和精力都奉献给了这新的国家、新的社会，甘愿为之鞠躬尽瘁，又是那样恳切地决心改造自己旧的世界观，这确是一件发人深省的事。许多人曾对我说过：你母亲幸亏去世得早，如果她再多活两年，"反右"那一关她肯定躲不过去。是的，早逝竟成了她的一种幸福。对于她这样一个历来处世真诚不欺，执着于自己信念的人，如果也要去体验一下父亲在后来的十几年中所经历过的一切，那将会是一种什么局面，我简直不敢想象。"文革"期间，父亲是在极度的痛苦和困惑中，顶着全国典型"反动学术权威"的大帽子死去的。我只能感谢命运的仁慈，没有让那样的侮辱和蹂躏也落到我亲爱的母亲身上！

一九五五年，在母亲的追悼会上，她的两个几十年的挚友——哲学教授金岳霖和邓以蛰联名给她写了一副挽联：

一身诗意千寻瀑，
万古人间四月天。

父亲曾告诉我，《你是人间的四月天》这首诗是母亲在我出生后的喜悦中为我而作的，但母亲自己从未对我说起过这件事。无论怎样，今天，我要把这"一句爱的赞颂"重新奉献给她自己。愿她倏然一生的追求和成就，能够通过这本文集，化作中国读书人的共同财富，如四月春风，常驻人间！

一九八五年四月北京第一稿
一九八六年四月北京第二稿
一九九一年四月北京再改

跋

方　晶

　　二〇一四年是诗人、建筑学家林徽因先生诞辰一百一十周年。一些单位、团体和个人纷纷借此机会以各种方式纪念这位才女。虽然在文学、建筑等领域多有建树，但她曾长期被世间遗忘；直到二十世纪八十年代中期，人民文学出版社才出版了第一本林徽因的作品集——《林徽因诗集》。自此，与她相关的图书逐渐面世，她又回到了热爱她的读者中间，她的才华和美丽又被众人所关注。

　　我的丈夫梁从诫一直深深怀念他的母亲林徽因。我们的国家结束了多年动荡之后，终于迎来了改革开放的春天。人们有了回忆、反思的可能。也就是在此时，从诫开始回顾母亲对他一生的关爱和影响。百忙之中，他深情写下了三篇从不同角度回忆、介绍林徽因的文章。在几乎全力投入环境保护事业的一九九九年，他又挤出时间，整理出版了两卷本《林徽因文集》，初步实现了长期埋藏在心底的夙愿。

　　从诫一定会感到欣慰的是，在他的母亲诞辰一百一十周年之际，我们决定对他所编的《林徽因文集》进行修订、增补。这也是他生前期盼已久但却未能完成的事情。

此次新版文集更名为《林徽因集》。严格说来，这部文集的面世是多方努力的结果；但它在编辑原则和体例上，依然遵循从诫的原意，书中使用的主要资料是从诫生前编理好的，一些新增篇目也是从诫生前曾经拟定的；因此，我们仍说这部文集是梁从诫所编。

较之从诫所编旧版《林徽因文集》，新版《林徽因集》主要有以下特点：一、增收了近年来发现的林徽因文学、建筑、美术方面的文字、作品。二、增收了部分书信，书信原文系英文的，均排入英文原文，与译文对照；有些书信，为便于阅读，附录了对方来函。三、增收了大量林徽因生平照片，林徽因文学、建筑、美术手稿和书信手稿原件照片。四、将旧版文集的"文学卷"分为"诗歌、散文卷"和"小说、戏剧、翻译、书信卷"；将旧版文集的"建筑卷"分为"建筑、美术卷"，"建筑、美术卷"又分上下两册，故整部文集为三卷四册。

《林徽因集》所收作品，产生于作者所生活的年代，其中部分字、词、标点的写法和文句的表达有别于今天的惯例。为了尊重历史，除明显错讹之处外，一仍其旧，未做改动；更正字用"[ ]"标示，补充字用"〈 〉"标志。林徽因原稿或载有林徽因作品的报刊中无法识别的字词，则以"□"代之。

作为从诫的妻子，我努力按照我所知道的他的原意对林徽因的作品进行再次梳理，我与王一珂先生密切合作，力求把新版林集做好。可以说，新版《林徽因集》较之旧版文集更加丰厚、严谨、完善，也是目前行世的最完备的本子。我的工作是为了完成从诫的心愿，为了告慰从诫和他母亲的在天之灵，也是为了那么多热爱和怀念着他们的读者。

此书的整理和编辑得到了多方支持和帮助。林洙为"建筑、美术卷"提供了大量图片资料，提出了宝贵建议；梁再冰订正了文集图片的注释；吴荔明提供了部分照片；于葵提供了部分照片以及林徽因书信部分的英文原稿，并对其进行了整理核对；沈龙珠、沈虎雏先生提供了林徽因与沈从文的照片及书信原稿；崔勇先生提供了林徽因勘察天坛的照片；陈学勇先生提供了林长民和林徽因的部分资料，并对书信部分所附林长民致林徽因的一批函件进行了细致的校勘注释，我们从他所编的《林徽因文存》中汲取了可资借鉴的宝贵经验；中国社会科学院近代史所提供了林徽因与胡适的照片及书信手稿；中国现代文学馆提供了林徽因的部分书信手稿；清华大学建筑学院和人民美术出版社对新版《林徽因集》的整理提供了帮助。王一珂先生的工作贯穿始终，事无巨细，他和他的同事们为此书的出版付出了艰辛的努力。在此，谨表诚挚的谢意。

二〇一四年六月

增订说明

《林徽因集（增订本）》刊载了一批过去从未结集的林徽因作品与影像，更有部分书信、照片首次公开，它们按类分别收入在"诗歌、散文""小说、戏剧、翻译、书信"和"建筑、美术"卷中。此次增订，同时调整了部分作品的排序，纠正了旧版若干讹误。整部林集，汇合了以梁从诫先生为代表的梁思成、林徽因家属以及许多专家、学者和相关单位的集体力量与智慧。

《林徽因集（增订本）》的出版是对林徽因先生的纪念，也是对中国大百科全书出版社的前辈编辑、学者梁从诫先生的纪念。在此特别鸣谢林洙、梁再冰、吴荔明、杨友麒、于葵、常沙娜、陈宇、陈学勇、沈龙珠、沈虎雏、刘畅、王南、崔勇及中国社会科学院近代史所、中国文化遗产研究院、中国现代文学馆、清华大学建筑学院、首都图书馆、上海艺术品博物馆、人民美术出版社等个人和单位。

中国大百科全书出版社

二〇二二年六月